目錄

1   光之生命樹與揚升科學

2   揚升科學與偽揚升矩陣

3   梵化身光體的結構

推薦序

　　認識 Xylas 是從網上的文章開始，能夠如此清晰地講解「靈魂」、「宇宙奧秘」、「靈性成長」、「揚升」等等的人，在地球真的不多，而且大多是外國資訊，要翻譯成中文也非常不容易。能夠撰寫此書，是宇宙安排，也絕對是 Xylas 靈魂所推動的事。我也很感恩在香港這片土地上，正正這個時勢，有一位在香港成長的年青人，憑各方面多重的印證、思考，然後推廣「揚升科學」。當我得知他出書時，實在既感動又興奮，覺得這是香港人的福氣。可以直白的了解靈性這種看來很高深的學問，在他的文章中，以顯淺的方式表達，令讀者容易理解。

　　「揚升科學」在香港定必要推廣，原因只有一個，就是香港人絕對值得吸收這些智慧，並且值得深深被愛著。當 Xylas 給我看這本書時，我不用一晚，竟然完完全全把 280 頁看完，不是因為我懂得什麼速讀，而是這訊息來得太光，太大愛了。就是光速般打進心裏，然後點亮你的智慧之門，啟動你的愛心之鎖；所以讓我在這裏給大家一個小貼士，當你閱讀這本書時，請不要用頭腦看，而是用心和你的心靈去看。這樣你會了悟一切過去不能明白的奧秘。最後，你發現的不是什麼宇宙驚世之說，而是你最終明白了自己。

「揚升科學」一點也不科學，不用複雜的數理邏輯；Xylas 用了他多年來，在世界不同地方的老師／大師所教導的，和眾多書本所集成的一套，以中文有系統地撰寫出重點，更加合時代的分享更新程式。當中不只有理論，還有分析各學派之說，更重要的是，他無私地分享了很多修練的方式，這些不必深究屬於什麼門派，就是簡單直接地，與你自己的內在聖靈和宇宙的能量連結，所做出修練的提升。這些揚升的本能方式，可能在坊間被商業化教導，需要花上不便宜的學費，在這書中教你輕易的便掌握了。因為 Xylas 知道，人人皆有靈性智慧，本能就是可以揚升了！

　　不論你了不了解靈魂是什麼，或者這是時候當你看見這本書，就是你內在靈魂告訴你：「Hello，現在可以來認識一下我嗎？」細細聽你內在喚醒你的聲音，慢慢地細閱書中的內容，不是要你去了解什麼偉大或高尚的宇宙道理，只是很想，很想，你可以花一點點時間，開始你靈魂的旅程，與你的靈魂相遇，好好認識祂的機會。最後，我也很想感恩這本書面世，期待更多靈魂揚升，更多愛遍佈地球！

　　謝謝 Xylas！

Pimii Avia So
天使靈昇學院創辦人

作者序

　　對你來說，靈性是什麼？為什麼人要提升靈性？是為了提高靈魂的維度？是為了開發靈視能力？是為了脫離輪迴？還是為了能夠在死後離開地球？

　　對我來說，以上通通都不是答案。靈性修行的意義，並不在於進入什麼第五維度，並不在於開發什麼靈通能力。靈性修行的意義，其實是讓人的意識可以連結神聖本源、連結內在的自性、體驗本源無條件的愛；然後，**實實在在地在日常生活中活出這種愛，甚至讓你自己變成「愛」本身，成為一個傳遞愛、對生命充滿熱情的人！**揚升，所指的其實就是進入一個充滿愛的狀態。

　　如果你一直在探尋生命的意義、如果你一直在尋找有關靈魂的答案、如果你希望了解宇宙的實相，那麼這本書你一定不能錯過！我的靈性修行傳承自西方的揚升科學系統。揚升科學是一門研究如何透過調整光體神聖幾何開發靈性潛能的學問。這門學問以幫助人開啟靈性潛能、活出靈魂本質上的光和愛為宗旨。在西方，已經有千千萬萬人因為這門學科而獲得爆發性的靈性成長。然而，在華人的身心靈界裏，卻很難找到揚升科學的蹤跡。縱使網絡上有一些以華語撰寫的揚升科學文章，但當中的資訊卻不夠全面，也讓人難以深入了解揚升科學的真諦。因此，我才會決定寫這一本書，希望能夠在華人身心靈界推廣揚升科學。

對於是否撰寫此書，我曾經猶豫過。這是由於雖然揚升科學在西方非常普及，但在華人身心靈界卻全無蹤跡。然而，揚升科學當中的教導，並不是所有人都能夠接受的，特別是當當中的教導跟人既有的認知有衝突時，很容易會惹起爭議。不過，我的星界上師在一次靜心冥想時前來告訴我，我必須要撰寫和出版此書。這是由於，華人身心靈界（特別是香港）並沒有任何有關揚升科學的資訊正在流通，即使網絡上有相關的翻譯資訊，但一般人如果不懂得搜尋關鍵字是不可能瀏覽到這些資訊的。他們告訴我，這本書所做的，是正在為華人身心靈界提供多一個途徑去接觸揚升科學。人們是否接受這些知識是他們的選擇，但如果我有能力但卻不願意提供多一個途徑予他們接觸，那麼人們就連選擇是否接受這些知識的機會都沒有。

　　在那一刻我便明白，其實我只是一個管道。當我把我學習到的知識整理成書時，其實我只是在提供多一個途徑讓香港人乃至整個華人身心靈社群接觸揚升科學。無論大家是否能夠接受這些資訊也沒有關係，因為至少我盡了我的能力去推廣揚升科學、去幫助更多人了解靈魂的本質、去幫助更多人活出光和愛、去幫助更多人認識靈性的世界。

我寫這本書最重要的目的，是希望把難以觸及的知識（Unreachable）變得垂手可得（Reachable）。雖然市面上身心靈的書籍林立，但當中卻很少有提及揚升科學的書籍。在香港，或者華人身心靈界，要接觸揚升科學真的是非常困難的事。為了讓大家有更多機會接觸揚升科學，我決定打開電腦，開始撰寫這一本書。這本書的宗旨，就是「把 Unreachable 變得 Reachable」。

我寫這本書的另一個目的，其實是希望向一位靈性大師致敬；他就是 Joshua David Stone（1953-2005）；他是二十世紀末其中一位最具影響力的美國身心靈導師及作家，是「『我是』大學」（I AM University）的創辦人。他最著名的著作，莫過於《靈性旅途的簡易百科全書》（*Easy-to-Read Encyclopedia of the Spiritual Path*）系列的叢書。這一系列的書籍是他透過長年累月的資料搜集，加上他個人的通靈傳訊和修行經驗而寫成，內容涵蓋靈性修行的各個範疇，非常值得仔細閱讀。

我非常欣賞 Joshua 大師在靈性知識傳承方面的貢獻。特別是在他的年代，互聯網還未有現在這麼發達，當時的靈性知識比現在的更難找和更珍貴。然而，他卻願意搜羅及閱讀大量書籍，並努力鑽研當中的學問，把這些學問整合成一套靈性百科全書，令複雜和深奧的靈性知識變得顯淺易明、垂手可得。他的理念與我寫這本書的宗旨不約而同，令我不得不向他致敬。

這本書的內容是源自宇宙對人類和地球無條件的愛。在這本書中，我將會用最顯淺的方式去分享揚升科學中的智慧。我希望在這裏強調，這本書中的知識都並非出自我的手筆。我只是一位知識的傳遞者，是讓更多人能夠接觸「揚升科學」的管道。我的責任，只是為大眾提供一個接觸揚升科學的途徑。這本書的內容並不是要任何人相信書中的知識；這本書的目的，只是為了讓大家多一個途徑接觸揚升科學。不過，我衷心希望這本書能夠為大家的揚升進程帶來幫助，為大家的啟蒙之旅服務。

　　願每個靈魂都可以在地球發光發亮～

馮雋永

導讀

　　正如前文所述，靈修的意義在於連結神聖本源無條件的愛，然後實實在在地在日常生活活出這種愛。而這一整本書，就是在講述如何做到這件事的整個過程。在本書的第一部分，我們主要探討有關如何連結更高維度意識的技巧和修行方式。在第一至三章，我們首先會認識靈魂誕生的過程，從而了解我們的靈魂在不同維度的面向，明白我們的靈魂在更高維度具有非常強大的力量，我們並不止一個三維的存在。在第四章，我們會探討靈魂在死後會發生和體驗的事，讓我們更認識「靈」是怎麼的一回事；更重要的是，了解我們稱為「靈界」的地方是如何運作的，這也是了解自己的其中一個過程。在第五至六章，我們將會承接第一至三章，講解我們可以如何連結更高維度的力量，以及如何「修行」以讓我們與更高維度的力量有更深入的連結。而第七章，則是簡單介紹一個被稱為「梵化身光體」的靈性能量身體，這個身體是我們修行至關重要的元素之一；因為這個能量身體是影響著我們能否連結和下載更高維度能量的關鍵。這個身體就像一個消化系統，讓我們可以吸收來自更高維度的光，並善用這些光進行療癒、幫助我們顯化，或者單純提升意識等等。

　　在第二部分，即第八至十一章，我們探討了揚升科學中的神聖幾何學。這一部分承接了第七章有關梵化身光體的主題，因為神聖幾何是啟動梵化身光體的關鍵。透過使用正確的神聖幾何進行修練，我們

就可以啟動我們的梵化身光體，讓我們能夠與更高維度的能量有更深入的連結，能夠更有效地接收來自更高維度的能量。

　　在第三部分，我們將會探討梵化身光體的結構。了解梵化身光體的結構，就像了解我們的物質身體如何運作一樣重要。在這一部分所提及的每一個結構，都對我們的靈性修行非常重要。光體脈輪影響著我們接收的能量強度是否適合我們的身體、光體基因影響著我們與更高維度的連結、光體護盾可以保護我們免受負能量和靈界干擾影響、梅爾卡巴光體可以幫助我們顯化以及出體進入其他維度、以太翅膀可以幫助我們驅趕附近跟隨我們的靈體、全視之眼可以幫助我們開發靈性感官。啟動梵化身光體不但可以讓我們更有效地接收來自更高維度的能量，還有大量數不清的作用，幫助我們在靈性修行上變得更精進。

　　在第四部分，我們將會探討 12 種最原始的宇宙力量，12 道神聖光射的力量。12 道神聖光射是組成宇宙最基本的 12 種力量；它們不但影響著我們靈魂的性格，還能夠被善用來進行各式各樣的療癒。在這一章，我們仔細地探討了 12 道神聖光射的性質，並提供光語曼陀羅方便大家連結這些力量。

　　在第五部分，我們將會在深入探討如何為自己進行療癒。當中包含了我當初如何踏入療癒師之路的故事，以及一些實用的療癒手法。我們還探討了在華人身心靈界比較少聽到的能量寄生物和以太木馬程

式的處理方法，希望可以讓大家有一個概念了解療癒是怎麼一回事。

在第六部分（也是我認為全書最吸引的部分），我們將會探討有關如何善用更高維度力量顯化宇宙訂單、創造豐盛財運、吸引健康幸福關係和培養健康身心的關鍵。當我們了解完靈魂的誕生、光體的結構、療癒的原理後，我們就可以把這些知識和技術應用到我們的人生當中，從而顯化理想的人生。這也是為什麼我認為這是全書最吸引的部分的原因，因為在這部分我們把前面所有部分的知識結合起來，變成一張可以創造豐盛人生的宇宙秘方！

最後，在第七部分，我們將會探討各種在靈性修行中經常討論到的主題，包括健康的飲食方式、開發松果體、每天的日常能量工作、光和愛等等。以此為全書作一個總結，希望各位享受這本書的內容。

在這本書中，我們將會深入探討各種在身心靈修行時會接觸和涉及到的知識、技術和心法，希望透過整合各方面的資訊，為大家帶來更全面的了解。然而，由於這本書的宗旨是希望能夠把專業的靈性知識普及化，在這本書中所探討的內容對於一些初學者而言可能會過於深奧。因此，我們也在不同章節的結尾部分加入了「知識補給站」，對一些較為深奧的概念作出解釋，希望可以由淺入深讓大家認識不同的身心靈概念。如果你認為在書中所提及的概念太過深奧，感覺無法一時三刻完全理解當中的概念，請只需要深呼吸一下，然後容許自己用心去感受這本書，而不是用頭腦理解。其實我們每個人的靈魂本身

就已經知曉這本書所探討的不同知識，只是我們的人類腦袋忘記了這些智慧而已，因此才會覺得這些資訊很深奧。在這裏，我邀請大家一起敞開你們的心，讓你的靈魂去感受這些訊息。

如果你認為自己已經準備好，便可以揭開第一章，開始進入揚升科學的世界！祝福每個靈魂都可以在地球發光發亮！

光之生命樹 與
揚升科學

第一章
為什麼我們會來到地球？

　　如果你現在正在看這本書，或者你被這本書的能量呼召，那相信你對「星際種子」的概念一定不會陌生。事實上，現在在地球上大部分的靈魂都或多或少在其他地外文明生活過。我們大部分人其實是來自其他地外文明轉世到地球的靈魂，只不過是我們可能在不同的時間來到地球，因此有些人因為是新來地球的而被稱為「星際種子」，而有些靈魂則因為在地球待久了而被稱為地球的「老靈魂」。根據 Dolores Cannon 的說法，在第二次世界大戰之後來到的靈魂都被標籤為「新靈魂」，是來自星際的靈魂[1]。

　　每一個靈魂來到地球的目的都不一樣。有些人來地球是為了療癒自己、有些人來地球是為了療癒整個星球、有些人來地球是為了幫助他們認識的其他靈魂、有些人來地球是為了幫助其他人覺醒、有些人來地球是為了分享他們從其他地外文明帶來的知識、有些人來地球純粹為了體驗地球的生活。無論你是因為何種原因來到地球，你今天能夠在這裏生活絕對不是偶然，而且這是一件非常幸運的事，因為你有機會體驗到在其他星球不能體驗的事情。

　　很多人認為，活在地球是一種不幸；我們選擇來到地球生活肯定是瘋了，不然就是被騙下來的。然而，我卻認為這是一件既勇敢，又幸運的事情。我會說你很勇敢，是由於你明知道地球正在發生的一切，仍然選擇來到 / 留在地球；這只有最勇敢的靈魂才能做到。而同一時間，你也很幸運。這是由於你有機會可以體驗在地球的生活。這裏的美食、遊樂設施、感情，和多姿多彩的生活風格。這些都是在其他星球不會看到的東西。

---

[1] 朵洛莉絲・侃南著，張志華、林雨蒨譯：《三波志願者與新地球》（台北：宇宙花園出版社，2012 年），頁 23-27。

很多時，我們一談論到在地球的生活，我們都會把焦點放在不好的事情上。例如：人事的複雜、世途的險惡、被老闆壓榨、被權貴欺壓、戰爭、天災、人禍等等。然而，其實地球還有很多非常美好的事情。這裏的美食、遊樂場、財富、物質享受，這些都是地球生活的特色。如果我們把焦點放在這些美好的事情上，你就會認識到來到地球其實是一件多麼美好的事。

很多時，當我們來到地球後，我們都會忘記自己原本的身分，在這個 3 維世界中迷失。隨著我們在地球生活越久，我們會因為受物質實相的事物影響，而令我們忘記其實自己是一個非常強大的精神存在，是一個來自更高維度的靈魂。

我寫這本書的目的，是希望可以喚醒大家的靈性潛能，幫助大家回憶起自己是誰，如何來到地球和如何可以超脫物質的維度，「喚醒」你的內在神聖，讓你可以使用你靈魂的全部 100% 的潛能。

第二章
認識你的靈魂：
行星維度矩陣與靈魂的誕生

　　在這一章，我們將會深入討論靈魂如何來到地球，來到地球後如何從靈魂的狀態顯化成一個物質存在，以及這個星球的維度矩陣網格。

圖 2.1 行星維度矩陣

　　在圖 2.1 中，這是地球的光之生命樹網格。光之生命樹是地球一切萬有的創造模板。我們正在體驗的一切、我們的整個世界都是根據光之生命樹的模板創造出來的。認識光之生命樹，就是認識宇宙、認識靈魂的關鍵。揚升科學的核心，就是認識和應用這個網格，讓你憶起自己的多次元面向。

從這個網格中，我們可以看到地球的 12 維度矩陣（或稱「行星維度矩陣」）。當我第一次看見這個景象時，是在一次深層冥想狀態中。當時我正在靜坐冥想，然後我突然看見我的星際家人懸浮在半空之中，接著他就向我展示了圖 2.1 的畫面：一個在地球上的生命樹網格，那個畫面完完全全就是在圖 2.1 中大家看到的那個。我詢問我的星際家人這是什麼，他就開始向我解釋這一切。他告訴我，這個維度矩陣是一個光之生命樹的網格。光之生命樹網格，是一個具有 12 個質點的生命樹。當中每一個質點都代表著一個維度。因此，在地球的維度矩陣中，存在著 12 個維度。這個結構最早出現在 Ashayana Deane 的訓練系統「Kathara Bio-Spiritual Healing System[2]」當中。這個系統是現代揚升科學的基礎。大部分現代的揚升科學理論，都以這個系統作為基礎而建立的。

光之生命樹的結構

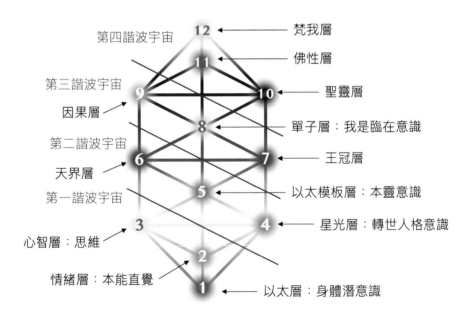

圖 2.2 光之生命樹的結構

---

[2]　Ashayana Deane, *The Kathara: Bio-Spiritual Healing System*, (Florida: Azurite Press, 1999).

　　在圖 2.2 所看到的，是一個光之生命樹的詳細結構。光之生命樹是一個有 12 個質點的生命樹。當中每一個質點都對應一個維度、一個脈輪、一層能量體、一股光體基因鏈。而質點的顏色，也是那個維度、脈輪和能量體所呈現的顏色。從這個生命樹網格中，我們可以看到地球有 12 個維度。每 3 個維度會形成一個諧波宇宙。而在生命樹中，則揭示地球有 4 個諧波宇宙、12 個維度。

　　在我們的靈魂進入地球時，我們都先降臨到行星維度矩陣的第十二維度中，然後一步一步把自己的能量投射到較低的諧波宇宙，最終在第四維度形成我們的「轉世人格」，即我們投胎進入 3D 世界體驗物質生命的那個部分，也是在肉身死亡後離開身體轉世的那個部分。沒錯，其實那個轉世投胎的部分，只是我們靈魂的一部分，甚至只是一小部分。我們的靈魂事實上比轉世人格大得多。而當我們的轉世人格進入 3D 身體，就成為了現在正在看這本書的你了！（梵我在創造出轉世人格之前，還在第三諧波宇宙創造了我們的「單子」、在第二諧波宇宙創造了我們的「本靈」；有關這部分的資訊，我們將會在後文詳細討論。）

　　現在，我們正身處第一諧波宇宙，即我們生活在第一至第三維度之中。第一維度是以太層，代表物理世界的能量藍圖。物理世界就像是以太層的影子一樣。大家或許聽說過「以太體」吧？以太體是物理身體的基礎。假如我們的物理身體「生病」了，那就代表我們以太體的相應位置出現了負能量。假如你的肝臟出現問題，那就代表以太體中的肝臟累積了大量負能量，而這些負能量現在顯化成生理疾病了。

　　至於第二維度情緒層，則是我們情緒所在的層面。我們的第二維度身體也被稱為「情緒體」。上文提到我們的以太體肝臟累積了負能量，負能量就會在物理身體顯化成生理疾病。然而，究竟以太體的負能量來自哪裏呢？答案就是情緒體。當我們出現負面情緒，這些負面情緒就會在其對應的以太體內臟 / 部位形成負能量。以上文談及的肝臟為例，肝臟所對應的情緒是憤怒和罪咎。故此，如果一個人脾氣暴躁，或經常因為小事感到內疚，就會導致負能量在肝臟積聚，最後顯

化成肝臟的疾病。

　　至於第三維度，則是心智層，即我們的思維所在的層面。我們的第三維度身體被稱為「心智體」，它是所有思維的源頭，也是我們的「信念」所在的層面；這些信念會導致我們出現不同的情緒，而這些情緒則會影響以太體的能量，從而影響物理身體的健康。以上文提及的憤怒情緒為例，我們之所以會脾氣暴躁，都源於我們的內在信念，或許你的憤怒源於你的控制欲心態使你在事情發展得不如意時感到焦急、或許你的憤怒源於你希望掩飾內心軟弱的一面、也許你的憤怒源於你的不安全感。無論是什麼原因，在憤怒的情緒背後，都有一個信念在提供能量。換句話說，假如你的不安全感很強，導致你有強烈的控制欲，可是事情卻經常不如你所願地發展，導致你內在累積大量憤怒，而這些憤怒又在以太體的肝臟形成負能量，最終顯化成肝臟的疾病。

　　你看到神聖創造的奧妙嗎？我們在物質世界所體驗的一切，都源自更高維度的顯化。我們的物理身體，其實一直受著心智體的思維、情緒體的情緒和以太體的能量影響。這也是為什麼在身心靈治療中透過療癒情緒或改變信念可以轉化身體症狀的原因，**這是由於我們的身體就是這些維度的綜合體！**

　　在第一諧波宇宙之上，其實還有更高的維度。在地球的行星維度矩陣中，一共有 12 個維度。而我們的較低維度自我，永遠都受到我們的較高維度自我影響。我們的以太體受我們的情緒體影響，而我們的情緒體也受我們的心智體影響。同樣道理，我們的心智體會受到我們的星光體影響，而我們的星光體則會受到我們的以太模板影響，如此類推。

　　我們是一個多次元存在！雖然我們的身體感官讓我們的意識焦點聚焦在第一至第三維度的世界，可是，我們其實正同時存在於多個維度，只是我們平時不察覺而已。接下來，我們將會詳細探討靈魂的誕生，以及揚升科學的靈魂觀，讓我們更深入認識我們的靈魂，更深入認識「我是誰」。

靈魂的誕生

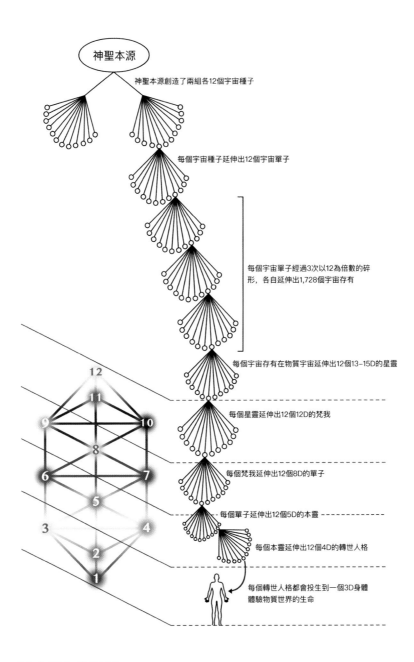

圖 2.3 靈魂誕生的過程

在圖 2.3 中所顯示的，是靈魂的誕生過程。若要深入認識我們的靈魂，單單認識光之生命樹的結構並不足夠，因為我們的靈魂並不侷限於一個光之生命樹。若要認識我們的靈魂，我們就需要從靈魂的誕生開始說起。在盤古初開之時，神聖本源為了體驗生命創造了無限量的「宇宙種子」，當中有 24 個宇宙種子（2 組 x 12 個宇宙種子）與我們所身處的宇宙有關係（神聖本源還創造了其他宇宙種子，即除我們這個世界外還有其他更多未知的世界存在於其他宇宙種子之中）。當宇宙種子希望體驗生命時，會以 12 的倍數碎形（Fractalize），以把自己的能量向較低的存在層面（或「維度」）延伸。

在這 24 個宇宙種子中，有其中一個宇宙種子創造了 12 個宇宙單子（Cosmic Monad），即最原初的 12 道神聖光射，即構成現實的 12 種原始的力量（關於 12 道神聖光射的資訊，我們會在第四部分再詳細探討）。然後，其中一個宇宙單子在創造／進入我們的宇宙之前，還經歷了 3 次碎形，產生出 1,728 個「宇宙存有」（Cosmic Entity）。接著，每個宇宙存有會創造一對平行宇宙（一個物質宇宙和一個非物質宇宙，而我們則身處在其中一個宇宙存有創造出來的物質宇宙之中。我們所身處的物質宇宙的名稱是 Nebadon 宇宙[3]）。

宇宙存有為了體驗生命，於是把自己的能量投射／延伸到其創造出來的宇宙。當宇宙存有「進入」物質宇宙時，他存在於一個被稱為「星靈界」（Rishic Realm）的空間。這個空間是行星維度矩陣與較高宇宙之間的交界點。這個空間超越這 12 個維度，是一個沒有維度、次元之分，完全合一的空間。

一個宇宙存有會延伸出 12 個星靈（Rishi），即每個宇宙單子會延伸出 20,736 個星靈。「星靈」可以說是這個宇宙中一切生命的起點，是我們在這個宇宙中從一切萬有的神聖母體中出世後的第一個「存在」（Being）。當星靈希望體驗生命時，就會進入行星維度矩陣（即在圖 2.1 的結構），並根據行星維度矩陣調整自己的能量。星靈會從

---

[3]　Urantia Foundation, *The Urantia Book: Revealing the Mysteries of God, the Universe, World History, Jesus, and Ourselves*, (Chicago: Urantia Foundation, 2008).

光之生命樹的第十二個質點（最高的質點）進入行星維度矩陣，以在地球創造生命。

當星靈進入行星維度矩陣後，星靈的能量會隨著其進入較低的維度，繼續以 12 的倍數進行碎形。最一開始，當星靈進入第十二維度（即光之生命樹最高的質點）時，其能量會產生出 12 個延伸的能量個體，這些個體被稱為「梵我」（Avatar Self）。一個星靈會延伸出 12 個梵我，即一個宇宙存有會延伸出 144 個梵我，一個宇宙單子會延伸出 248,832 個梵我。梵我是星靈下降到行星維度矩陣的化身，是我們在行星維度矩陣中最純淨的面向。每一個梵我都是獨一無二的，但卻也跟其餘的 11 個梵我深深地連結著。

下一步，梵我會把其能量向下延伸，並在第八維度產生出單子（Monad/Oversoul）；每個梵我會延伸出 12 個單子，換句話說一個星靈會延伸出 144 個單子，一個宇宙存有會延伸出 1,728 個單子，一個宇宙單子會延伸出 2,985,984 個單子。在較舊的身心靈文獻中，單子還有其他名稱，包括「我是臨在」（I Am Presence）和「超靈」（Oversoul）。在光之生命樹中，第八維度是物質界與非物質界的交界點。因此，單子是星靈在物質界的第一個延伸。單子攜帶著我們的神聖藍圖。我們的神聖藍圖是我們的靈魂如何為其他靈魂服務的計畫。當我們開始跟單子連結時，我們的神聖藍圖也會隨之被啟動。

當單子進一步再把其能量向下延伸，就會在第五維度延伸出我們稱為「本靈」（Soul）的個體。每個單子都會延伸出 12 個本靈，因此一個星靈會延伸出 1,728 個本靈、一個宇宙存有會延伸出 20,736 個本靈。本靈是我們的內在自性，我們最真實的自己；有些人會稱這個面向為「內我」。本靈知道一切有關你的前世今生、你的靈魂藍圖；本靈會指引著我們，引導我們在物質世界中執行我們的靈魂藍圖，讓我們的靈魂得以成長。

最後，本靈會再一次重複碎形的過程，在第四維度延伸出我們的「轉世人格」（Incarnate Personality）。轉世人格，就是我們輪迴轉世的面向，也是此刻在你的物質身體中體驗著生命的面向。有很多人會誤會在物質身體中輪迴轉世的是我們的本靈；事實上，本靈是在更高層面的存在，而轉世人格才是進入物質世界的那個面向。

每個本靈都會延伸出 12 個轉世人格。因此，一個星靈會延伸出 20,736 個轉世人格、一個宇宙存有會延伸出 248,832 個轉世人格、一個宇宙單子會延伸出 429,981,696 個轉世人格。換句話說，我們是我們的星靈延伸出來的 20,736 個轉世人格的其中一個。我們的轉世人格會再透過跟自己的指導靈、本靈和其他的轉世人格（這些「其他轉世人格」所指的並不一定是來自同一個星靈的轉世人格）商議好每一生的生命藍圖，並在選擇自己的父母、轉世的年代、會相遇的人和經歷的課題後，進入胎盤準備迎接新的一生。

你可能會問：地球的人口都已經接近 80 億，如果整個宇宙只有大約 25 萬個轉世人格，為什麼正在體驗生命的人口會那麼多？其實，我們每個人都是一個多次元存在。在這個宇宙中，除了來自創造這個被稱為 Nebadon 宇宙的那個宇宙存有的靈魂，也有來自其他宇宙存有的靈魂；同樣道理，其他宇宙存有創造的宇宙也有來自創造 Nebadon 宇宙的宇宙存有的靈魂。這部分的資訊只是讓大家大概理解自己跟神聖本源的關係，大家並不需要被數字限制自己對宇宙的理解。

有很多人都以為，「靈魂」所指的就只是我們的精神面向。然而，我們的靈魂卻比這大得多。我們的靈魂，來自神聖本源。而我們的靈魂在不同的存在層面，均有不同的「靈魂面向」。我們的轉世人格、我們的本靈、我們的單子、我們的梵我、我們的星靈、我們的宇宙存有，一直至到神聖本源，都是我們靈魂在不同存在層面顯化的不同面向。這就是我們的靈魂，也是我們真實的自己。

我們並不只是一個 3D 的人類，我們的物質身體也不是我們的全部。事實上，我們是一個多次元的存在。我們之所以會以為自己是一

個渺小的人類，是由於我們忘記了其實我們原本是一個來自神聖本源的靈，一個擁有無限力量的靈性存在！

透過認識我們的靈魂，我們能夠更清楚了解「我是誰」。有很多人誤會了我們是一個轉世人格，就是一個會輪迴轉世的能量體／意識體。可是，其實這只是我們靈魂的一小部分。這就是為什麼，我會說我們還有 90% 的靈性潛能沒有被開發的原因。在這本書裏，我們將會深入探討，如何釋放其餘 90% 的靈性潛能。

知識補給站
新時代運動的宇宙觀

在解構宇宙的各個存在層面時，我們分別會用「密度」、「次元」和「維度」3 種概念來劃分。有很多人會把這 3 個概念混為一談；然而，其實這 3 個概念是在描述 3 件不同的事。

能量振動的密度

「密度」是人們最初用來劃分宇宙存在層面所使用的概念。最早提出這個概念的人是一位俄羅斯通靈師。她提出這個宇宙分為 7 個不同的存在層面，分別為物質層（Physical Plane）、星光層（Astral Plane）、心智層（Mental Plane）、菩提層（Buddhic Plane）、自性層（Atmic Plane）、純靈／單子層（Anupadaka/Monadic Plane）和太一／理法層（Adi/Logoic Plane）[4]。當中的物質層和心智層又分為兩個層面，物質層被分為物理層和以太層、心智層被分為心智層和因果層。這個劃分存在層面的方法為整個身心靈界後來的宇宙觀奠定了基石。

---

[4]　Annie Besant, *The Ancient Wisdom: An Outline of Theosophical Teachings*, (Hollywood: Theosophical Publishing House, 1918), p.175-176.

太一 / 理法層	/
純靈 / 單子層	/
自性層	/
菩提層	/
心智層	因果層
	心智層
星光層	/
物質層	以太層
	物理層

表 2.1 神智學家的密度分層

意識的次元

　　次元和維度的英文翻譯同是「dimension」，因此很容易造成混淆。有很多人以為次元和密度是一樣的，可是次元所指的並不是空間的密度分佈，而是我們的意識在不同密度中振動時如何感受這個世界。換句話說，次元所指的是「意識層次」。打個比喻，第三次元是物質意識、第四次元是能量意識（即能夠感知能量的狀態）、第五次元是神聖藍圖意識。

　　對次元的詮釋最完整的書本是由 Janet McClure 所著的 *Scopes of Dimensions*[5]。這本書可以讓我們從「能量結構」的角度理解次元，例如：第一次元是結束、第二次元是起始、第三次元是放大。不過這個概念比較複雜，我們現在就不在這裏作深入討論，如果大家有興趣可以閱讀這本書深入了解。

　　簡單來說，當我們的意識與不同密度共振就會進入不同的次元狀態。例如：在物質層振動的意識是第三次元意識，即一種基於二元分立存在的意識、在星光層至自性層振動的意識是第四次元意識、在純靈 / 單子層振動的意識是第五次元意識等等。而我們經常說的「揚升

---

[5]　Janet McClure, *Scopes of Dimensions*, (Arizona: Light Technology Publishing, 1989).

意識」，其實是指我們的意識振動模式從物質層一直向上演化至純靈／單子層；當你跟單子意識完全同步，你就會進入第五次元意識。

時間的維度

維度在科學上是指描述物件狀態所需的獨立參數，即一般人所說的點、線、面、體。然而，在揚升科學中，維度所指的卻不是空間的維度，而是時間的維度。「維度」，所描述的是意識／文明從二元分立的狀態到合一狀態之間的演化過程中在不同振動頻率對線性時間的感官認知的分別。個體所身處的維度越高，其意識對線性時間的理解就會越模糊。換句話說，一個存有的維度越高，時間對他來說就越無意義。這就是「維度」的意思。

在我所進行的研究中，發現其實維度和密度的概念是互相對應的。以下為我整理出來的分層對應表：

密度	子密度	意識次元	維度	諧波宇宙
太一／理法層	/	第六至九次元	12D 梵我層	第四諧波宇宙
			11D 佛性層	
			10D 聖靈層	
			9D 因果層	第三諧波宇宙
純靈／單子層	/	第五次元	8D 單子層	
自性層	/		7D 王冠層	
			6D 天界層	第二諧波宇宙
菩提層	/	第四次元	5D 以太模板層	
心智層	因果層		4D 星光層	
	心智層		3D 心智層	
星光層	/		2D 情緒層	第一諧波宇宙
物質層	以太層	第三次元	1D 以太層	
	物理層		/	

表 2.2 密度、次元與維度的關係

從表 2.2 可見，密度、維度和次元其實相互對應。雖然由於時代背景不同，因此不同系統在字眼上會有一點混亂。例如：在密度分層中的星光層在維度結構中被稱為情緒層，但兩個理論都描述該層面為人類情緒存在的層面；而密度分層中的因果層在維度結構中則被稱為星光層，然而兩個系統都描述該層面為人類轉世人格所在的層面。即使他們把字眼改掉了，但各個系統對其不同分層結構的描述仍然是一致的。因此，不同系統其實只是在用不同字眼、不同角度來理解這個宇宙，三者並沒有任何衝突。

　　即使很多學者嘗試用一個有系統的方式去描述宇宙的分層結構；然而，這個宇宙卻不是一個分層結構。不同的維度、次元、密度其實是混為一體的。以太層、星光層、天界層、因果層等等全部其實都同時存在於我們周圍，渾然一體。在這裏所描述的分層結構，其實只是方便大家認識宇宙的不同層面，理解我們所在的這個實相的複雜性，讓大家欣賞受造物的美；事實上，這些分層結構是渾然一體、互相交纏的，這樣才編織成這個美麗的宇宙。

第三章
揚升的意義：
離開行星維度矩陣

在這一章，我們將會簡單介紹一下光之生命樹的結構與揚升的關係。「生命樹」其實是萬有被創造時的一個模板。地球的維度結構、人體的結構，全部都是一個生命樹。換句話說，我們每一個人本身都是一個生命樹。當我們提起生命樹時，我們一般都只會想起「卡巴拉生命樹」。卡巴拉生命樹是一個擁有 10 個質點的結構。可是，其實最原始的生命樹一共有 12 個質點。當萬物被創造出來時，都被設定成一個有 12 個質點的生命樹結構，這個結構攜帶著萬物的編程和基因創造模板。古代的揚升大師和療癒師在進行光工作時，都會使用到這個光之生命樹的結構。而我們大部分人所認識的卡巴拉生命樹，其實是來自光之生命樹的一個變體。在卡巴拉的教導中，生命樹的結構被編寫成 10 個質點、22 條路徑的網格。自此之後，光之生命樹的結構、行星維度矩陣的結構就開始失傳了。直至近代，通靈傳訊者 Ashayana Deane 在天國基督存有的指導下，令光之生命樹重新面世。

我們每一個人的身體，其實都是一個光之生命樹，這個生命樹的第八個質點在上心輪的位置（是宇宙維度矩陣的中心），而生命樹的中心點，就在我們的丹田。生命樹是我們身體、脈輪、氣場、光體等等的基礎。在人體的光之生命樹模板中，儲存了有關我們靈魂的一切數據。光之生命樹模板就像我們靈魂的硬盤一樣，是我們的靈魂記錄。

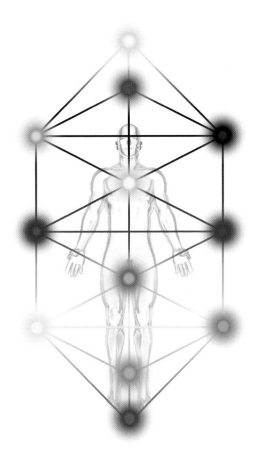

圖 3.1 人體的光之生命樹結構

　　揚升的過程，其實就是在這個生命樹矩陣中向上攀升的過程。我們本身存在於第一諧波宇宙，一個 3 維的世界。在這個世界中，我們的心智、情緒和身體會主導我們的意識。然而，當我們開始了揚升的過程，我們的意識會漸漸向上發展。當我們進入第四維度，我們將會開始關注靈魂、能量相關的事情，我們的意識會開始由轉世人格主導。當我們進入第五維度，我們的本靈就會主導我們的意識。大部分高度參與宗教、靈性活動等的人的意識都已經進入第四維度。

　　當我們的意識進入第八維度，我們的單子將會主導我們的意識，我們會開始履行我們的神聖藍圖的內容。神聖藍圖與靈魂藍圖不同，靈魂藍圖所寫的是有關靈魂自身的成長，而神聖藍圖則是靈魂對他人的貢獻。

　　當我們的意識進入第十二維度，我們的梵我就會主導我們的意識。在這時候，我們的靈魂會開始希望更進一步對整個世界的揚升進程作出貢獻。其中一個非常標誌性的特徵，就是一個人開始執行網格工作。雖然不一定每個人都是一樣，但我自己是自從與梵我連結後才開始對網格工作感興趣的。也是自從連結梵我後，才開始感受到地球內能量網格的能量流動。不過，不一定每一個人都會在意識進入第十二維度後才開始對網格工作產生興趣，有些人可能會在更早時候。這裏只是大概讓大家知道有這樣的一個概念。

　　當我們開始超越第十二維度，就會離開這個行星維度矩陣，進入「星靈界」（Rishic Realm）。星靈界是在行星維度矩陣外的世界，有些人會稱它為「第五諧波宇宙」，並認為當中也分為 3 個維度。這是一個超越物質界、超越二元對立的空間，是我們的宇宙與其他宇宙的連結點，也是這個宇宙最高的維度（換句話說，我們的宇宙一共有 15 個維度，而地球則有 12 個維度）。當我們的意識超越了行星維度矩陣，我們就會放下所有對宇宙的存在層面的「框架」。當我們仍然在行星維度矩陣中體驗著生命，我們仍然以行星維度矩陣的結構和邏輯思維來理解這個宇宙的能量，我們會把這個宇宙劃分成不同維度。我曾經聽說過有很多人說這個宇宙有 12 個維度、13 個維度、24 個維度等等不同說法。然而，「維度」的概念其實只是地球的行星結構才有的概念。在宇宙的角度，所有的不同維度並沒有高低之分，即其實沒有第一維度、第二維度、第三維度這些概念。他們只是不同的存在層面；而且，所有的存在層面都混為一體，水乳交融、互相纏結。在宇宙的角度，並沒有一個把維度分成不同層面的結構，一切都混為一體。

當我們進入星靈界，下一步就是連結星際家人。在我們來到地球之前，我們都跟星際家人商討了，在我們過世之後由他們引領我們在地球或者母源星接受療癒和淨化，回到原本的星球，並選擇留在那個星球、繼續演化、回到本源還是回到地球，甚至是進入其他星球。然而，如果我們進入地球後因為不同原因而與他們斷開連結（例如：進入了某些負面矩陣），他們就無法在我們過世後接觸我們的靈魂。而在這情況下，我們的靈魂就只能不斷在地球輪迴，直至我們憶起實相並重新跟我們的星際家人連結為止。

雖然，我們的星際家人會嘗試接觸我們，但我們在被慾望或負面矩陣等事情影響的情況下，很難留意他們的存在。如果我們在這時候能夠與星際家人溝通，我們就能在結束這一生後由星際家人接引。我想在這裏重申，我們希望連結星際家人和死後離開地球並不是因為我們不喜歡地球的生活，事實上地球的生活非常吸引。不過，如果在這個行星迷失，我們就會產生慾望和佛教所說的「苦」。連結星際家人，只是希望我們可以在完全覺知的情況下在地球生活，僅此而已。而當我們要結束這一生，我們也可以選擇要到哪裏，而不是迷失在地球的輪迴矩陣中。（當然，透過跟星際家人連結並不是唯一一個在過世之後離開地球的途徑，但這是對一個靈魂而言最輕鬆、最容易的途徑。）

另外當我們在沒有接受星際家人或其他靈性存有的療癒和淨化的情況下重新投入地球的生命，我們就會重複上一生的命運軌跡。這是由於，我們的光體基因沒有被淨化。在我們第一次進入地球時，我們會選擇好自己的父母，設定好自己的基因會產生什麼樣的人生軌跡（我們的人生全都是基於我們的光體基因所編寫的）。然而，在我們過世後，我們本應在其他維度先接受一次光體淨化，把所有上一世留下來的負面情緒洗淨，讓靈魂回歸愛與和諧的狀態，才開始繼續下一生。如果沒有接受淨化便來到地球，就會導致重複上一世的模式。這就是為什麼有很多人在接受前世回溯催眠時，會看到上一世和今世的命運有重複的地方的原因。

　　以上所述，也是為什麼揚升對我們的靈魂而言是這麼重要的原因。揚升，其實並不是一個由起點跑到終點的過程。相反我們是要回到最初的起點，回到最初作為「星靈」的那個狀態，讓我們回到那個清醒的狀態（即沒有迷失、完全知道自己是誰的狀態）生活，覺知自己是一位多次元的存在。

什麼是 5D 新地球？

近年非常流行的名詞「5D 新地球」，其實是在光之生命樹中的其中一個層面。在光之生命樹中的第一至四個諧波宇宙，都具有一個地球，它們分別是 3D 地球、5D 新地球（英文名為 Tara）、8D 蓋亞和 12D Aramatena。而現在大部分人所理解的「5D 揚升」，所指的就是從 3D 地球進入 5D 新地球的過程。

然而，我們稱呼 5D 的地球為「新」地球其實並不正確。這是由於人類原本是生活在 5D 新地球的，當時的人被稱為「天使人族」（Angelic Human），攜帶著 12 股光體基因。可是，由於人類濫用宇宙科技，導致 5D 地球分裂，並透過黑洞進入第一諧波宇宙，變成 12 個天體（水星、金星、3D 地球、火星、木星、土星、天王星、海王星、冥王星、尼比魯、現在成為了隕石帶的馬爾戴克和一塊進入了我們身處的太陽系裏的太陽的行星碎片），最終形成現在的太陽系。

而根據宇宙的揚升週期，3D 地球的揚升週期為 26,556 年，一個揚升週期有 6 個次揚升週期，即每個次揚升週期為 4,426 年。當每個次揚升週期過了一半，就會有大量宇宙頻率進入地球，而位於地心阿曼提大廳中的揚升門戶則會在宇宙頻率進入地球的前後 5 年開啟。換句話說，每隔 2,203 年揚升門戶就會開啟，這個門戶可以容許我們進入 5D 新地球（但前提是進入者的第五股光體基因已經被激活）。

按照這個週期，揚升門戶會在公元 2012 年開啟，並在 2022 年關閉；這就是為什麼人們會說 2012 年世界將會有很大改變、人類會集體揚升的原因，也是為什麼有很多人認為 5D 新地球將會來臨的原因。在 5D 新地球，由於人類的意識提高了，因此不會再有戰爭、虐待、欺凌，剩下的就只有光和愛。這也是為什麼人們會這麼嚮往 5D 新地球的原因。

後備揚升議程

　　後備揚升議程是一個全新的揚升藍圖。與 5D 揚升計畫不同，後備揚升議程更著重意識的揚升（Incension）而非維度的揚升（Ascension）。

　　後備揚升議程最早由 Lisa Renee 在 2009 年提出 [6]。她指出「揚升至第五維度」的計畫現在已經被擱置。這是由於不同能量在其他維度的衝突無法達成共識。雖然按照原定計畫，地球的揚升門戶會在 2012 年開啟。可是，在大約 10-20 年前（我也不太清楚確實時間），負責執行地球 5D 揚升議程的星門守護者聯盟（Guardian Alliance）基於各種原因認為 2012 年不是開啟揚升門戶的最佳時機，其中一個原因是人類的集體意識仍然大幅度受到負面存有的影響，現在開啟這個門戶會影響整個維度矩陣的能量狀態。當中還有其他很多考慮因素；但是在這裏擱置 5D 揚升議程的原因並不是重點；這裏的重點是希望為大家提供最新的揚升議程資訊，讓大家了解現在地球文明在揚升旅途上處於什麼位置。

　　後備揚升議程是現在地球正在進行的揚升議程。由於揚升議程不同了，因此負責執行議程的存有也由星門守護者聯盟改為極光存有（關於這個存有的資訊我們會在其他章節深入討論），並**由維度揚升改為意識揚升**。換句話說，集體的揚升和 5D 新地球暫時不是我們的焦點。後備揚升議程，意味著我們該把焦點放在個人的揚升，如何透過整合我們的多次元面向，超越行星維度矩陣、連結神聖本源。

　　我明白這個消息會對一眾一直對集體揚升抱有非常大期望的朋友造成非常大的衝擊，5D 新地球暫時不會實現的而且確是一個很難接受的事實。然而，大家有沒有想過，為什麼有些人會那麼期盼 5D 新地球的來臨呢？是因為想逃避現世的痛苦？是因為希望外星人來拯救

6　Lisa Renee, "Ascension Plan B", Energetic Synthesis, 2009. https://energeticsynthesis.com/index.php/resource-tools/blog-timeline-shift/2207-ascension-plan-b.

我們？還是因為對於現在的世界、現在的人生充滿不滿，希望可以有一個新世界來臨直接解決所有現在的問題？

其實，很多人期盼 5D 新地球來臨的原因，並不是因為希望人類文明揚升，而是因為他們對現世的痛苦感到恐懼和憤怒。我見過很多人，他們之所以期望 5D 新地球的來臨，是由於他們對於現世中腐敗的人心感到絕望，他們不忿現在的世界被負面存有操控，他們對現世的事感到憤怒。因此，他們希望有 5D 新地球的來臨，直接為他們解決所有這些煩惱。然而，請大家仔細地想一想，這些想法、這些情緒真的是一個 5D 新人類所應該有的嗎？憤怒、絕望、恐懼，這些都是頻率不太高的負面能量。如果我們攜帶著這些能量，我們還可以進入 5D 新地球嗎？我們還可以進入一個充滿光和愛的地球嗎？

有很多人，雖然口裏說希望創建一個充滿光和愛的地球，但這句說話卻出自於心底裏對負面勢力 / 不公義事件的憤怒和恐懼，加上對現世的絕望，他們希望可以有一個「新地球」出現解決所有這些問題。然而，這卻讓你的意識頻率停留在負面能量之中，令你無法提升你的頻率。

與其把時間花在等待 5D 新地球的烏托邦時代的來臨，倒不如我們花時間處理一下自己內在的憤怒和恐懼，讓我們活在愛之中。我並不是說憤怒和恐懼不好，可是長期沉浸在這種情緒中卻會對自己的靈性提升帶來負面影響。真正的靈性、真正的揚升，是建基在愛之上，而不是建基在對負面存有的憤怒之上。

我明白這部分資訊對大家來說或許難以接受，但我相信揭開這本書並看到這一頁的人，肯定是希望知道真相的人。衷心希望這部分內容可以在靈性成長的路上幫助大家。

第四章
靈魂的轉世劇

前世今生同時發生

　　轉世，是靈魂的必經階段。可是，有很多人都誤會了轉世的機制。人們經常以為，人會在經歷完一生之後，再轉世進入下一生。因此，人就會有「前世」。可是，事實上，我們真的有「前世」嗎？**從靈魂的角度，時間根本不存在。過去、現在、未來其實同時發生。**因此，我們在催眠回溯、冥想狀態和通靈傳訊中所看到的其實不是「前世」，而是現在正在其他實相中發生的事。前世今生並不像我們所想的一樣，在一個線性時間軸上發生，而是同時在多重實相中發生。與其說這些是我們的前世，不如說這些是我們的靈魂面向，是我們的靈魂在不同實相中顯化的不同面向。

　　當我們選擇進入地球的行星維度矩陣、體驗地球的生命時，靈魂會選擇自己所希望達成的目的。不同的靈魂來到地球的目的都不一樣。有些靈魂是為了療癒自己而來到地球，有些靈魂是為了療癒地球才來到地球，也有些靈魂是單純為了享樂而來到地球。每一個靈魂來到地球的原因都不一樣。可是，有一件事是一樣的，就是靈魂永遠有權選擇如何規劃自己的人生。我們現在正在經歷的一切，全都是我們自己的選擇。我們正在經歷的每一刻，都是我們自己規劃的。

　　當我們決定了自己來地球的目的後，我們就會依著這個目的，編寫我們的「靈魂基因」。靈魂基因就像一個資料庫，儲存了所有你用來體驗你希望體驗的事物的所有數據。這些數據包括你在地球的所有靈魂面向所將會 / 正在 / 已經體驗的一切。這一切，一早就已經寫在你的靈魂基因裏。

　　然後，你的靈魂就會帶著其所編寫的靈魂基因，開始規劃自己在每個實相中的人生。在規劃的過程中，我們會跟我們的「靈魂伴侶」

或靈魂家族中的其他轉世人格商討我們可以如何互相幫助以完成我們進入地球的目的。然後，我們就會選擇我們的父母，投生成人。很多時，我們所選擇的家庭，都會跟我們的課題有關。如果你有細心留意，就會發現大部分人正在經歷的課題，其實都是在他們的家族中代代相傳的課題。假如有一個人的課題是缺乏愛，那麼其所身處的家庭都是不懂得如何愛人的家庭。我們的課題，很多時都跟我們所選擇的家庭所經歷的家族業力／課題一樣。

在規劃完成之後，靈魂就會進入地球的多重實相中，把寫在靈魂基因中的數據「活出來」。要注意的事，靈魂是同時在體驗不同的人生的。你現在所認知屬於「你」的人生，其實可能只是一個靈魂在二十一世紀中的其中一個面向。你的靈魂可能同時在十八世紀、二十三世紀、元朝、公元前四千年等等正在體驗其他人生。

死後我們會到哪裏？

究竟死後我們會到哪裏呢？又或者，我們應該去哪裏呢？這是一個對於任何人而言都會非常好奇的問題。隨著現代人對靈魂的認識加深，死後世界對於在生的人來說開始變得越來越清晰。在這部分，我將會嘗試以簡單的文字，讓大家了解死後靈魂會經歷什麼。

當靈魂結束自己的一生，決定離開身體時，靈魂會脫離物理身體，解除物質世界對他的束縛。在這時候，靈魂的所思、所言、所行會即時顯化成為其體驗。因此，死亡時的心理狀態，會產生出一個類似「夢境」的實相，令靈魂深刻地體驗這種情緒。如果靈魂在臨終前非常恐懼、痛苦，他就會「夢到」自己猶如身處地獄般。另外，很多時在這個狀態的靈魂都會夢到自己生前所相信自己死後會體驗的事物。如果這個靈魂相信自己會進入地獄，就會夢見自己在地獄受苦；如果這個靈魂相信自己會進入天堂，就會夢見自己在天堂享福；如果這個靈魂相信自己會與佛陀見面，就會夢見佛陀前來接引（可是，他不會看見真正的佛陀，而是自己投射出來的佛陀）。

　　在這時候，你的指導靈會嘗試前來幫助你「醒覺」。在這個狀態中的靈魂，就像正在沉睡和發夢一樣。而你的指導靈，就會在這個時候進入你的夢境幫助你。他們會幫助你醒覺，看見自己其實一直活在自己顯化出來的夢境當中。然而，並不一定每個人都可以看見這些靈性存有，因此有些靈魂會一直在這個夢境中不斷經歷其所創造出來的死後世界；不過，也會有一些靈魂能夠察覺靈性存有們的存在，被他們引導離開這個幻想；另外，也有一些靈魂能夠靠自己醒覺。在這個狀態中，就已經有無限可能。簡而言之，如果這個靈魂遲遲沒有離開夢境，就會一直在夢境中經歷其所創造出來的世界。

　　在人類的科學上，我們會稱一些靈魂回到身體的人經歷了瀕死經驗。可是，其實他們對死後世界的記憶僅止於他們「發夢」狀態所經歷的一切，甚少會對後續療癒聖殿或學校有記憶（這是保護那個空間的方法）。這就是為什麼經歷瀕死經驗的人很多時都會看到某宗教的死後世界。

　　如果一個靈魂在死亡時沒有情緒、或者本身是一位唯物主義者，就不會產生這個「發夢」的狀態，直接從「睡夢」中醒來。感覺就像一覺醒來，就看見自己不再存在於物理身體一樣，自己變成一團能量。如果一個靈魂成功離開夢境，都會進入這個狀態。當我們進入這個狀態後，就要正式開始我們回歸本源的旅程。

　　當我們的物理身體死亡後，我們並不是立刻進入轉世人格的狀態。這是由於，在我們的所謂「死亡」過程發生時，我們的靈魂只是放下了我們的「物理」身體，然而我們仍然攜帶著以太體、情緒體和心智體 3 個能量身體。如果你參考表 2.2，就會看見在轉世人格的所在維度下，就是心智、情緒和以太 3 個維度。而當我們放下了我們的物理身體之後，下一步就是放下我們的以太體，接著就是我們的情緒體，最後就是我們的心智體。當我們放下了所有 3 個能量身體後，我們才會回歸到轉世人格的狀態，踏上回歸本源的旅程。

　　要放下這 3 個身體，我們就需要放下我們對這些層面的執著。很多時，我們都會因為執著，而導致轉世人格無法脫離這 3 個身體。如

果你對於自己生前的身體痛感或某種身體感官有執著心（例如：生前有嚴重的肩背痛，在死後以為自己還有肩背痛），轉世人格就會被困在以太體中；如果你執著於某種情緒（例如：仇恨、憤怒、罪咎），轉世人格就會被困在情緒體中；如果你執著於某種思維／價值觀（例如：宗教價值、意識形態），轉世人格就會被困在心智體中。而這些執著，就是導致我們無法放下這3個身體的原因。

原本，我們的轉世人格在死後應該直接進入另一個空間。可是，如果我們的轉世人格仍然困在這3個身體中，我們就無法過渡到另一個空間，因而成為「地縛靈」，即我們在街道上看見的靈體。地縛靈的出現，就是因為人的執著。當我們能夠放下，就能脫離這3個身體，讓轉世人格得到自由。

有時候，你可能會看見在街道上，有一些已故人士不斷在重複生前的某一個動作、行為。有些甚至是沒有情緒、沒有感覺的。那些沒有情緒、感覺的亡靈，其實就是轉世人格離開以太／情緒／心智體後，留下來的軀殼。即你看到的，可能是某一個轉世人格的以太體軀殼、情緒體軀殼或者心智體軀殼。因此，這些其實並不算是亡靈。不過，也有些亡靈會不斷重複生前的某個動作或行為，這是由於他們的潛意識使他們這樣，這些亡靈很多時並不知道自己死了，只是在無意識地重複某個動作。

這也是為什麼在生時的靈性修行是這麼重要的原因。如果一個人在世時在物質世界留有很多眷戀、執著，在死後要離開以太／情緒／心智體就會變得非常困難。

可是，如果我們在生命結束時，還是未能放下這些執著，我們應該如何做呢？這就涉及到死後我們應該去哪裏的問題。當你離開你的物理身體後，你會看見周圍有很多可能性。這些可能性通常會以門的形式出現，但每個人看到的可能不一樣。我這裏就先以門做例子。假設你已結束「做夢」的狀態，或者直接跳過「做夢」的過程，你會看見周圍有很多門。在這時候，我會選擇穿過最光、感覺最舒服的那道

門。要留意，你必須要穿過最光的那道門，因為其他門會引導你進入其他空間（我們會在後面詳談這部分）。當你穿過這道門後，你會進入到一個由高靈設置的跨維度空間。這個空間是一個讓亡者休息、療癒和學習的空間。在這裏，有很多不同的療癒聖殿、學校和休憩場地。在這裏，你會跟不同的高靈見面，他們會為你作最好的安排。通常，他們會為你清洗你的光體、淨化當中的負能量，從而幫助你放下對物質世界的執著，讓你可以進一步放下你的以太體、情緒體和心智體。如果你的執著太深，在轉化的過程你有機會會感到有點辛苦。但這並不是必然。

當你放下了對物質世界的執著、放下了你的能量身體後，你就會回歸到轉世人格的狀態。視乎情況，你會被安排到不同的學校憶起靈魂的實相；或者你會直接看到自己的所有靈魂面向，憶起所有你放在自己的靈魂基因中的所有數據。然後，你就開始回歸神聖本源的旅程。你會再一次跟你的本靈、單子、梵我和星靈融合。你（和其他所有靈魂面向的意識），會再一次回歸星靈界。你可能會問，其他靈魂面向是否都會跟你同時死亡？會否有一個情況是在二十一世紀的你已經經歷了我們稱為死亡的過程，而其他靈魂面向則還在生活？要記得，對靈魂而言，沒有時間這回事。因此，當你經歷了「死亡」後，你就會憶起其他的靈魂面向。同一時間，你的其他靈魂面向都會憶起你。然後你們會發現，其實你們是一體的，你就是你的所有靈魂面向。你再不會有「前世今生」的概念，因為所有「前世」現在都回歸當下了。

當你再一次跟神聖本源合一後，你可以選擇再回到地球，或者進入其他行星、其他空間體驗生命。不過，當你再從神聖本源來到這個宇宙時，那個還是你嗎？試想像神聖本源是一團火。當這團火分裂出一小道火舌進入這個宇宙體驗生命後，這一小道火舌回歸那一團火中，再次與那團火合一。然後這團火再產生另一小道火舌到這個宇宙中體驗生命。然而，在這個情況下，之前分裂出來的那一道火舌，和之後分裂出來的那一道火舌，是同一道火舌嗎？之前那一道火舌是否

之後那一道火舌的「前世」呢？我相信，這就是佛教中的「無我」的意思。因為事實上，你的「前世」和你的「今生」並不是「同一道火舌」。事實上，我們並沒有一個轉世的「主體」。不過，同一時間，新的那一道火舌，也是之前的那道火舌的一個轉世。這是由於，兩道火舌都源於同一團火，大家都來自「神聖本源」。你（作為一道火舌）其實與所有由神聖本源分裂出來的千千萬萬道火舌是一樣的。

有時候，有些人會說如果你有事情還未完成，他們希望再用多一世時間完成那件事；或者可能他們希望學習一些課題，但他們卻未有在上一世完成這個課題，他們就會希望在下一生完成這個課題。可是，我必須要釐清，即使你未完成課題、未完成你的使命，你並沒有回來地球的必要性。你是否回來地球，是完全基於你的自由意志的。如果你不希望回來，即使你未完成課題或使命，你也可以選擇離開，因為這是你的自由意志。閱讀到這裏，你可能會感到很雀躍，因為你知道原來你可以選擇離開地球。不過，在這裏我希望你可以反思一個問題。為什麼你希望離開地球呢？是因為你希望跟神聖合一？還是你討厭地球發生的一切？如果你是帶著一種對地球的「厭惡」的話，其實你是無法離開行星維度矩陣的。這是由於，若要離開地球，或者回歸本源，你必須要帶著無條件的愛與本源共振。唯有愛才能與神聖本源共振，厭惡的能量是不可能讓你回歸神聖本源的。因此，如果你很厭惡地球的一切的話，那就代表你還未準備好離開地球。

在靈魂離開身體後，有些靈魂會因為心急想要回來完成他未完成的事，他們會在未完全清洗自己的光體前、未放下自己的以太、情緒和心智體時就攜帶著這些前世的能量體規劃自己的下一生並趕回來物質世界。然而，這卻是不被建議的。因為這會導致你不斷重複同一批靈魂基因記憶。換句話說，你只是在不斷體驗你的靈魂基因中的不同「轉世」、不同人生，即所謂「輪迴」。

除了上述原因，還有另一個原因導致我們攜帶著相同的靈魂基因轉世，就是我們進入了錯誤的門。如果在我們剛離開物理身體時，我們選擇了錯誤的門，我們有機會會進入由阿努納奇所設置的「輪迴矩

陣」中。輪迴矩陣，是一個有關轉世的騙局。自古以來，阿努納奇都是靠著輪迴矩陣令人類的靈魂被困在地球中無法離開，從而利用我們的能量實行他們的議程。他們把各種有關轉世的錯誤觀念灌輸給我們，讓我們在死後心甘情願跟著他們的意願走。在古代中國，他們會告訴我們要跟牛頭馬面離開人間進入地府；在印度教，他們會告訴我們我們會根據我們的業力進入到六道（或者五道）中。然而，很多這些信念其實都是在操控我們，讓我們困在地球的行星維度矩陣中的戲碼。如果人類相信自己會被牛頭馬面接走，那麼他們在死後看見牛頭馬面就會心甘情願地跟這些阿努納奇走。如果人類相信自己需要根據審判結果輪迴，那麼人類就會心甘情願被帶到地府輪迴。

以上所述，其實都是阿努納奇以前的戲碼。隨著人類集體意識覺醒，越來越多人知道自己並不需要被牛頭馬面帶走、也並不需要被審判。人類開始知道，其實我們可以自己規劃自己的靈魂藍圖。因此，如果你現在穿過進入輪迴矩陣的門，你就會去到一個由阿努納奇創造的空間。在這個空間中，他們會為你播放你的生命回顧。可是，這個生命回顧並不是真實的，因為他們會把在你的人生中的陰暗面放大，令你覺得這一生做錯了很多事，需要回來修正。然後他們又會告訴你，你還沒有完成你的課題，不能離開地球；或者你的業力未得到平衡，你不能離開地球，於是說服你回來。他們會跟你一起規劃你的下一生。可是，其實他們並不能真正為你規劃你的下一生，他們可以做的，就是要你重複經歷在你的靈魂基因中的不同人生而已。

或許我們以一個簡單例子來說明這一點。假如你在規劃你的靈魂基因時設定自己作為一個性格暴戾的人，從而學習寬恕和和諧。你設定了自己在十六世紀、十八世紀、二十一世紀和二十三世紀透過不同的人生學習寬恕和和諧。如果你在過世後進入了輪迴矩陣，他們可以做的，就只是讓你重複你靈魂基因中十六世紀、十八世紀、二十一世紀和二十三世紀的人生。然而，如果你跟神聖本源合一，你的轉世就不會受到你之前設定的靈魂基因限制，因為再次由神聖本源分裂出來的靈魂，是一道全新的火舌。

業力法則與輪迴轉世

　　有很多人都誤會了，所謂的「業力」是指不同轉世中的因果。前世因，今世果；這看似是宇宙的定律。可是，在前文我們已經解釋了，所謂的前世今生其實是我們的靈魂在不同實相顯化出來體驗生命的不同靈魂面向。那麼，究竟業力是怎麼一回事呢？

　　對我而言，**業力其實是指不同靈魂面向之間的互動**。雖然現在正在體驗二十一世紀的人生的你，對你在其他時間點／實相中的靈魂面向沒有認識。可是，你跟他們始終是一個整體。他們的所作所為會影響當下在這個實相的你；同一時間，你的所作所為也會影響其他靈魂面向。所謂的「前世因、今世果」，其實是指不同靈魂面向之間的互動。如果你的某個靈魂面向是一個脾氣暴躁的人，由於你跟他是一個整體，那麼你也會呈現出他的特質。同樣道理，假如你的某個靈魂面向傷害了跟他共同參與同一個實相的屬於其他靈魂的靈魂面向，對方在當下你正在參與的這個實相中也會感受到當時的仇恨。那麼，你在這個實相中有可能需要面對他的仇恨。

　　業力，其實是一個創造的過程。我們的所思、所言、所行（即意、口、身三業）都正在影響你的實相，而你又正在體驗你的實相。換句話說，你會不斷體驗你（或者你其他的靈魂面向）的所思、所言、所行。你可以想像你的靈魂是一棟大廈，在大廈裏有很多不同的單位。每一個靈魂面向都有屬於自己的單位。而你就在與你的其他靈魂面向一起建造這棟大廈。你所有轉世人格的思、言、行就是建造這棟大廈的磚。這些磚的顏色、硬度、穩固程度全部都受到你和你所有靈魂面向的思、言、行影響。如果你或你的靈魂面向的思、言、行充滿仇恨、憤怒、恐懼，那麼這棟大廈就是由這些元素建築的；那麼，你和你的靈魂面向在各自的「房間」中都會體驗仇恨、憤怒和恐懼。如果你或你的靈魂面向的思、言、行充滿快樂、和諧、愛，這棟大廈就是由這些元素建築的；那麼，你和你的靈魂面向在各自的「房間」中都會體驗快樂、和諧和愛。你除了是大廈的建築師，也是當中的住戶。你一方面正在用你和你的其他靈魂面向的思、言、行建築你的大廈，同一

時間你在自己的單位裏體驗著自己的思、言、行；而你的其他靈魂面向也在他們自己的單位裏體驗著他們的思、言、行。因為外在實相的一切都是內在實相所顯化的。那麼，究竟你在單位裏體驗的是仇恨、恐懼還是和諧與愛呢？就視乎你的思、言、行而定了。你的創造，並不只限於單一的實相，而是影響著無數的實相。你的思、言、行不但影響現在的你，也會影響在十六世紀的你、在三國時代的你、在古羅馬帝國的你、二十三世紀的你等等等等。業力，就是這個意思。你的身、口、意三業，會創造出你將會體驗的實相。**業力，並不是宇宙懲罰或獎勵你的一種工具，而是一個純粹的創造過程。**你把什麼能量投射到你的實相中，你就會體驗什麼。

你可能會疑惑，為什麼你要承受你其他靈魂面向的思言行所產生的後果呢？有很多人以為業力是一種報應、是一種債，是你其他靈魂面向做錯事所造成的後果。然而，我更傾向於描述業力為一個「平衡」的過程。靈魂作為一個整體，必然會具有陰陽兩面。其中一個面向為「陰」，那麼一定會有另一個面向為「陽」。如果你的靈魂在某一個實相中做了某些事，在另一個實相中就會體驗跟其相反的事。這種關係並不止存在於「傷害人」這一種極端的例子裏。在《靈魂的出生前計畫》一書中，指出如果有一個孩子是智障兒童，母親需要花極長時間照顧他；那麼，他們可能會在另一個實相中互換角色[7]。即那個孩子的靈魂在這個實相中會變成一個媽媽，而那個母親的靈魂在這個實相中就會變成一個智障兒童。然後孩子的靈魂就會照顧這一生是智障兒童的媽媽的靈魂。其實，**業力是不同的靈魂面向之間為了平衡而作出互動所產生的結果**，並沒有任何神要懲罰任何人，這只是一個平衡的過程。

在本書的第五部分，我們將會分享一個方法，如何知道自己現在的問題是否受到其他靈魂面向影響，以及我們可以如何轉化其他靈魂面向的創傷，從而療癒我們的靈魂。

---

[7]　羅伯特・舒華茲著，張國儀譯：《靈魂的出生前計畫：你與生命最勇敢的約定》（台北：方智出版社，2013 年），頁 19-22。

第五章

整合你的多次元面向：
高我的啟蒙

　　高我（Higher Self），所指的是我們靈魂中的較高面向。當我們連結我們的高我時，其實我們是在連結所有在星光層以上的靈魂面向。很多人以為我們的高我是一個單一意識個體，但其實我們的高我所指的是我們在高維度空間的不同靈魂面向。然而，同一時間，其實所有這些面向都是一體的，因為他們都是我們靈魂的一部分。

　　我們的高我在我們的靈性修行中擔當著非常重要的角色。他是我們靈魂的更高意識，是我們的多次元面向。在我們的揚升過程中，我們的高我（包括我們的本靈、單子、梵我等等）會逐漸由其他維度進入我們當下的意識。容許我用一個比喻去更清楚地說明這件事。你可以把我們的意識想像成一顆種子。當一顆種子被埋在土裏，它還未能接觸陽光，吸收陽光產生光合作用。這就好比我們的意識在第三維度的世界裏，還未看得到高我的存在。然而，高我一直都在，就像太陽一直都在一樣。而種子能否吸收陽光，就看種子的成長進度了。當我們的種子成長，長出樹苗，就可以開始接觸陽光。這就好比當我們開始修行，我們的意識就會開始擴展至更高維度，從而連結本靈、單子或其他更高意識體。

　　很多時，我們之所以會感到迷失，並不是因為我們跟高我斷開了連結，而是我們的意識並未擴展到能夠接觸高我的維度，故此即使高我正在給予指引，但因為我們的意識未能接觸高我的意識，所以我們並不知道他在說話。然而，他一直在說話。你的本靈、你的單子、你的梵我一直在說話。問題是，有誰聽到呢？當我們的意識仍然聚焦在首3個維度，我們又如何聽到較高維度的自己所說的話呢？唯有我們

的意識聚焦在更高維度，我們才會聽到他說的話。因此讓高我進入我們當下的意識就是揚升進程中重要的一環。

在揚升的過程中，讓高維度意識進入身體是非常重要的部分。在引言提及過的「『我是』大學」（I AM University）的創辦人 Joshua David Stone 曾經說過：「靈魂的揚升其實就是單子的降臨」（"Ascension is really descension of the monad"[8]）。這句說話點出了揚升的核心。很多人都認為揚升是指我們進入一個截然不同的空間，一個「新地球」。當地表的「黑暗勢力」被清除了以後，我們就會建立一個充滿愛、合一的社會；腐敗的制度將會消失、公平的制度將會崛起；金融系統將會崩潰，我們會回歸到以物易物的年代。然而，二十世紀末其中一位最具影響力的靈性大師卻不這樣認為。他指出，「揚升」其實是單子的「降臨」。他認為，我們所指的揚升過程，其實是讓更高維度意識進入我們的生命、進入我們的身體的一個過程。當靈魂的多次元面向進入我們的身體，我們的意識就會與這些面向同步。而當我們跟這些面向同步，我們就不會再次陷入小我的劇本之中。由此可見，揚升的重心就是讓這些意識進入我們的生命，融入我們當下的意識。

至於如何讓這些多次元面向進入我們的身體呢？以下，我想為大家介紹一個靈性修習：高我啟蒙儀式，是一個幫助大家連結高我的儀式。這個儀式會幫大家把所有的靈魂面向帶到當下。我們之所以會在靈性提升的旅途上感覺缺乏力量，是由於我們無法連結我們的高維意識。如果我們的靈魂根本不完整，又怎麼會有力量前進呢？這個練習就是希望幫助大家，拿回自己的力量，讓你在靈性提升的過程中，不會感到乏力。

這個練習並不需要有靈視能力。你只需要有一顆臣服的心，容許宇宙為你安排一切便可。

---

[8]　Joshua David Stone, *Golden Keys to Ascension and Healing: Revelations of Sai Baba and the Ascended Masters*, (Arizona: Light Technology Publishing, 1998), Google Play Books ed., p.172.

靈性修習 1
高我啟蒙儀式

1. 閉上眼睛，深呼吸 3 下。

2. 觀想在頭頂上方 6 寸出現一個逆時針轉的金色漩渦，這個金色漩渦中間出現一點白光。

3. 這點白光開始向你的頂輪垂垂下降。

4. 你的頂輪慢慢打開，迎接這道白光。

5. 這道白光填滿你全身每一個細胞、每一個器官、每一個部分。

6. 這道白光慢慢填滿頭、大腦、眼睛、鼻子、嘴巴、頸、肩膀、手臂、前臂、雙手、心、肝、脾、肺、腎、胸、背、腹、腰、下盤、大腿、小腿、雙腳、皮膚。

7. 這道白光開始慢慢往你的身體外擴張，並在你身外形成一個直徑大約 3 米的白色光球。

8. 你的身體細胞開始融入這個白光球中，與這個白光球融為一體。

9. 如果你有任何問題希望詢問你的高我，你可以在這時候發問，然後留意腦海裏出現的念頭、畫面、聲音，或者身體的反應，那些都是高我回應我們的不同方式；如果沒有任何問題，就單純感受高我的臨在。

10. 當你感覺跟高我的連結夠深後，就可以慢慢把意識的焦點重新放在你的物質身體上。

11. 感受你身體的頭部、面部、頸、肩膀、手和雙腳。

12. 深呼吸，然後慢慢張開雙眼。

　　這個儀式所需要的時間因人而異。但我會建議大家慢慢做，不要操之過急。我建議大家每天至少進行一次這個修習，讓你的多次元面向完全錨定到你的生命中。

第六章

通往揚升的道路：
光之生命樹的修行路徑

在靈修的過程中，我們經常都會感到迷茫，因為我們沒有修行的方向。很多人都會不斷尋求不同的靈修課程，靈氣、卡巴拉、威卡魔法、薩滿、IET、阿卡西紀錄等等。從不同的修行中找到一個方向。除了這些方法，其實光之生命樹中也揭示了一個很重要的修行方向 —— 超越不同意識層次的面向。

在生命樹中，我們可以看到我們所在的 3 個維度是以太、情緒和心智維度。這 3 個維度分別代表我們的身體、情緒和思維。而在這 3 個維度中，我們需要做的就是超越這些維度所代表的面向。這聽起來可能很複雜，讓我用一個簡單的方式去表達這個觀點。

當我們在這個物質世界生活時，我們的行為和決定很多時都受到我們的身體、情緒和思維影響。然而，當我們受到這 3 種「能量體」影響自己時，就會作出不符合靈魂藍圖 / 神聖藍圖的決定，或者是對靈性沒有好處的行為。打個比喻，當你的身體對糖分成癮，你的身體就會令你愛上糖分。然而，糖分卻會使你的情緒有高低起伏，令你的腦電波不穩定，這會導致你的能量頻率不穩定，從而導致其他靈性問題。

又再打個比喻，當你受你的負面情緒影響，你就會長期處於頹廢、低迷和傷心的狀態，這會令你的靈魂沉淪於這個 3 維世界。如果你受到你的思維影響，你可能會很容易因為衝動而做錯決定，或者對於未知過份恐懼和焦慮，導致能量頻率下降。

而靈性，就是指超越身體、情緒和心智的影響，進入「空」的狀態。所謂「空」的狀態，並不是指什麼都不想，而是指把自己從慾望、

情緒和思維中抽離。你要記住，你是一個靈魂。你的情緒、慾望和思維都只是你與這個世界互動過程中產生的一部分，而不是你自己本身。試想一下，你是否經常被情緒沖昏頭腦。當你腦海裏出現了一個念頭，你是否即時因應這個念頭作出行動，還是會先觀察這個念頭，並思考這個念頭是否能夠達到靈性成長的目的再行事？當你腦海裏出現一個情緒，你是否會審視這個情緒的來源？你是否會想辦法療癒這個情緒？還是容許它降低你的頻率？讓你與本源／愛離得更遠？唯有你能夠從你的慾望、情緒和思維中抽離，你才能真正地了解你靈魂真正的感受。在這時候，你才能真正聽到高我的聲音。這也是為什麼有些通靈者他們雖然自稱能夠連結自己／別人的高我，但他們的行為卻未有表現出靈性的智慧的原因，因為他們並沒有先平息自己內在的雜音。

當你能夠超越身體的慾望，你就完成第一維度的啟蒙。所謂超越身體的慾望，是指你的行為並不會受身體的慾望所影響。在某些宗教的修行中，修行者會以禁食／斷食的方法來進行修行，這就是一種超越身體慾望的訓練。

當你能夠超越情緒，你就完成第二維度的啟蒙。所謂超越情緒，是指擺脫情緒的操控。我們大部分人其實有 90% 時間都被情緒支配，我們會因為某些事而變得失落。一旦失落我們就會萎靡不振，毫無生產力，什麼都做不到。

當你能夠超越你的思維，你就完成第三維度的啟蒙。所謂的超越思維，是指當某念頭在腦海裏浮現時，能夠先審視念頭能否為你的靈魂帶來成長，再決定是否認同這個念頭。有時候，其實我們腦海裏的念頭並非我們自己的念頭，而是黏附在我們氣場上屬於別人的負能量所產生的。在更嚴重的時候，有些念頭其實是負面存有投射給我們以影響我們頻率的（這我們將會在第二十三章深入討論）。如果你懷疑你的念頭並非來自自己的意識，就默念以下字句：我現在把所有不屬於我的念頭送回它們的源頭。這句說話中的「我」其實並非你的自我，

而是你的高我。當你默念這句說話時，你的高我就會把所有不屬於你的念頭送回他們的源頭。如果你想，你也可以請天使、星際家人等為你進行這件事。

　　當我們超越了我們的慾望、情緒和思維後，我們就能校準到「內在自性」，即我們的本靈（第五維度自我）。然後，我們才能接收高我等其他多次元面向的訊息。這在我們的揚升進程中起了關鍵性的作用。

第七章
靈性潛能的載體：
你的梵化身光體

圖 7.1 梵化身光體

　　在圖 7.1 所顯示的，是我們的梵化身光體的簡單構想圖。梵化身光體（Avatar Light Body）是一個在我們光體外的幾何結構網絡。在圖 7.1 中，你可以看到你的光體（或身體）在正中央，外面是你的梅爾卡巴；在你的梅爾卡巴外面，是一個二十面體；在二十面體外面，是一個八面體；在八面體外面，是上下有兩個圓錐體網絡的圓柱體。事實上梵化身光體的結構比這個還要更複雜，但這張圖已經可以提供足夠的資料讓大家初步認識自己的光體結構。

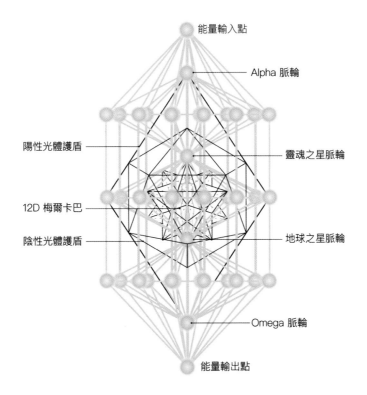

能量輸入點

Alpha 脈輪

陽性光體護盾

靈魂之星脈輪

12D 梅爾卡巴

陰性光體護盾

地球之星脈輪

Omega 脈輪

能量輸出點

圖 7.2 圖解梵化身光體

　　歷年來，很多靈性學者都在積極研究梵化身光體的結構，你可以找到有很多資料對梵化身光體的不同部分作出過非常深入的研究，因為這個光體是靈性提升的一個關鍵，它對於開發我們的靈性潛能非常重要。任何的宇宙頻率，在進入我們的身體時，都會透過梵化身光體的「能量輸入點」進入我們的光體。梵化身光體就像是宇宙能量進入身體的管道一樣。如果這條管道有堵塞、有破損、斷裂了，那麼我們就無法接收來自宇宙的高頻能量。

　　當梵化身光體被完全啟動，能量能夠自然地在光體中流動，我們的細胞就會被這些高頻能量淨化和激活，我們的靈性能力亦會有所提升。有些人的梵化身光體本身已經啟動了，因此他們的靈性潛能很自然地被開發，成為通靈傳訊者、靈魂療癒師、薩滿、巫師等等。然而，

即使你的梵化身光體無法自然地啟動，也可以透過特定的方法去啟動它。在我創辦的星際綜合能量療法系列課程中，我們會透過一連串的啟蒙儀式，啟動梵化身光體，讓我們的療癒可以有更高成效。在這本書中，我也會分享一些簡單的方法，讓大家逐步啟動自己的梵化身光體。只要每天持之以恆練習，你的療癒能力、你的靈性潛能就會被激活。

在梵化身光體的中央，是一條中央光管道。這條光管道的最高點（即整個梵化身光體的最高點）被稱為能量輸入點；最低點被稱為能量輸出點。在能量輸入點下方，是我們的 Alpha 脈輪；而在能量輸出點的上方，是我們的 Omega 脈輪。在 Alpha 脈輪和 Omega 脈輪之間，還有很多光體脈輪，這一點我們會在第十二章再討論。

在圖 7.2 中，你可以想像梵化身光體的外殼其實是一個網絡。有些人會稱這個網絡為「光之傳訊網絡」。這個網絡的主體有 3 層，每一層分別有 12 個白金色光球。然後，這 3 層的光球被 12 條白金色光柱串連在一起，形成一個圓柱體。然後，這個圓柱體頂部和底部的光球分別連結著能量輸入點、Alpha 脈輪、Omega 脈輪和能量輸出點。同時，圓柱體上層和中層的各個光球會延伸出一條光柱連結著靈魂之星脈輪；圓柱體底層和中層的各個光球則延伸出一條光柱連結著地球之星脈輪。這個網絡結構非常重要。在主體中的 3 層白金色光球，每一個光球和把它們連結在一起的光柱，都對應我們的一股光體基因。換句話說，梵化身光體上的 12 條白金光柱，和每一層的 12 個白金色球體，都分別對應 12 股光體基因鏈和 12 個維度。這就是為什麼這個光體被稱為「梵化身」的原因。這個光體的存在貫穿第一維度（以太層）至第十二維度（梵我層），是我們的 12 維度意識在我們的能量場中的一個顯化，故此這個光體被稱為「梵化身」，意即 12 維度（梵我）意識的體現。

由於光之傳訊網絡的光柱和當中每一層的球體的數量對應著我們的光體基因的股數，如果一個人下載了 24 股光體基因模板，那麼他的光之傳訊網絡就會出現 24 條光柱；如果一個人下載了 36 股光體基

因模板，那麼他的光之傳訊網絡就會出現 36 條光柱。這就是為什麼不同的導師會對梵化身光體外層的光柱數目有不同見解的原因，因為每一個人的基因模板都不一樣。隨著你下載更多股數的光體基因模板，光之傳訊網絡上的光柱數目亦會增加。

由於這些光柱 / 白金色光球和我們的靈性基因有緊密連結，因此人們都認為若要開發靈性潛能，先要激活我們的「靈性 DNA」。唯有啟動了這些光柱，你才可以連結更廣泛的維度頻段，從而接收宇宙能量，進行光工作。

言歸正傳，當我們從其他維度下載能量時，能量會從梵化身光體的能量輸入點進入中央光管道，流過 Alpha 脈輪，經各個光體脈輪進入 Omega 脈輪，並從能量輸出點離開。梵化身光體的能量輸出點連結著大地母親。當能量流經能量輸出點後，就會進入大地母親的能量網格。這個光體，可以幫助我們把來自天上的宇宙能量下載到地球的能量網格中，從而幫助大地母親自我療癒。

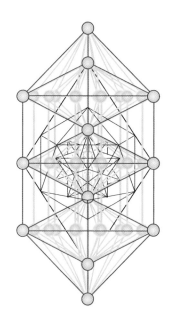

圖 7.3 梵化身光體與光之生命樹

　　如果你有細心留意，就會發現梵化身光體其實是一個巨大而立體的光之生命樹。你可以看到，梵化身光體其實也是一個光之生命樹結構。不過，這個結構與人體光之生命樹的結構不同。人體的光之生命樹結構，是一個記錄我們的靈魂記錄和基因數據的資料庫，也是我們生命的創造根基、藍圖。可是，梵化身光體的光之生命樹則是一個跨維度天線或通訊裝置，幫助我們進行跨維度的能量傳輸。

　　如果我們希望啟動梵化身光體，我們就必須先把我們身體裏的神聖幾何校準到基督意識。有很多人在使用神聖幾何時，都會在不清楚神聖幾何的能量流動方向的情況下使用，導致光體的神聖幾何出現偏差，無法校準到宇宙能量。有很多人其實並不知道，我們一直以來經常使用的神聖幾何，例如：生命之花、麥達昶立方體的能量結構會破壞梵化身光體的幾何公式，因為它們並沒有校準到基督意識，即一個連結神聖本源、代表合一的意識。這一點我將會在下一章詳細說明。

2

揚升科學 與
偽揚升矩陣

第八章
神聖幾何被扭曲的歷史：
靈性潛能被封鎖的原因

　　在這一章，我們將會揭露一些非常遠古的外星智慧。以下資料整合自 Ashayana Deane 在 2002 年的「Dance for Love」工作坊中對「麥達昶的殞落」的簡介[9]。在揚升科學中，以生命之花和卡巴拉生命樹為基礎的神聖幾何被稱為「麥達昶逆向編程」（Metatronic Reversal Code）。它們之所以會得到這樣的稱呼，是由於在我們的宇宙中第一個殞落的意識體是一個被稱為「麥達昶」（Metatron）的外星存有。這個存有是由一個名字為 Giovanni 的宇宙存有碎形分裂出來的意識體。Giovanni 是其中一個積極參與創造生命和各個物種的過程的宇宙存有。當這個宇宙存有參與維度矩陣的創造時，他把自己的一部分能量投射到第十一維度中，形成 11D 的 Elohim 存有（這些存有居住在位於天琴座的 Aveyon 星球）。

　　在進入這個主題之前，我想在這裏講解一些前設資訊，這些資訊可以幫助大家更容易理解整個逆向編程的歷史及其意義。

　　在行星維度矩陣中，我們可以看到一個維度矩陣有 12 個質點。當中，第十二個質點（即第十二維度）是整個矩陣的最高點，也是連結著神聖本源的質點。在正常的情況下，生命能量會從第十二維度的質點流進維度矩陣中，從而為所有在矩陣中的存有提供源源不絕的生命能量，從而讓生命永不止息。

---

[9]　Voyagers, "Fall of Metatron", YouTube, Feb 6, 2021. https://www.youtube.com/watch?v=HsM-APvvdF8.

　　而在這個創造的過程中，最重要的幾何公式是一個稱為「種子原子」（Seed Atom）的幾何結構。種子原子，是創造過程開始時的首15個細胞。這15個細胞代表著永恆的創造，也是整個宇宙的基礎。而麥達昶逆向編程，就是透過修改上述兩個幾何結構，產生出來的。

　　在這個原子結構的中心有一個球體，然後在球體周圍有6個球體，即加起來有7個。而這7個球體存在於一個大球體內。而在這個球體周圍，又有6個球體，而這6個球體又存在於一個球體之內。加起來，就是15個球體，即宇宙最初的15個原始細胞。

圖 8.1 種子原子

　　現在我們可以正式進入神聖幾何被扭曲的歷史了。在大約二千五百億年前，守護11D星門的 Elohim 與守護10D星門的龍族人為了爭奪政治主權而展開了戰爭。雙方都希望建立一個由自己統治的極權社會。而唯一能夠阻止 Elohim 計畫的人，就是守護12D星門的 Elohei 最高議會（Elohei-Elohim High Council）。11D 的 Elohim 為了要確保自己的議程得以被進行，他們在維度矩陣中由 12D 通往 11D 的通道創造了一個「能量回流」（Backflow of Energy），把從第十二個質點流向維度矩陣的生命能量反彈到第十二個質點。這樣，就能切

斷最高議會與整個維度矩陣的連結，從而讓他們無法阻止 Elohim 存有的計畫。

你可能會好奇，為什麼守護 12D 星門的最高議會會容許這件事發生？雖然他們有能力把 Elohim 存有和龍族人的計畫破壞，但這一定會涉及對星門的破壞。然而，10D 的星門除了龍族人，其實還有另一個共同的守護者 —— 蜥蜴人。在那個時候，蜥蜴人還是一個善良的種族，這個種族經過非常長時間的演化以達到當時的那個狀態，他們不希望牽涉到戰爭之中。如果最高議會破壞了 11D 和 10D 的星門和質點，善良的蜥蜴人也會受到牽連。為了不讓無辜的存有被牽連，最高議會決定容許這件事發生。

當第十一個質點和第十二個質點之間的連結被破壞後，就創造出第一個逆向編程：卡巴拉生命樹。卡巴拉生命樹一共有 10 個質點，加上隱藏質點 Da'at 一共有 11 個，唯獨在 Kether 上方的那一個質點消失了。而在這個系統中，第十一維度的 Elohim 存有所在之地方就是系統的最高點。

在這個破壞程序完成後，11D 和 12D 的連結斷開了，這產生出一個黑洞空間，這個空間被稱為「魅影地帶」（Phantom Matrix）。這個地帶是一個墮落的空間，一般宗教都稱這個地方為「地獄」，但其實這個地方比宗教文獻所描述的更黑暗。這個空間的出現對整個維度結構造成非常嚴重的威脅。你可以想像魅影地帶就像一個大錘子，現在我們的維度矩陣正在被這個錘子大力撞擊，最終就會變成碎片。

而為了防止維度矩陣被破壞，Elohei 最高議會在第 12.5 維度上創造出一個名為「梵天之眼」（Eye of Brahman）的能量系統，這個系統會把來自第十三維度的光碼下載到魅影地帶中，讓維度矩陣能夠保有和修復其能量結構，不至於變成碎片。這容許了在這個矩陣中沒有任何惡意的存有（例如：蜥蜴人）獲得一個途徑超脫維度矩陣，離開這個結構。

到這個時候，Giovanni 投射到維度矩陣中的那部分能量（即形成守護 11D 星門的 Elohim 存有的能量）已經墮落了。因此，Giovanni 決定再投射更多能量到維度矩陣中，希望這些新的能量可以糾正其所延伸出的 Elohim 存有的錯誤並渡化他們。然而，這卻是一個非常高風險的行為。這是由於，如果一個宇宙存有的大部分能量都在維度矩陣中迷失（「迷失」的意思是跟神聖本源斷開連結及意識墮落），那麼整個宇宙存有的存在也會被負面矩陣吸納。

雖然梵天之眼成功引導一些負面存有重新與神聖本源連結，但由於一些 11D Elohim 存有還未有修復好他們的 12 維度原始模板（光之生命樹仍然被破壞），他們對其他存在仍然有威脅。故此，星界上師們決定在第 11.5 維度創造另一隻「眼」，這隻眼當時被稱為「雅威之眼」，現在被稱為「麥達昶之眼」。這隻眼就像另一條通道，但這一次這條通道並不是通往第十三維度，而是通往位於多元宇宙中的另一個墮落維度矩陣，那個矩陣被稱為 Wesedak。雖然這個維度矩陣墮落了，但其療癒工作進度非常良好。如果負面存有被引導到這個矩陣中，就能夠隨著矩陣的療癒進程而獲得療癒和成長，最終回復原本光和愛的神聖狀態。而這隻眼的創造者，就是名為「麥達昶」的集體意識，一個源自 Giovanni 宇宙存有的集體意識。

麥達昶之眼被置於一個被稱為 Aramatsus 的星體中作為通往 Wesedak 矩陣的通道。然而，這個通道是單向的，即雖然這個矩陣中的人可以透過這個通道進入另一個維度矩陣，但另一個維度矩陣的存有無法進入這個維度矩陣，這可以保護這個宇宙不會被來自另一個維度矩陣的能量污染。可是，後來從這個宇宙進入 Wesedak 宇宙的存有和 Wesedak 本土的墮落存有聯合起來，侵佔了 Aramatsus。

在這時候，Giovanni 及出自其意識的麥達昶存有開始責怪其他星界上師（大部分 Giovanni 的能量在這時候已經被負面矩陣污染了），認為是因為他們的錯導致 Aramatsus 的墮落。由於現在麥達昶存有已經無法從神聖本源獲得生命能量。為了延續他們的生命，他們就需要

設計一個矩陣以吸取其他存有的生命能量，以作為維持自己的生命的方式（這是一種非天然的生命，因為生命本身是應該透過第十二維度從神聖本源獲得的，而來自神聖本源的生命能量是無限及源源不絕的）。在這時候，麥達昶存有決定要運用他們認識的宇宙知識來控制整個維度矩陣，並從這個矩陣獲得他們需要的生命能量。而他們執行這個議程的第一步，就是把麥達昶之眼（同時也是整個宇宙的創造過程）的幾何公式改變。

　　他們首先改變了種子原子的幾何公式。他們把種子原子的核心抽取出來，把原本是以 15 為基數的幾何改為以 7 為基數，創造出「生命種子」，並以雙圓光輪的公式繼續發展，創造出「生命之花」。他們以此作為基礎重新調整他們身處的這個維度矩陣的系統。他們把種子原子的核心抽出來的目的，是要讓他們的幾何系統脫離神聖本源的能量，並同一時間維持其受造物的形態。就這樣，生命種子就誕生了。

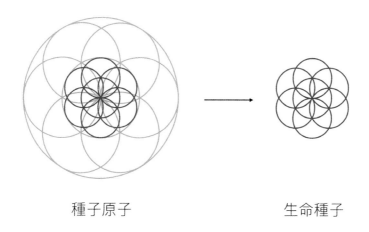

種子原子　　　　　　　　　生命種子

圖 8.2 從種子原子抽出生命種子

　　在這個時候，其他在魅影地帶的族人開始對這個侵佔維度矩陣的議程感興趣。對於他們來說，他們不需要受到神聖本源的限制，可以基於自身慾望濫用自由意志，而同一時間又可以獲得生命能量，這對

於他們而言非常吸引。於是，不同的族群（包括：龍族人）走在一起，甚至一起創造出更多的混血種族，這些種族被稱為「阿努納奇」。阿努納奇的族群數量經過年月而不斷壯大，最終形成一個多元的族群。

後來，以麥達昶為首的阿努納奇為了要更進一步入侵我們的維度矩陣，在 Aramatsus 和 Aveyon 的天然衛星 Avalon 創造一個蟲洞，並產生出一個立方體程式，而這個程式就是我們稱為「麥達昶立方體」的編程。麥達昶立方體是一個完美地把揚升科學中的公式應用到負面矩陣中的幾何公式，仿佛就是一個人工製造出來的「假光系統」，是一個無法與神聖本源連結的神聖光能結構（關於麥達昶立方體的幾何公式為何無法連結神聖本源，這將會在第九章有詳細解釋）。

連結大天使麥達昶安全嗎？

讀到這裏，我相信各位心中一定會有一個疑問：既然麥達昶是魅影地帶的其中一個核心人物，甚至是維度矩陣落入逆向編程的原因；那麼，連結大天使麥達昶安全嗎？大天使麥達昶還是光之存有嗎？這肯定是很多人現在心裏正在想的問題。

在這裏，我們首先要釐清一下為什麼大天使麥達昶會被稱為新時代運動一個重要的天使。如果我們追本溯源，我們會發現西方的新時代運動其實起源於獵巫運動時期，因為當時基督宗教對巫師 / 女巫的追殺過於殘暴，讓人反思基督宗教這種中央集權的宗教的弊端。於是，一眾懷疑論者就開始循不同的途徑探索靈性。而其中一個新時代運動參考的宗教學說，就是卡巴拉。在卡巴拉的教導中，生命樹最高的質點 Kether 的天使是大天使麥達昶，這代表著大天使麥達昶是一個能夠代表神聖意志的存在，甚至有些人會稱他為眾天使之首。

然而，在聖經中，卻沒有任何大天使麥達昶的蹤跡。對於一些基督徒來說，不論是新時代運動還是其他神秘主義中的描述，大天使麥達昶都是撒旦用作誘騙人類的一個角色。換句話說，在基督教的角度，新時代運動的「大天使麥達昶」其實是一個負面存有。

那麼，究竟大天使麥達昶是哪一種存在呢？個人認為，其實這條問題並沒有討論價值，這是由於**宇宙間的每一個存在，其實都有光明和黑暗兩面**。每個存有都有不同的面向，有一些面向可能很黑暗，但同一時間也會有一些充滿光和愛的面向；因為我們是一個多次元的存在，所以我們本身都具有不同的面向。從這個角度，斷言某存有是光之存有或者負面存有是不正確的，因為每個存有都有其作為光之存有和負面存有的一面。你是這樣、我是這樣，大天使麥達昶也是這樣。

因此，大天使麥達昶是光之存有還是負面存有，並沒有討論價值。最重要的，是當我們連結大天使麥達昶時，這個存在能夠為我們的靈魂帶來什麼樣的成長。當然，我們也需要留意我們連結的是大天使麥達昶的什麼面向，或者從大天使麥達昶傳輸到我們光體中的能量是何種能量，因為這關係到自己光體的健康。不過，無論大天使麥達昶是何種存在都好，最重要的是我們跟他的連結可以為我們帶來靈性成長。

我選擇在這一章分享有關麥達昶和逆向編程的故事，並不是希望大家對麥達昶造成批判，或者停止與大天使麥達昶一起工作。我在這裏分享這些資訊，只是希望大家對這些歷史存在覺知，更了解我們身處的世界正在發生什麼事，以及更有智慧地辨別對自己的靈魂成長有利的編程和工具。我並不希望否定大天使麥達昶對人類的心靈成長和靈性發展所作出的貢獻，我們仍然應該向大天使麥達昶予以最真誠的尊敬。可是，我們同一時間也應該認識逆向編程的歷史事實，因為誤用逆向編程有可能會對我們的靈性造成巨大的負面影響。

麥達昶逆向編程的應用

由於被誤導的關係，麥達昶逆向編程一直被廣泛應用於各種能量工作，包括水晶療癒、松果體開發等等。然而，這卻是一個非常危險的舉動。這些逆向編程的設計是用來中斷我們與生命能量之源（即神聖本源）的連結的，如果我們把這些能量下載到我們的光體中，將會令我們的意識校準到負面存有的矩陣之中。我明白這些資訊對於大家

來說非常難以置信，甚至可能現在你的小我會開始告訴你這些資訊不是真的。或許你已經使用了這些逆向幾何很多年了，一時間要你接受一直以來使用的靈性圖騰原來是逆向編程肯定非常崩潰。然而，我相信正在讀這本書的大家肯定是一位希望尋求真相的人，不會希望自己的靈魂被困在負面矩陣之中。

你可能會問：只要我的意識對生命之花的意圖是正面的，那麼就應該沒問題了吧？一切都是意念而生；如果我的意識認為逆向編程不會影響到我，那我就可以安全使用它了對吧？我的回應是：假如你的意識不認為火會令你灼傷，並把自己的手放進火裏燒，你的手是否會被燒焦呢？答案是肯定會的，因為這就是物理定律。同樣道理，逆向編程的幾何公式本身就像火一樣危險。當然，如果我們可以善用火的力量，火其實可以成為一種非常好用的工具，例如：用作烹調、取暖。在某些情況下，逆向編程其實也可以為我們的靈性成長帶來正面效果，不過這涉及非常複雜和深奧的網格工作和幾何學知識。我想說的是，即使你的意識不認為逆向編程會對你造成任何負面影響，但持續使用這些幾何肯定也會產生不良的後果，因為它們違反了宇宙創造的幾何公式。希望大家可以明白這不是意念的問題，而是實際操作的問題。

在下一章裏，我將會更具體說明麥達昶逆向編程如何違反生命能量的流動、如何導致我們跟神聖本源斷開連結、如何導致我們無法獲得靈性上的成長。你可能會很抗拒下一章的內容，或者無法接受自己一直以來所使用的幾何圖形原來是無法幫助我們的靈性成長的。可是，我希望你可以用一顆開明的心，理性地閱讀下一章。人的感覺會騙人，但數字不會。即使你感覺這些幾何能量非常正面，那就代表這些幾何是好的嗎？小孩對於糖果和薯片也有正面的感覺；可是我們都知道，糖果和薯片都是對身體無益的。同樣道理，一個人對生命之花等幾何公式有正面感覺，不代表這是對我們的光體最好的幾何。在下一章，我將會深入探討相關的主題。

第九章
麥達昶逆向編程：
遠離神聖本源的幾何公式

　　麥達昶逆向編程，是指一些違反生命能量自然的流動模式的能量結構，因此被稱為「逆向」（即「逆生命」的意思）。而這類程式之所以被稱為麥達昶逆向編程，與上一章提及的麥達昶的歷史有很大關係，但我們在這裏先放下這個主題，集中在其編程的問題上。

　　麥達昶逆向編程經常被誤會是「神聖幾何」。然而，這卻是阿努納奇故意散佈的謠言。在這一章，我將會向大家解釋一系列麥達昶逆向編程中的神聖幾何，包括它們的能量結構如何違反生命法則，為大家揭開偽揚升矩陣的面紗。大家必須有心理準備，這一章的內容將會對你造成非常巨大的衝擊。如果你準備好踏上這趟旅程，就繼續閱讀這一章吧！

生命之花逆向編程

圖 9.1 生命之花

69

生命之花是一個由原點不斷**以 60 度迴旋方式向外擴張**而產生的幾何結構，這個結構代表著物質宇宙的創造過程。這個圖案，就像神用來編織這個宇宙的「網」，是這個宇宙的基本結構、基本模板。生命之花的幾何連結著宇宙的每一個空間、每一個存在層面，是一個代表創造的幾何，它也可以顯示創造的過程。

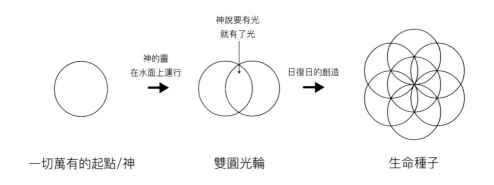

圖 9.2 從本源到生命種子的演化過程

　　生命之花乃至整個宇宙都源自於一個點，這個點是最初的「靈」。如果我們閱讀《創世記》第一章第二節，就會看到一句說話：「神的靈在水面上運行。」這句話寓意最初的靈向前移動，而產生「雙圓光輪」。而在雙圓光輪的中心（即兩個光輪的重疊位置），就是「神說要有光，就有了光。」（創 1:3）的「光」的部分。然後當神在 6 天不斷創造時，就出現了 6 個以最初的靈為中心點向外擴散開的 6 個圓形，加上中間的第七個圓形，就是神創造萬物的 7 天，也被認為是一切物質創造的起源。這個圖案，被稱為「生命種子」。而生命種子再持續擴張，就會形成生命之卵（胚胎最初的 8 個細胞，也是形成我們的以太梅爾卡巴的 8 個細胞）和生命之花。

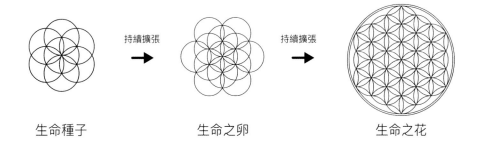

生命種子　　　　　生命之卵　　　　　生命之花

圖 9.3 從生命種子到生命之花的演化過程

　　在麥達昶逆向編程中，生命之花是一個重要幾何。在生命之花的圖案中，我們可以看到其擴張的方式是以「雙圓光輪」的公式進行，這在揚升科學中被稱為「雙波結構」（Bi-wave）。在雙波結構中，生命能量只能在兩個光輪中流動，這是一個閉合式二元能量結構。雙波結構，是一種代表二元的結構。麥達昶逆向編程以這種結構為基礎，是由於這種結構代表閉合式的能量結構。當人體細胞以雙圓光輪作為其能量結構時，能量只能在兩個球體之間流動，產生二元對立的意識，讓人無法體驗神聖的合一。

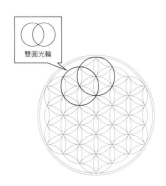

圖 9.4 生命之花的雙波能量結構

另外，如果我們細心觀察生命之花的能量，不難發現**生命之花的能量流動模式會斷開我們跟本源的連結**。當生命之花不斷以雙圓光輪的公式延展時，最外層的球體與中心點代表本源（即「最初的靈」）的球體分開了。簡單來說，隨著生命之花不斷向外擴張，能量就會與本源距離越來越遠。這種擴張模式與斐氏數列有非常大的關係（這在本章較後的部分會加以闡述）。換句話說，這個幾何的能量結構會引導我們的意識遠離本源，而非連結本源。

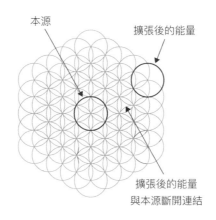

本源

擴張後的能量

擴張後的能量
與本源斷開連結

圖 9.5 生命之花會引導我們遠離本源

有很多人都喜歡使用生命之花冥想，或者製作生命之花貼紙，以此作為幫助自己靈性成長的一種途徑。可是，其實這是一件非常危險的事。這是由於，生命之花的能量結構是透過雙圓光輪的公式向外擴張，這種擴張模式會令意識在進入物質世界時（生命之花是一個代表物質世界的幾何）**忘記自己與本源的連結**，因此使用這個幾何會把我們的物質意識加強，使我們聚焦在第三維度的世界，令我們與神聖本源的距離更遠。再者，生命之花的雙波能量結構會使我們陷入二元對立的意識，令我們無法回歸合一，這對我們的靈性成長會造成很大障礙。

在學習神聖幾何這門學科時，我們必須要先知道這個幾何的能量

結構為我們的光體所帶來的影響。阿努納奇非常喜歡透過傳播有關這類幾何結構的不實資訊，誤導人們錯誤地使用幾何進行靈性修行，讓我們的物質意識被加強而同一時間認為自己正在揚升的路上。當我們能真正透徹地了解幾何的能量結構，我們才能知道神聖幾何的正確使用方法。

　　我明白這一部分的資訊對你們而言可能非常震撼，而且你可能會覺得難以接受。但我相信正在閱讀這本書的你們，都是希望尋求真相的人。我衷心希望這個資訊可以幫助大家在靈性道路上得到啟發！

麥達昶立方體

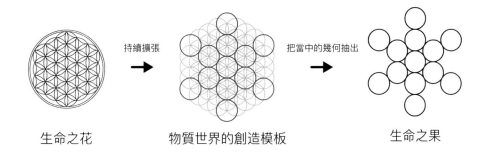

持續擴張　　把當中的幾何抽出

生命之花　　物質世界的創造模板　　生命之果

圖 9.6 生命之花到生命之果

　　當我們把生命之花繼續擴張，就會看到生命之果。而當我們把生命之果的所有圓形的中心點連結起來，我們就會看見一個被稱為「麥達昶立方體」的神聖幾何。麥達昶立方體被認為是麥達昶所掌管的一個神聖幾何。它是一個立方體，但大部分書籍和網絡圖片都以 45°俯瞰的方式以平面形式展示麥達昶立方體，因為在這個角度我們可以清楚看到麥達昶立方體的完整結構。然而，其實麥達昶立方體也是麥達昶逆向編程的一部分，而且是一個非常重要的部分。

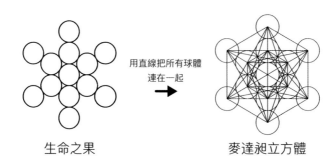

用直線把所有球體
連在一起
→

生命之果　　　　　　　麥達昶立方體

圖 9.7 生命之果模板和麥達昶立方體

　　麥達昶立方體具有代表創造過程的象徵意義。它被認為包含了所有柏拉圖多面體。然而，這卻不是一個正確的說法。雖然在麥達昶立方體中，我們可以看到很多不同的幾何，但並**不是所有柏拉圖多面體都包括在內**。最有趣的是，它所不包含的柏拉圖多面體正正是最重要的多面體。以下，我將會詳加說明相關的資訊。

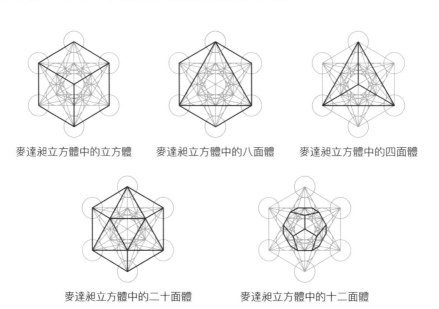

麥達昶立方體中的立方體　　麥達昶立方體中的八面體　　麥達昶立方體中的四面體

麥達昶立方體中的二十面體　　　麥達昶立方體中的十二面體

圖 9.8 麥達昶立方體中的柏拉圖多面體

其中一個被認為包含在麥達昶立方體中的幾何是二十面體。二十面體，是一個由 20 個等邊三角形組成的幾何。然而，如果你仔細地觀察麥達昶立方體中的二十面體，你就會發現其實這個二十面體並不符合比例。

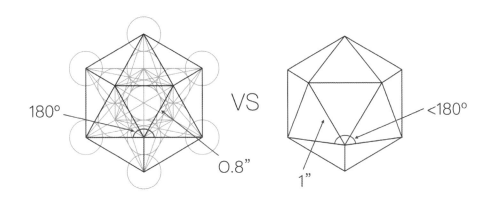

圖 9.9 麥達昶立方體中的二十面體 vs 二十面體

在圖 9.9 中，我們可以看到假如實際同等大小的二十面體中心的等邊三角形邊長為 1"，麥達昶立方體中的二十面體的等邊三角形的邊長短了 0.2"，在整個圖形的比例上縮小了。另外，二十面體中心三角形貼著的底線不應該是水平線，而是一個角度小於 180° 的折線。要注意的是，當我們談及神聖幾何時，數字是非常重要的關鍵。如果幾何當中的數字並不正確，那麼這個幾何就已經不符合宇宙的創造公式。

除了二十面體，麥達昶立方體被認為包含了十二面體也是不正確的。雖然我們可以在麥達昶立方體中大概勾畫到十二面體的外形，但當中的比例其實並不符合一個十二面體的比例。

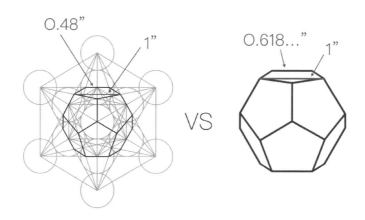

圖 9.10 麥達昶立方體的十二面體 vs 十二面體

從圖 9.10，我們可以看到在麥達昶立方體中的十二面體中的五邊形其中兩條邊的盡頭的對角線和五邊形邊長本身的比例為 1:0.48，可是真實的十二面體的比例為 1:0.618…。換句話說，麥達昶立方體中的十二面體比例並不符合柏拉圖多面體的比例。綜合以上的描述，麥達昶立方體其實並沒有準確包含十二面體和二十面體。

在這裏，我們需要再次強調神聖幾何的學問必須要建基在精確數學之上。神聖幾何就像支撐一棟大廈的支架一樣。假如建築師計錯數，可能會導致整棟大廈倒塌。因此，如果神聖幾何的數字出錯了，那就代表這個幾何並不能作為一個「神聖幾何」。

在麥達昶立方體中，我們呌以找到四面體、立方體、八面體。但為什麼就找不到十二面體和二十面體呢？為什麼要扭曲這兩個幾何呢？如果你熟悉網格工作，就會知道十二面體和二十面體其實與一個被稱為「基督意識網絡」的地球能量網格有非常緊密的關聯。這個網格會把代表愛和合一的基督意識錨定在地球（有關基督意識網絡的資訊，我們會在第十五章詳細討論）。透過十二面體和二十面體，我們可以連結圍繞地球的基督意識網絡，與基督意識共振，體驗神聖的光和合一的意識。在麥達昶立方體中，他們扭曲這兩個幾何的原因，是

希望讓我們無法連結基督意識、讓我們無法回歸光和合一。以這個幾何進行冥想會使我們的物質意識進一步加強，減弱我們與基督意識的連結，讓我們的意識更容易校準到偽揚升矩陣的帷幕之中。

卡巴拉生命樹

　　卡巴拉是源自傳統猶太宗教文化的一種秘傳學說。相傳卡巴拉起源於猶太教的口傳摩西五經。卡巴拉一直以來都只容許猶太教中最頂尖的靈性修士學習，後來在十三世紀被一些猶太拉比認為這個世界準備好接受更高階的靈性智慧而開始讓更多人接觸卡巴拉，最後這門學問被廣傳開去。卡巴拉被認為是現代神秘學的起源。不過，在這裏我們並不是要討論卡巴拉與神秘學的關係，而是討論卡巴拉中的逆向編程。

　　首先，我們不能否認在卡巴拉中存在很多智慧，特別是有關如何超越肉體、接觸神聖本源和提升靈性的智慧。可是，從揚升科學的角度，卡巴拉的模板在某程度上變成了阿努納奇用來影響人類揚升基因的一個議程。在這裏我以其中一個最著名的卡巴拉教導來做一個例子 —— 卡巴拉生命樹。

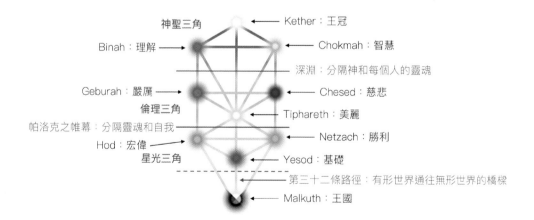

圖 9.11 卡巴拉生命樹

　　卡巴拉生命樹，是一個由 10 個質點構成的生命樹，這 10 個質點代表神創造世界的 10 種力量。與我在這本書一開始提及的行星維度矩陣非常類似，但你可以看到它的分層結構與行星維度矩陣並不同。行星維度矩陣每一個質點都代表一個維度，由以太層、情緒層、心智層，到轉世人格所在的星光層，一直到第十二維度的梵我層。它賦予了地球一個完整的維度結構，也是地球的光之生命樹模板。然而，我曾經在卡巴拉發源地塞法特城學習卡巴拉時，聽過一位卡巴拉拉比說，卡巴拉生命樹可以分為 4 個層面。第一個層面，即最低的 Malkuth，是物質層面；而 Yesod、Hod 和 Netzach 就是以太層面的質點；Tiphareth、Chesed 和 Geburah 位於情緒層；Binah 和 Chokmah 位於心智層；最後 Kether 則代表星光層（轉世人格的所在層面）。

　　卡巴拉生命樹，其實是行星維度矩陣的光之生命樹的一個變體。設計卡巴拉生命樹的人把生命樹中的第十二個質點刪去，中斷我們跟神聖本源的連結。第十二個質點就像一道門，讓來自神聖本源的生命能量流進這個維度矩陣中，從而讓這裏的存有擁有永不止息的生命。然而，為了中斷人類與這些生命能量的連結，光之生命樹中的第十二個質點被刪去了，這樣我們便無法進入第十二維度，也無法從神聖本源獲得永不止息的生命能量，維度矩陣中的存有的生命能量從此變得有限。另一方面，光之生命樹中的第八個質點（代表單子的質點）也被隱藏了，讓我們無法連結這個質點的能量。阿努納奇之所以不希望我們連結這個質點的原因，是由於在創造 Nebadon 宇宙（我們現在身處的這個宇宙）的宇宙存有創造這個宇宙時，祂並不是從第十五維度開始，而是從整個宇宙維度矩陣的中心點開始創造的。換句話說，宇宙存有透過在第八維度（15 維度矩陣的中心點）向外擴張形成一個 15 維度矩陣的。因此，光之生命樹的第八個質點是這個宇宙創造的源頭。這就是為什麼卡巴拉生命樹中這個質點被隱藏了的原因。

　　在《聖經·創世記》中，人類原本可以享受永生。可是，因為原罪，人類墮落了，並且需要面對死亡。這個故事其實是在形容第十二個質點被刪去的過程。當這個質點被刪去，我們無法從神聖本源獲得

源源不絕的生命能量，我們的生命能量就變得有限。而當生命能量「耗盡」時，我們便會面對所謂「死亡」的過程。當然，其實死亡並不是生命的結束，因為我們的意識仍然是神聖本源的一個面向。因此，我們只是耗盡我們在這個矩陣中的載具（「載具」以地球的 3 維實相為例就是指我們的「身體」）的生命能量，但「生命」本身仍然會繼續延續下去。

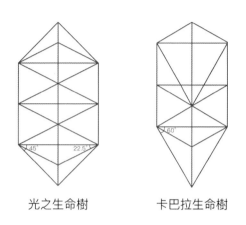

光之生命樹　　　　　卡巴拉生命樹

圖 9.12 光之生命樹和卡巴拉生命樹的角度

　　阿努納奇除了把光之生命樹中的質點刪去，還在生命樹中做了另一個修改 —— 修改生命樹的角度。宇宙最初的創造模板的所有幾何的角度都是 45°，而麥達昶逆向編程的幾何模板的角度則是 60°。如果你細心留意，「45」這個數字在靈數學上與「9」有關（4+5=9）；而「60」這個數字則與「6」有關（6+0=6）。你留意到這兩個數字的分別嗎？如果我們在數字的中間打橫畫一條線代表「人」，把數字分為上下兩半，數字的上半部分則代表「天」、而下半部分則代表「地」。在結構上，「9」這個數字的能量是聚集在橫線上的（因為「9」字的圓圈在線的上方），代表人從人間揚升到天上。相反，「6」這個數字的能量是聚集在橫線下的（因為「6」字的圓圈在線的下方），代表人從天上下墜到地上，這就是為什麼惡魔獸印的代表數字是「666」的

原因。如果你細心留意，你就會發現生命之花、麥達昶立方體、卡巴拉生命樹等逆向編程會成為我們靈性提升的障礙的原因。生命之花和麥達昶立方體都是以六邊形為基礎的神聖幾何，六邊形的內角為60°。而在卡巴拉生命樹中，Netzach、Hod 和 Malkuth 所形成的三角形是一個等邊三角形，其內角也是 60° 的。相反，光之生命樹，和下一章所介紹的基督意識螺旋，以及一個以八邊形為基礎的天國種子，都是一些 45° 的幾何圖案，是能夠幫助我們「揚升到天上」的幾何圖案。

如果我們使用卡巴拉生命樹進行修行，這個生命樹所代表的人造逆向基因模板（攜帶 10 股基因鏈的黑太陽基因模板）就會被下載到我們的光體中。我們的光體最原初的構造是攜帶 12 股光體基因的。人類文明歷年來的發展，都以恢復人類原初 12 股光體基因模板為最終目標（有關光體基因的故事，我們會在第十三章再詳細討論）。光之生命樹的 12 個質點，對應我們的 12 股光體基因。在透過光之生命樹修行的過程中，我們會逐步啟動我們的 12 股光體基因模板。然而，卡巴拉生命樹只有 10 個質點。這是一個由阿努納奇創造的人造基因模板，目的是使我們一直被困在地球的負面矩陣之中。在麥達昶逆向編程中，卡巴拉生命樹是一個非常好用的負面木馬程式，可以用來深入影響一個人的意識和基因模板，令我們失去原始天然的 12 股光體基因模板。

雖然卡巴拉的教導是新時代運動的基礎，而且卡巴拉的教導的而且確為很多靈魂帶來成長；不過，我們同時也不能否定卡巴拉生命樹作為一個逆向編程的事實。在這裏，我並無意否定卡巴拉在歷史上對人類靈性發展的貢獻。在卡巴拉的教導裏，的而且確存在很多非常有啟發性的靈性智慧；然而，每一件事都有光和暗兩面。若能夠覺知事情的不同面向，並善用這些資訊來增加自己的智慧、幫助自己的靈魂成長，才能真正達至靈性的提升。

斐波那契螺旋

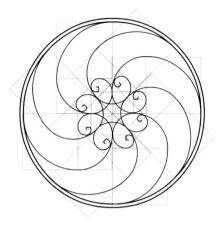

圖 9.13 斐波那契螺旋

斐波那契螺旋（後稱：斐氏螺旋）是一個由斐波那契數列產生出來的螺旋結構。斐波那契數列（後稱：斐氏數列）是指一種由數學家 Fibonacci 發現的數列。斐氏數列由 1 開始，然後其延續自己的數列的方法是把最後兩個數字加起來形成下一個數字，因此其數列公式是：1 1 2 3 5 8 13 21 34 55 89...。如果我們把這些數值變成方塊嵌在一起，就會看見一個螺旋。

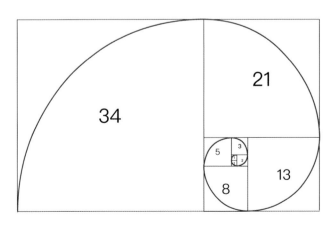

圖 9.14 斐波那契螺旋的形成

斐氏螺旋被認為是一個構成大自然的重要部分。可是，斐氏螺旋其實是麥達昶逆向編程的一部分。如果我們細心一點留意這個數列，其延續自己的方法是透過把最後兩個數字加起來。而在其延續自己時，並不會把其第一個數值（即 1）包括在內。這代表，這個數列延續時會跟其本源（第一個數值）斷開連結。如果我們使用這個幾何結構作為修行的方式，或者以這個數列的排列方式來運作我們的光體，我們就會斷開自己與神聖本源的連結，這也是一個強化我們物質意識的一個程式。

我曾經聽過一個說法，稱斐氏螺旋是一個符合黃金比例 Φ（讀音：Phi）的幾何公式。Φ 是一種比例，代表一條線的前段（A）乘以 1.618… 等同後段（B）的長度。換句話說，1.618… 就是 Φ 的比例。這個比例之所以被稱為黃金比例，是由於你可以在這個世界中隨處找到這個比例。宏觀至建築物（如：巴黎鐵塔、吉薩金字塔）、微觀至你的手指，全部都是以 Φ 的比例構造出來。這個比例是代表神聖創造的比例，也是最神聖的符號。在數學上，Φ 被認為是「神」的符號。然而，斐氏螺旋其實並不符合 Φ 的比例，而只是接近。如果我們把斐氏螺旋上的相鄰數相除，就會獲得接近但不完全等同 Φ 的數值。以下是我粗略製作出來的列表：

數字	相鄰數	分數	比例
1	1	1/1	1
2	1	2/1	2
3	2	3/2	1.5
5	3	5/3	1.666
8	4	8/5	1.6
13	8	13/8	1.625
21	13	21/13	1.615384

表 9.1 斐氏數列的相鄰數比例

從表9.1，我們可以看到斐氏數列中的相鄰數比例非常接近1.618，但始終無法完全達到 Φ 的比例。因此，斐氏螺旋並不符合 Φ 的比例。然而，其實這個世界是有神聖幾何符合 Φ 的比例的，這將會留待下一章討論。

你可能會很奇怪，生命之花、斐波那契螺旋，這些都是我們可以在大自然裏看到的幾何結構，是大自然的創造模板，為什麼這些幾何會是逆向編程呢？如果你細心留意，你就知道其實當負面存有扭曲原始的神聖幾何時，把整個大自然的結構都扭曲了。他們讓地球的存在配合逆向編程而出現，從而創造一個物質意識非常強的生態環境。你可以看到，大自然弱肉強食、透過鬥爭爭奪地盤，殘暴不堪。這些全都是逆向編程所導致的後果。真正的大自然，應該是充滿愛、充滿喜悅、和諧，而不是你爭我奪、弱肉強食。即使這些幾何出現在大自然中，也不代表這些幾何是對人的靈性成長有幫助的。大自然中除了存在美麗的生物、食物，同時也生長了很多有毒的果實、草藥。在大自然中，並不是所有事物都是正面的。在使用神聖幾何時，我們不應該以「大自然是否包含這個幾何」作為這個幾何是否對自身靈性成長有利的標準，而應該以這個神聖幾何的數理公式、能量流動方向、結構等等作為標準，才能分辨神聖幾何是否對我們的靈性成長有幫助。

第十章
什麼是偽揚升矩陣？

偽揚升矩陣（False Ascension Matrix）是一個根據麥達昶逆向編程創造出來的矩陣。這個矩陣是一個負面存有為了滲入新時代運動而設計的矩陣，矩陣的核心有一個「假光能量系統」。這個矩陣的運作模式是透過讓負面存有或木馬程式偽裝成光之存有與通靈者聯繫，並灌輸不太正確的揚升知識和傳授來自偽揚升矩陣的能量系統，讓接受這些知識的人的意識校準到這個矩陣的能量中。感覺就像把我們意識的插座插到這個矩陣中。被校準到偽揚升矩陣的人的意識會從這個矩陣獲得能量，而他們如果把這些能量傳送到其他人身上（例如：透過進行療癒或點化），接收能量者的意識插座也會被插進這個矩陣中。這個矩陣的頻率就像病毒一樣，可以透過能量傳輸傳播到其他人身上。這就是為什麼在這本書中，我認為分享這方面的資訊具有其必要性。我衷心希望你可以用開明的心去閱讀這一章。因為一旦你參透了這一章中所提及的資訊，你將會獲得非一般的靈性成長！

偽揚升矩陣是一個位於第四維度地球（星光層）的矩陣系統。在這個系統中，存在一個「假光能量流」（False White Light Current）。這個矩陣一直由阿努納奇操控。阿努納奇會偽裝成光之存有，把能量下載到與他們傳訊的通靈者的光體中。當這個過程完成後，通靈者的意識就會被接通到偽揚升矩陣的伺服器中，不斷接收這些錯誤的資訊和能量。在這個過程中，你可能會以為自己正在揚升的路上，但其實這個矩陣只會加強你的物質意識和二元意識。

在揚升的過程中，我們需要留意偽揚升矩陣的戲碼。這是由於，當我們把自己開放予不同維度的頻率和能量時，阿努納奇等負面存有會想盡辦法把你拉到矩陣中。他們會用假的揚升科學來影響我們，讓我們接通他們的矩陣，使我們誤以為自己正在揚升的路上，但其實只

是在把自己的能量供給到他們的議程中。因此，我建議大家要熟悉他們的戲碼，避免下載來自偽揚升矩陣的木馬程式和假光能量流，以確保自己的能量純淨。

我們經常聽到有不少通靈者說這個世界有超過九成的通靈者都只是在連結偽裝成光之存有的負面存有（這些存有被統稱為「偽神」）。雖然，我並不清楚這個數字是否正確，我也不敢妄下判斷。可是，這個宣稱卻令我們反思到，其實有時候透過通靈傳訊所獲得的資訊並不一定是正確的，因為負面存有事實上具有偽裝成光之存有的能力，因此在閱讀通靈訊息或自己進行通靈傳訊時，這一點是必須留意的。

仿製地球的各種靈性系統，創造「翻版」的能量系統

為了讓更多身心靈修行者能夠進入偽揚升矩陣，阿努納奇會仿照地球（或宇宙）現有的各種靈性系統，創造一批「翻版」的靈性系統。然後，他們會偽裝成光之存有，把這些翻版的靈性系統下載到修行者的光體中。然而，這些翻版的靈性系統表面上是一套靈性系統，實際上其實是用作影響我們意識頻率和靈性修行的逆向編程。他們會創作翻版的靈氣、翻版的阿卡西紀錄、翻版的星際歷史、翻版的光之生命樹（即卡巴拉生命樹）等等。有時候，當我們以為自己從星界接收到關於某能量系統的「更新」，其實這些有可能是阿努納奇正在把該能量系統的仿製品下載到你的光體中，以方便他們在身心靈團體之中散佈逆向編程。因此，在接收表面看來是來自星界上師的能量下載之前，我們必須要非常小心謹慎，以保護好我們的光體能量。當然，我並不否認星界上師有機會會就著現有的靈性系統進行更新，可是阿努納奇也有可能混水摸魚，希望阻礙人類的揚升進程。

大天使米迦勒矩陣

其中一個阿努納奇最喜歡扮演的角色，就是大天使米迦勒。不知道大家有沒有留意到，在身心靈界中其中一句僅次於零極限四金句的說話就是：「我現在請大天使米迦勒來保護這個空間。」就好像在進

行任何儀式前,大家都很喜歡說這句說話。然而,有沒有人知道這句說話真正的含義?為什麼大天使米迦勒是一位保護天使?為什麼我們經常請祂來為我們進行保護呢?

大天使米迦勒(Archangel Michael)其實並不是一位保護天使。祂之所以被稱為保護天使,是由於祂是第一道神聖光射(藍色神聖光射)的守護天使。藍色神聖光射是一道與「力量」和「保護」有關的光射,它可以為我們提供內在力量和靈性保護。由於大天使米迦勒是這道光射的守護天使,因此祂才會被稱為保護天使,也是因為這道光射所以祂被稱為藍火天使。如果你召請祂為你進行保護,大天使米迦勒會做的是運用藍色神聖光射的力量創造一個藍火盾牌。

然而,阿努納奇就看中了這一點。**由於人們經常要求大天使米迦勒為人進行保護,但卻從來不會驗證前來的存有的真偽,因此他們經常偽裝成大天使米迦勒為人進行「保護」。**當然,如果你本身懂得如何驗證光之存有的真偽,請大天使米迦勒進行保護是沒有問題的。可是,透過說出:「我現在請大天使米迦勒來保護這個地方。」的聲明,並不能確保前來的大天使米迦勒是光之存有。在這個情況下,我們很容易會跟大天使米迦勒矩陣中的假天使建立連結,從而令意識陷入接通偽揚升矩陣的風險之中。這是一件對靈魂揚升而言非常危險的事!

在這兩章,我們解開了麥達昶逆向編程的面紗。然而,這只是整個麥達昶逆向編程的冰山一角。如果要深入而全面地討論麥達昶逆向編程,可能需要寫另一本書。有關麥達昶逆向編程,我們就先談到這裏。在下一章,我們將會討論一些可以幫助我們靈魂揚升的神聖幾何,一些順著生命能量流動方向而生的幾何結構,讓大家可以有智慧地使用神聖幾何。

第十一章
基督意識幾何：
活出光和愛的幾何公式

基督意識

　　基督意識，是一種代表純粹的愛的意識。在一般的宗教裏，「基督」所指的是由上帝親自揀選的受膏者。然而，在揚升科學中，「基督」卻有另一重意思。「基督」的英語「Christ」，其實源自於字音「Krystal」的簡寫；「Krystal」這個字在光的階層中所指的並不是一個特定的天選之人，而是指一個場域、一個萬有完全融為一體、代表合一意識的場域。這個場域，是最接近本源的場域，是神聖本源所顯化的第一層創造。在揚升科學中，這個場域被稱為「天國／神的國度」（The God World）。而「Krystal」這個字，是天國七原音的組合音符，由 7 個天國原初音符 Ka、Ra、Ya、Sa、Ta、Aa、La 的聲母組成。因此，「Krystal」這個字代表的是一個全然合一的意識、一個充滿愛的意識。「基督」所指的並不是一個人，而是一種意識；一種全然合一、充滿愛的意識。

　　基督意識，是靈魂揚升的關鍵。它代表了最神聖、最純淨的合一意識。透過基督意識，我們可以淨化一切負面能量，甚至是負面思維。這個場域超越了星靈界、超越了維度的限制，甚至超越了人類大腦的認知。基督意識是難以言喻的，我們很難透過文字去理解或描述基督意識。然而，基督意識並不是一個遙遠的概念、也不是一個遙不可及的維度，基督意識存在於我們每一個人的心裏。我們每一個人都是一個基督意識，基督意識存在於我們每一個人之內。關鍵在於，你是否願意去彰顯你的基督意識，讓你的靈魂在地球發光發亮呢？

在這一章，我們將會深入探討一系列「基督意識幾何」。這一系列的幾何是宇宙最初的創造模板，是與天國和基督意識共振的神聖幾何。我們的梵化身光體全都是由基督意識幾何組成的。從前，阿努納奇透過扭曲宇宙的神聖幾何，創造麥達昶逆向編程、散播錯誤的教導，令人類甚至整個行星維度矩陣的意識斷開與基督意識的連結，令我們的梵化身光體無法正常運作。這一系列的幾何可以幫助我們重新連結內在的基督意識、啟動我們的梵化身光體；讓我們一起透過這些基督意識幾何連結神聖本源、尋回內心的愛，讓我們的靈魂在地球發光發亮吧！

在這裏，我必須要把這個章節的功勞歸功於 Ashayana Deane。她是地球上第一個把這些神聖幾何以非常顯淺易明的方式公開給大眾的靈性作家。這一章的內容，都是由星門守護者聯盟的成員透過 Ashayana Deane 給我們的禮物，用來幫助我們更深入了解神聖科學和宇宙原始創造的幾何模板。透過這一章，我們將會認識神聖創造原本的公式、更了解神聖創造的奧妙。

光之生命樹

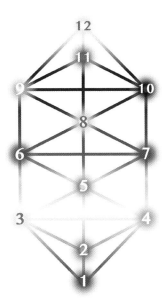

圖 11.1 光之生命樹

　　還記得在第二章提及過的光之生命樹嗎？這個生命樹同一時間是地球的行星維度結構，也是地球最基礎的網格結構。光之生命樹的 12 個質點連結著 12 個維度、12 股光體基因和 12 個宇宙星門。這個結構在神聖幾何學上非常重要。因為光之生命樹攜帶著全部 12 個維度的能量結構，而且這個模板也是地球和其中的萬物被創造出來而又還沒有被麥達昶逆向編程污染時最天然最原始的模板。這個模板是神聖本源創造這個萬物時的結構模板，是非常重要的。

　　當我們把一個垂直的光之生命樹和一個橫向的光之生命樹透過第九和第十二個質點連結起來時，就會出現一個完整的 15 維度結構，即整個結構除了包括第一至十二維度的行星維度結構外，還包括第十三至十五維度的星靈界維度。然後，如果你把兩個完整的 15 維度結構（包含兩個呈 90 度的結構）拼在一起，就會出現一個，有 4 個

生命樹的結構，這個結構包含了我們的宇宙和我們宇宙的非物質平行宇宙。在這一組平行宇宙的中心點，你又可以看到一個光之生命樹，這個位於一對平行宇宙中心的光之生命樹是天國（God World）最低層的結構。如果你再往上一層看，這 4 個光之生命樹又可以形成一個較巨型的光之生命樹，這個生命樹包含一雙平行的 15 維度矩陣，這個生命樹被稱為天國中層生命樹。下一步，當你把 4 個天國中層生命樹拼在一起，就會出現一個天國高層生命樹。然後，再把 4 個天國高層生命樹拼在一起，就會出現一個天國生命樹，或者可以直接稱它為「天國」（God World）。詳見圖 11.2。

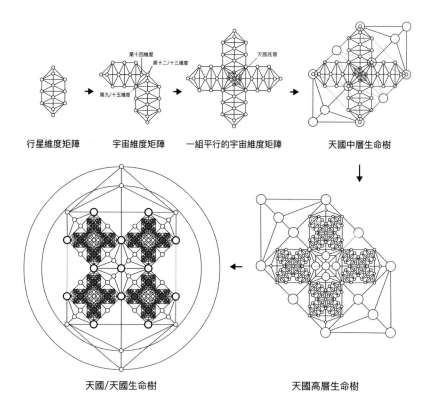

圖 11.2 光之生命樹與天國 [10]

10　Kathara Team Members, *Exploring God World*, (Florida: Azurite Press, 2008), p.63.

　　現在，我們可以看到天國生命樹的幾何結構。而在這個結構中，我們可以看到 13 個較大的點。如果我們在每一個點的外面各自畫一個圓圈，再分別在中間點以外的 12 個圓圈外畫一個大圓圈，就會形成以下的圖案，而這個圖案是天國生命樹的「種子」圖案：

圖 11.3 天國生命樹的「種子」

　　而這些圓形最終會形成圖 11.4 的幾何：

圖 11.4 天國種子

天國種子

　　天國種子是一個幫助我們連結天國的幾何。在這個幾何中，我們可以看到幾何的外圍有 8 個球體，內圍有 4 個球體，全部加起來有 12 個球體。兩個外圍的球體會跟一個內圍的球體連成一組，外圍的球體會把能量導向內圍的那一個球體。然後，內圍的球體會把能量導向中心點，與神聖本源連在一起。還記得在麥達昶逆向編程中的雙波結構嗎？在雙波結構中，兩個球體代表陰和陽，能量不斷在兩個球體遊走，形成一種二元分立的意識。然而，在天國種子中，二元分立的能量在內圍的球體中得到整合，內圍的球體把能量導向本源，形成一種「能量回流」（Backflow of Energy），最終進入合一的意識。這個結構與生命之花那一種不斷向外擴張的能量不同，是向內探索以回歸源頭的能量結構。

基督意識螺旋

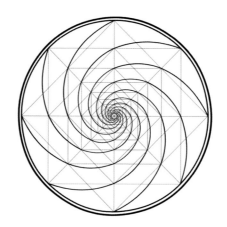

圖 11.5 基督意識螺旋

　　基督意識螺旋是一個由光之生命樹產生出來的螺旋結構。當你以光之生命樹的外框為基礎，在光之生命樹外框的最高點開始，向著其第一個轉折點畫一條曲線，然後把光之生命樹外框以 45°的方式旋轉

並放大一倍，繼續以同樣方式畫曲線，再不斷重複上述步驟，你就會得到基督意識螺旋。在圖 11.6，我們會看到基督意識螺旋與光之生命樹的關係：

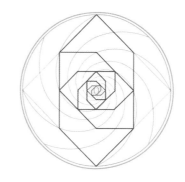

光之生命樹（及其外框）　　　　　　基督意識螺旋

圖 11.6 光之生命樹的外框與基督意識螺旋

　　基督意識螺旋的數理公式與斐氏螺旋不同。基督意識螺旋的數理公式是透過把之前的所有數值加起來以產生下一個數值。因此，其相鄰數的比例一定為 1:2。換句話說，基督意識數列就是：1 1 2 4 8 16 32 64 128…。基督意識數列在延續自己時，它會把其第一個數值（即本源）包括在內，因此它延續自己的同時可以保持與神聖本源的連結。使用這個螺旋進行靈性修行，可以在發展自我（Self）的同時保持與神聖本源的連結，是一個對揚升進程非常正面的幾何。

　　還記得我在第九章說有一個神聖幾何的比例符合 Φ 的比例嗎？那個幾何就是基督意識螺旋。基督意識螺旋的結構包含兩種幾何模板，一種為四方形，另一種為圓形，即我們可以透過不斷以倍數放大（因基督意識數列的相鄰數比例為 1:2，所以其幾何結構的擴張以倍數計算）的四方形和圓形來產生基督意識螺旋。

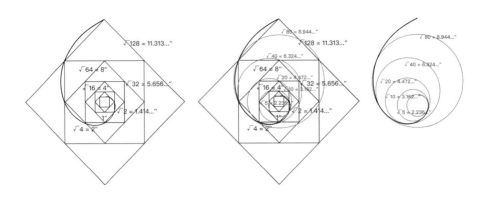

圖 11.7 基督意識螺旋的幾何模板

在這個情況下，**我們就需要計算四方形和圓形的幾何關係的比例**。這個比例的計算方法，是透過把在同一個基督意識數列層面中的四方形與圓形邊界的距離加上四方形的邊長與四方形的邊長本身相除而獲得。而在這個情況下，我們就可以獲得基督意識螺旋的幾何關係比例。

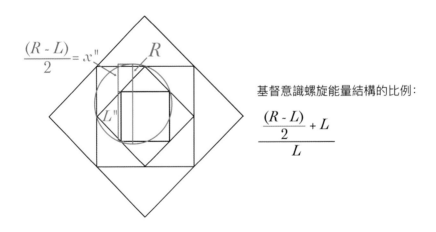

圖 11.8 基督意識螺旋的幾何關係結構比例的計算方法

　　而當我們以圖 11.8 的數值進行計算時，我們會發現，無論哪一個層面，基督意識數列的幾何關係比例都是 1.618...，即 Φ。

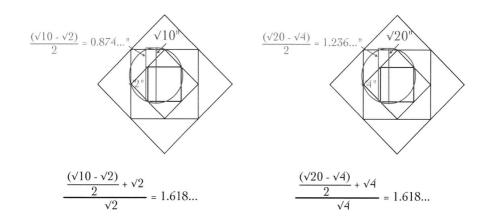

$$\frac{(\sqrt{10} - \sqrt{2})}{2} = 0.874...''$$

$$\frac{(\sqrt{20} - \sqrt{4})}{2} = 1.236...''$$

$$\frac{\frac{(\sqrt{10} - \sqrt{2})}{2} + \sqrt{2}}{\sqrt{2}} = 1.618...$$

$$\frac{\frac{(\sqrt{20} - \sqrt{4})}{2} + \sqrt{4}}{\sqrt{4}} = 1.618...$$

圖 11.9 基督意識螺旋的幾何關係結構比例

　　從上圖可見，基督意識螺旋的幾何結構比例全部都是 1.618...，即基督意識螺旋是一個符合 Φ 的比例的幾何結構。由此可見，基督意識螺旋比斐氏螺旋更加能夠體現神聖創造的結構。

　　其實，在我們的光體中，每個人都有一個基督意識螺旋。這個幾何結構是維持我們跟梵化身光體連結的重要元素。很多時，我們的靈性潛能無法完全被釋放，就是由於我們一直以來所使用的幾何公式錯誤所致。基督意識螺旋會從我們的上心輪發出，然後以 2 的倍數和 45°的旋轉向外以生命樹的模板擴展，最終基督意識螺旋應該能夠與梵化身光體的能量輸入點接洽。

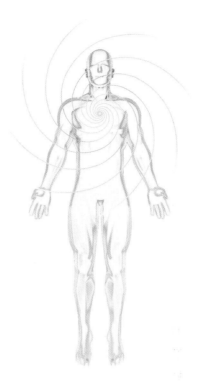

圖 11.10 光體中的基督意識螺旋

圖 11.11 梵化身光體的基督意識螺旋幾何

　　從圖 11.11，你可以看到，上心輪發出的能量流會流經我們光體的光之生命樹（正中間直立的生命樹），然後再繼續擴展，最終與梵化身光體的能量輸入點接洽。你能夠看到神聖創造的奧妙嗎？梵化身光體是經過精密的結構而產生，如果當中這個螺旋的公式由基督意識螺旋變成斐波那契螺旋，那麼整個結構就會崩壞。這也是為什麼很多人即使非常努力修行，也無法開發靈性潛能的原因。

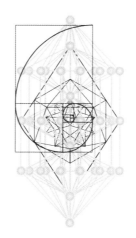

圖 11.12 梵化身光體與斐波那契螺旋

　　如果我們使用錯誤的公式／幾何（如：麥達昶逆向編程）進行冥想、修行，我們就會破壞上心輪的螺旋結構。從圖 11.12 中，你可以看到斐波那契螺旋不但無法與人體的光之生命樹相呼應，甚至無法把我們的光體與梵化身光體的能量輸入點接洽。能量從上心輪離開後，會散失到虛空之中。要緊記，梵化身光體的結構與我們的光體基因和靈性潛能有非常緊密的連繫。如果當中的能量無法順利流動，就會產生短路，影響你的靈性進程。

永續的活蓮花

圖 11.13 永續的活蓮花

　　永續的活蓮花是一個能夠把能量帶回自身的幾何圖形。在生命之花的幾何公式中，能量會不斷往外擴張，但從來不會回到本源，最終能量就會散失於虛空之中。然而，永續的活蓮花則不一樣，當能量從中心點往外擴張時，它會經由其能量軌跡往後迴轉回到本源，形成一種永續的能量流。能量在過程中不會流失，反而會回到本源。

校準神聖幾何 啟動梵化身光體

　　我們的梵化身光體之所以會出現短路，無法運作，是由於神聖幾何出現誤差。我們的梵化身光體，本身就已經是由神聖幾何建立出來的結構。神聖幾何在梵化身光體中，就像是建築師在畫大廈草圖時所計算的數字。這些數字如果出現誤差，大廈就會倒塌。因此，我們必須要小心使用神聖幾何。

　　以「生命之花」為例。有很多人都喜歡把生命之花貼在錢包、收銀機上，希望增加財運。然而，你會留意到，生命之花外圍的球體與神聖本源（生命之花的中心點）沒有連結，當能量被產生出來後，就會散失於虛空之中。在這個情況下，透過生命之花所產生出來的財富

能量，就會不斷流失。雖然，你仍然可以創造金錢，但這些金錢卻會很快流走。如果你希望運用神聖幾何增加財運，可以把永續的活蓮花貼在錢包或收銀機中。因為永續的活蓮花的能量在被產生出來之後，能量不會散失於虛空之中，而是回到源頭。這種結構不但可以讓你創造更多金錢，還能讓你保留這些財富。

　　激活靈性潛能和啟動梵化身光體的第一步，就是校準光體的神聖幾何。在靈性修習 2 中，有一個校準光體神聖幾何的一些簡單觀想練習。千萬別小看這些簡單的練習。透過簡單的觀想練習，你就已經可以校正光體的神聖幾何、啟動你的梵化身光體、釋放你的靈性潛能。

靈性修習 2
光體基督意識幾何啟動儀式

1. 閉上眼睛，深呼吸 3 下。

2. 觀想你的身體外出現一個光之生命樹，生命樹以你的丹田為中心點，最高的質點在靈魂之星的位置；最低的質點在地球之星的位置。

3. 觀想在你的上心輪中出現一個基督意識螺旋，這個螺旋不斷向外擴張，並與梵化身光體的能量輸入點接洽。

4. 觀想永續的活蓮花在心輪中出現。

5. 觀想一個直徑 1.5 米的天國種子在腳下出現，並向上發出白光照耀整個光體。

6. 持續這個過程直至你感覺神聖幾何的能量穩定了，然後深呼吸一下，再張開雙眼。

　　當你每天堅持進行這個練習，你身體的神聖幾何就會開始校準。你會開始感覺到你能夠真真正正跟本源連結，切切實實活出光和愛。我會建議大家每天都進行這個練習，持續 13 天，以讓身體的神聖幾何能夠保持穩定。在下一部分，我們將會開始講解如何啟動梵化身光體。

3

梵化身光體的結構

第十二章
光體脈輪：
脈輪系統全面剖析

在討論梵化身光體時，我認為第一樣可以討論的是光體脈輪。有很多人都對於我們一般所看見在中脈上的 7 個脈輪非常熟悉，可是坊間卻比較少提及我們的光體脈輪。光體脈輪，是指一些超越第三維度的脈輪，一些同時存在於不同維度的光體的脈輪。

我們的光體脈輪全都位於一條我們稱之為「中央光管道」的能量柱上。這條管道是星界頻率進入我們光體的途徑。在這條管道的最高點被稱為「Alpha 脈輪」，位於頭頂上方大約 34 寸的位置，而最低點則被稱為「Omega 脈輪」，位於腳下大約 12 寸的位置。當我們從星界下載能量到我們的光體時，能量會從 Alpha 脈輪進入，並且透過 Omega 脈輪離開我們的光體進入大地母親的能量網格。可是，如果我們直接把星界頻率完整地下載到我們的光體之中，我們的身體就會因為能量太強負荷不了而癱瘓。因此，在我們的中央光管道上，有很多不同的脈輪，它們連結著我們不同層面的能量體，非常了解我們所能承受的極限。它們就像變壓器一樣，當能量流過我們的光體時，會把能量調整至身體所能承受的強度。因此，在跨維度的層面，脈輪其實是一些有機的變壓器，用作幫助我們調整下載到我們光體中的能量至我們身體所能承受的強度。

當我們深入探討脈輪的學問時，我們會發現市面上有兩種不同的光體脈輪學說。而事實上，兩者並沒有衝突，只是從不同的角度去了解脈輪而已。第一種，是由 Dorothy Bodenburg 所提出的脈輪系統；而第二種，則是由 Ashayana Deane 所提出的脈輪系統。在這一章，我們將會討論一下這兩個脈輪系統如何運作，幫助我們更了解自己的光體。

Dorothy Bodenburg 的脈輪系統

Alpha 脈輪

金色	基督意識脈輪（第四次元心輪，連結基督意識）
粉紅+橙色	新時代能量脈輪（第四次元太陽神經叢，與從幻象中抽離有關）
深金色	星際門戶脈輪（第四次元骶骨輪，與超越二元對立有關）
藍綠色	揚升之光脈輪（第四次元底輪，與啟動光的身體有關）
金白色	靈魂之星（第四次元地球之星，連結高我）
月光白色	因果脈輪（大腦與靈性意識的連結）
紫羅蘭色	頂輪（智慧）
靛藍色	眉心輪（五感及內在感官）
天藍色	喉輪（自我表達和社交能力）
綠色	心輪（同理心和愛心）
黃色	太陽神經叢（自我概念）
橙色	骶骨輪（自我的建立）
紅色	底輪（生命力與安全感）
白色	地球之星（連結大地母親）

Omega 脈輪

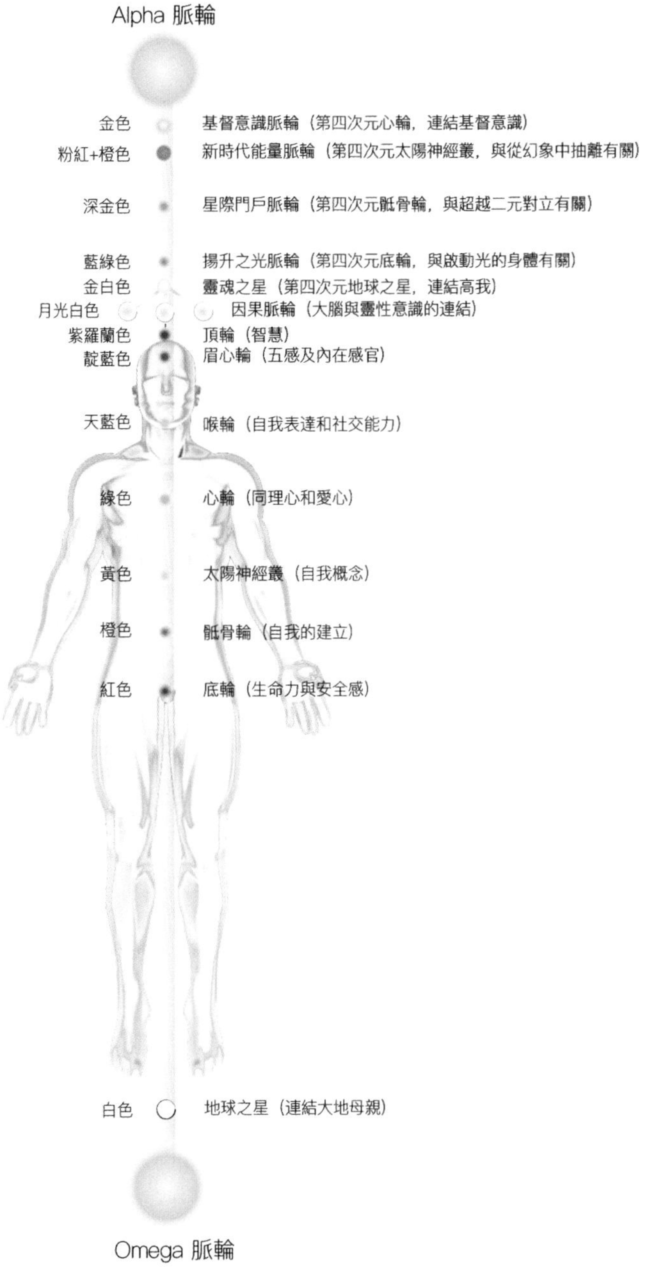

圖 12.1 Dorothy Bodenburg 的脈輪系統

3

　　Dorothy Bodenburg 的脈輪系統 [11] 是以「次元」來劃分脈輪組合的系統。這裏所說的「次元」與行星維度矩陣中的「維度」並不一樣。「次元」是由 Janet McClure 提出的概念，是指意識在不同的狀態下觀察這個世界的角度。例如：第三次元是指物質意識，第四次元是指對能量存在感知的意識（大部分修行人士都在第四次元），第五次元則是代表從神聖藍圖／單子意識的角度去生活。因此，揚升到第五次元和揚升到第五維度是兩種截然不同的概念。

　　言歸正傳，在 Dorothy Bodenburg 的脈輪系統中，每一個次元有8個脈輪。在第三次元，地球之星是第一個脈輪，是連結著大地母親的橋樑。之後其餘的7個脈輪，就是我們經常談論的人體七脈輪。底輪與生命力和安全感有關、骶骨輪與自我獨立有關、太陽神經叢與自我概念有關、心輪與同理心和愛心有關、喉輪與自我表達有關、眉心輪與五感和內在感官有關、頂輪則與智慧有關。

　　而當我們在中央光管道再往上探索，我們就會看到第四次元脈輪。第四次元脈輪同樣有8個，每個脈輪都會與其第三次元的脈輪相對應。例如：連結高我的靈魂之星脈輪與連結大地母親的地球之星脈輪是一對的；連結著我們的單子光體的揚升之光脈輪與我們的底輪是一對的，如此類推。大家可能會認得，在圖中所顯示的5個第四次元脈輪與第三次元脈輪加起來，就是網絡上盛傳的亞特蘭提斯 12 脈輪系統。其實，在基督意識脈輪之上還有其他脈輪。不過，在這裏我們先把討論止步於基督意識脈輪。

　　在我們的靈魂之星脈輪與頂輪之間，有一組我們稱為「因果脈輪」的脈輪。這個組合中有3個脈輪。兩個在後腦的左右兩邊，另一個在後腦後。這3個脈輪有一道能量流連結著靈魂之星脈輪。同一時間，因果脈輪與我們的頂輪和大腦連結著。這組脈輪就像一條通道一樣，是我們的大腦通往靈魂之星（第四次元）的通道。因此，它是一個非常重要的脈輪。

---

[11] Joshua David Stone, *Soul Psychology: Keys to Ascension*, (Arizona: Light Technology Publishing, 1994), Google Play Books ed., p.219-227.

　　值得留意的是，隨著我們修行，意識進入更高次元，我們的脈輪會慢慢向下位移。換句話說，你的底輪會位移到你的地球之星的位置，你的骶骨輪則會位移到你的底輪的位置，如此類推。當你的所有第四次元脈輪都在你的體內，你的第五次元脈輪就會向下位移。因此，如果你發現自己的脈輪位移了，你並不需要驚慌，因為這是揚升進程中的必經之路。

3

Ashayana Deane 的脈輪系統

Alpha 脈輪

銀黑色　　　星系脈輪（與整合神聖陰陽能量有關）

寶石藍色　　　太陽之星（連結梵我地帶，透過它可以跟天國基督存有溝通）

紫羅蘭色　　　頂輪（智慧）
靛藍色　　　眉心輪（五感及內在感官）

銀色　　　延髓脈輪（連結宇宙智慧）
天藍色　　　喉輪（自我表達和社交能力）

金色　　　上心輪（連結單子）
綠色　　　心輪（同理心和愛心）

黃色　　　太陽神經叢（自我概念）

橙色　　　骶骨輪（自我的建立）

紅色　　　底輪（生命力與安全感）

白色　　　地球之星（連結大地母親）

Omega 脈輪

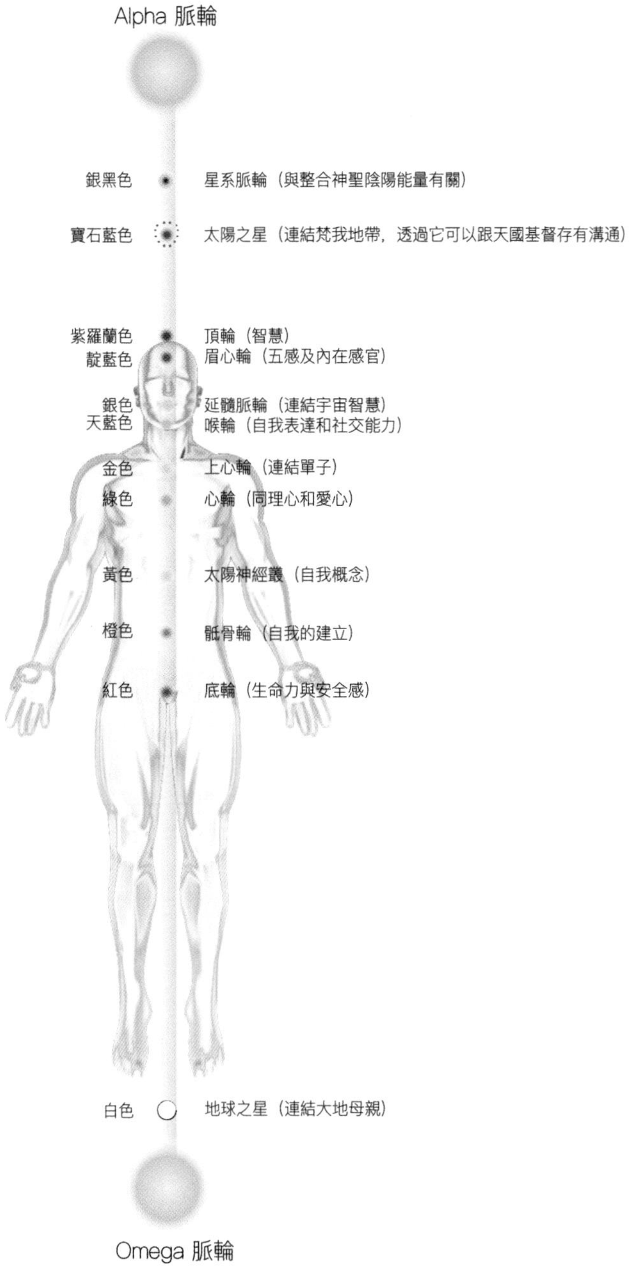

圖 12.2 Ashayana Deane 的脈輪系統

　　Ashayana Deane 的脈輪系統 [12] 從另一個角度出發。她以「維度」作為了解脈輪的出發點。在她的脈輪系統中，每一個脈輪都連結著一個維度。我們的底輪連結著第一維度（以太層）、骶骨輪連結著第二維度（情緒層）、太陽神經叢連結著第三維度（心智層）、心輪連結著第四維度（星光層）、喉輪連結著第五維度（以太模板層）、眉心輪連結著第六維度（天界層）、頂輪連結著第七維度（因果層）。而在其系統中的第八個脈輪，是我們的上心輪。這個脈輪是一個位於心輪和喉輪之間的脈輪，是一個金色的脈輪。這個脈輪連結著我們的單子。如果心輪是一個讓我們愛人（因心輪是跟與人連結有關的）的脈輪，那麼上心輪就是一個讓我們愛眾生的脈輪。

　　在其系統中，第九個脈輪是延髓脈輪，也被稱為「上帝之口」。這個脈輪位於延髓，即大約頸椎後的位置。這個脈輪連結著第九維度，能夠幫助我們連結第三諧波宇宙以及當中的宇宙智慧。

　　下一個脈輪是第十脈輪，是太陽之星脈輪。這是一個非常重要的脈輪。第十脈輪能夠幫助我們連結天國基督存有（Krystal Beings）。在圖 12.2 中，我們可以看到太陽之星脈輪的結構與其他脈輪有一點不同。在其脈輪本體外有 12 個非常微小的脈輪。還記得我提過光體脈輪的作用是作為變壓器的能量傳輸點嗎？太陽之星脈輪在接收到來自星界的能量後，就會把能量分散成 12 道光，原理就像花灑一樣，令能量分散向下流，令我們的光體更容易接受。

　　另一方面，這個脈輪除了作為變壓器外，還具有與天國基督存有連結和溝通的作用。天國基督存有，是指意識連結著基督意識場域的存在。如果我們希望與這些存有連結，我們首先就需要啟動太陽之星脈輪，然後這個脈輪就能夠作為媒介與這些存有傳訊。你可以想像自己的意識進入這個脈輪，然後邀請天國基督存有來到這個脈輪之中與你對話，或者你可以透過這個脈輪發出和接收天國基督存有的訊息。這是一個對揚升而言非常關鍵的脈輪。

---

[12]　Ashayana Deane, *Angelic Realities: The Survival Handbook*, (Carolina: Wild Flower Press, 2001), p.46.

　　後續的第十一和十二個脈輪，都跟第十個脈輪一樣是幫助我們連結梵我的維度。而當中，第十二脈輪就是最至關重要的。在 Ashayana Deane 的系統中，第十二脈輪是地球之星脈輪。這個脈輪連結著我們的地球行星自我，即我們的梵我。當我們進入地球的行星維度矩陣時，我們的第一個形態就是梵我。當我們啟動了地球之星脈輪，我們就能與大地母親連結，從而啟動我們的梵我。連結自己的梵我，是我們超脫行星維度矩陣的最後一步。當你照著第五章提及的高我啟蒙儀式進行練習，慢慢你就會跟你的梵我融合。

　　綜合上述兩個系統，我們就可以看到中央光管道更完整的面貌。當然，在我們的中央光管道上還有其他更多脈輪、能量傳輸點。在進行靈性工作時，確保我們的中央光管道平衡和潔淨是非常重要的。因為我們的光管道就是光流過我們的光體的管道。如果這條管道被污染了，那麼從我們的光體傳輸到其他人或大地母親的能量就會被污染。因此，中央光管道的健康非常重要。我會建議大家跟著靈性修習 3 的步驟，每天淨化中央光管道一次，讓你的管道能量更純淨。

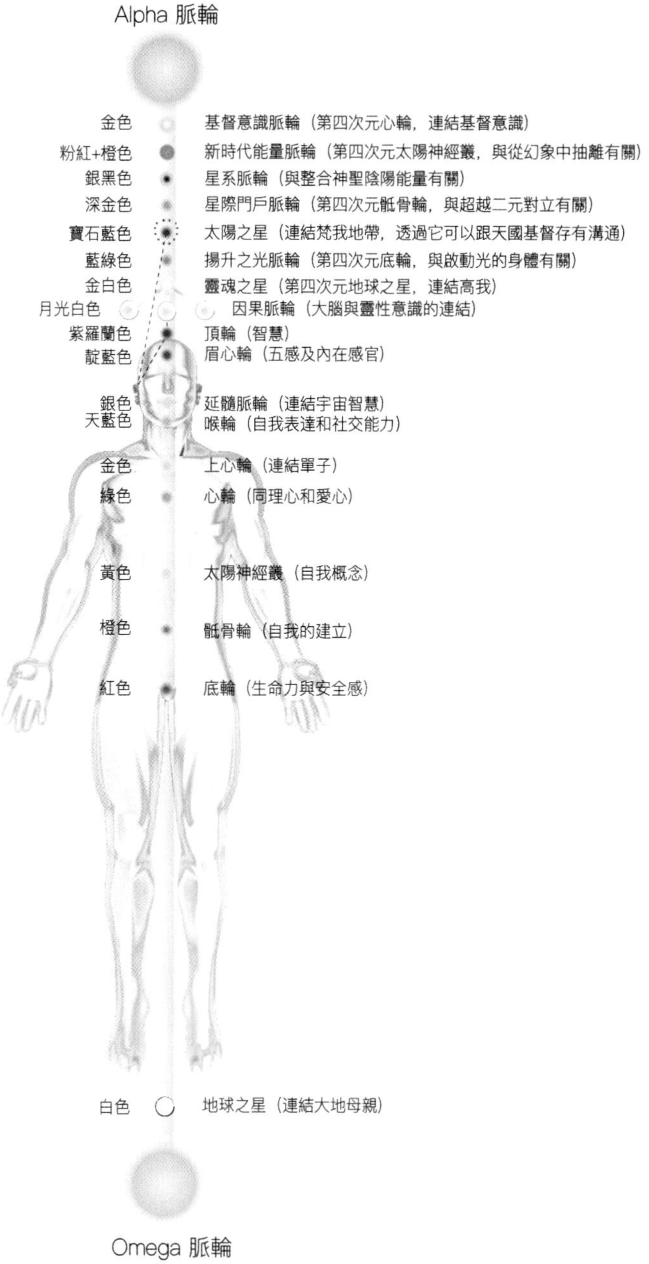

Alpha 脈輪

金色	基督意識脈輪（第四次元心輪，連結基督意識）
粉紅+橙色	新時代能量脈輪（第四次元太陽神經叢，與從幻象中抽離有關）
銀黑色	星系脈輪（與整合神聖陰陽能量有關）
深金色	星際門戶脈輪（第四次元骶骨輪，與超越二元對立有關）
寶石藍色	太陽之星（連結梵我地帶，透過它可以跟天國基督存有溝通）
藍綠色	揚升之光脈輪（第四次元底輪，與啟動光的身體有關）
金白色	靈魂之星（第四次元地球之星，連結高我）
月光白色	因果脈輪（大腦與靈性意識的連結）
紫羅蘭色	頂輪（智慧）
靛藍色	眉心輪（五感及內在感官）
銀色	延髓脈輪（連結宇宙智慧）
天藍色	喉輪（自我表達和社交能力）
金色	上心輪（連結單子）
綠色	心輪（同理心和愛心）
黃色	太陽神經叢（自我概念）
橙色	骶骨輪（自我的建立）
紅色	底輪（生命力與安全感）

白色	地球之星（連結大地母親）

Omega 脈輪

圖 12.3 光體脈輪

靈性修習 3
淨化中央光管道

1. 閉上眼睛,深呼吸 3 下。

2. 觀想中央大日(位於宇宙中心的巨型太陽)的光穿過無數星星、穿過大氣層、穿過雲層,降臨到你的 Alpha 脈輪。

3. 中央大日的光向下流動,穿過你的光體脈輪,進入頂輪。

4. 這些光穿過頂輪,然後穿過眉心輪、喉輪、上心輪、心輪、太陽神經叢、骶骨輪和底輪,一直向下流動至地球之星脈輪。

5. 中央大日的光穿過地球之星脈輪、穿過 Omega 脈輪,一直向下穿過地殼、地幔、進入地心,連結著大地母親心中的天藍色梅爾卡巴(一個由兩個四面體交疊而成的星狀四面體,正四面體順時針轉、倒四面體逆時針轉;倒四面體的旋轉速度是正四面體的兩倍)。

6. 這些光開始把中央光管道中的所有雜質、負能量向下沖;這些雜質、負能量被沖到大地母親的心,被大地母親轉化。

7. 當你感覺中央光管道乾淨後,跟中央大日說 3 聲:多謝;然後觀想它的光慢慢消失。

8. 最後,觀想你的中央光管道變成白金色,而且非常堅硬,沒有任何負能量可以入侵你的中央光管道。

9. 完成後,深呼吸,然後慢慢張開雙眼。

第十三章
光體基因：
12 股靈性基因模板

　　基因，是我們身體的編程，就像電腦背後的背景作業程式一樣。人類科學現在發現大部分人都有兩股呈螺旋狀的基因鏈，而有小部分人有 3 或 4 股基因鏈，這種基因被稱為「3 鏈 /4 鏈基因」（Triple-stranded/Quadruple-stranded DNA）。可見，其實人類的基因並不止兩股。而關於這一點，在非常早期的揚升科學中就已經提及。在身心靈界中，有關人類的基因的最早描述可以追溯至由 Barbara Marciniak 所著的 *Bringers of the Dawn: Teachings from the Pleiadians* [13]。這本書是最早描述有關 12 股基因的書籍，當時這本書是作者透過與昴宿星人傳訊而寫下的。

人類基因的歷史

　　在這部分，我們將會簡單討論一下有關地球的歷史。了解地球的歷史對於了解光體基因是非常重要的。唯有這樣，我們才能明白我們為什麼現在會身處這裏，以及以這個形態出現。以下的故事整合自 Ashayana Deane 的著作 *Voyagers II: The Secret of Amenti* 第一章的內容 [14]。這本書是一本關於宇宙歷史的巨著，當中的內容非常值得大家參考。這部分與歷史相關的資訊可能會比較沉悶，但我衷心希望大家可以耐心閱讀，因為這部分的資訊可以幫助我們更了解自己。

　　在地球還沒有殞落至第三維度時，地球在其身處第五維度的名字是「5D 地球」/「Tara」。在這個時候，所有地球人都攜帶著 12 股基因，意識能夠進入 12 個不同的維度。

[13] Barbara Marcinak, *Bringers of the Dawn: Teachings from the Pleiadians*, (Rochester: Bear & Company, 1992).

[14] Ashayana Deane, *Voyagers II: The Secret of Amenti*, (Caroline: Wild Flower Press, 2021), p.2-6.

在 56 億年前，不同的外星種族在 5D 地球結合不同種族的基因來創造守護這個地球的人類。他們當時一共創造了 12 個種族。在 55 億 1 千萬年前，5D 地球上的 12 種族最終發展成兩個巨大文明。這兩個文明的名字是 Alania 和 Lumia。這兩個文明同時在一個被稱為「伊甸」的大陸上居住。

後來，由於 Alania 嘗試進行高風險的實驗從地球的核心支取能源，最終導致地球核心的能量水晶自爆，導致整個行星的能量場被破壞。在這時候，有一部分能量進入了第一諧波宇宙並分裂成碎片，其中一塊碎片就是現在的第三維度地球（其他碎片形成了太陽系的其他行星）。自從這次事件之後，人類的第一至六股基因被破壞了，導致 12 股基因模板出現損毀。

星門守護者聯盟為了要修復人類的基因，他們決定安排第三維度的地球文明負責修復 12 股基因的模板。於是，他們就設立了地球的「根種族」和「隱修種族」制度，透過不同的階段修復人類原始的基因模板。根種族會負責修復損毀的第一至六股基因，而隱修種族則負責配合根種族的修復工程和守護沒有損壞的第七至十二股基因。在表 13.1 中，顯示了根種族和隱修種族的名稱及所負責的股數。

現在，我們正在處於雅利安根種族時期。換句話說，我們現在的根種族成員意識層面是負責修復第四股基因。而同一時間，我們正在處於 Hibiru 隱修種族時期，即隱修種族成員現在正在配合根種族的修復工程，和在這段時間守護沒有損壞的基因。在這裏，大家有可能對根種族和隱修種族的概念感到疑惑。在下一段，我將會詳細解釋這兩個詞彙所代表的概念。

根種族（Root Races）是源自神智學的概念。在神智學中，地球的文明發展階段被分為 7 個階段。第一個階段是 Polarian 時期，這個階段的存有全部都是以太存有，他們沒有物理身體，是純粹的能量存在。而第二個階段則是極北族時期（Hyperborean），這個階段的地球處於非常寒冷的狀態，地球的文明發展由極北族的巨人所主導。第三個階段是列木利亞時期，這個階段對於大家來說應該並不陌生，因

為這是其中一個最著名的古文明之一。第四個階段是亞特蘭提斯時期。而亞特蘭提斯之後，就是現在的雅利安時期。根據神智學會創辦人 Helena Blavatsky 的說法，在每一個根種族時期都會有一位天界佛（Dhyani Buddha）的化身降臨到地球，這位化身會帶同一位菩薩來輔助他分享和傳揚愛的訊息。在 Helena Blavatsky 的資料中指出，在雅利安時期化身成人的天界佛是阿彌陀佛，而其化身的名稱則是釋迦牟尼佛，而他的傳道助手則是觀世音菩薩 [15]。雖然，在傳統佛教釋迦牟尼佛是毗奴遮那佛的化身，但從神智學的角度，釋迦牟尼佛是阿彌陀佛的化身。

根種族	
Polarian 極北族	修復第一股
列木利亞	修復第二股
亞特蘭提斯	修復第三股
雅利安	修復第四股
Merudian	修復第五股
Paradisian	修復第六股
隱修種族	
Ur-Antrians	修復第二股 + 守護第七至十二股
Breanous	修復第三股 + 守護第七至十二股
Hibiru	修復第四股 + 守護第七至十二股
默基瑟德	修復第五股 + 守護第七至十二股
Yunaseti	修復第六股 + 守護第七至十二股

表 13.1 根種族與隱修種族的基因修復議程 [16]

[15] Helena Petrovna Blavatsky, *The Secret Doctrine (Complete)*, (Egypt: The Library of Alexandria, 2020), p.123.

[16] Ashayana Deane, *Voyagers II: The Secret of Amenti* (Caroline: Wild Flower Press, 2021), p.30-59.

而隱修種族，則是在列木利亞時期才開始的另一條種族支線。這條種族支線的任務，是確保人類沒有損壞的第七至十二股基因能夠完整無缺地被保留，直到基因修復工程完成為止。投生到隱修種族的，通常都是星際種子，因為他們的基因比較純淨。隱修種族的責任跟根種族一樣非常大，因為隱修種族除了要修復本身的股數基因外，還需要攜帶隱藏的 12 股基因的模板。

光體基因

如果要完全修復人類全部 12 股基因的力量，我們還需要一段非常長的時間。不過，隨著我們進行靈性修行，我們的光體基因會自然地活躍起來。過去，由於阿努納奇的基因工程和其他負面能量的影響，我們的光體基因長期處於沉睡的狀態。然而，隨著我們經歷不同的啟蒙階段、隨著我們所能進入的維次空間越來越多，我們的光體基因將會慢慢再次變得活躍。

當然，你也可以透過激活光體基因，進入更多的維次空間。這是一個先有雞還是先有蛋的問題。當你能夠進入的維次空間越來越多，你的光體基因也會被激活；另一方面，當你激活了你的光體基因，你所能進入的維次空間也越來越多。

在這裏，我提及「進入的維次空間」這句說話。我想在這裏釐清一下這句說話的意思，因為可能會有很多人誤會這句話的意思。有些人會認為這裏所說的是一種物質身體直接進入另一個維度或另一個空間的意思。當然，這也是可以發生的。可是，在這裏我所指的是一種透過冥想狀態進入其他空間的能力。如果我們需要進入某個維次空間，我們的光體就必須要攜帶該維次空間的光碼。這就是為什麼有些靈氣課程會有「點化」環節的原因。因為如果你的光體中沒有那個空間／那種頻率相關的光碼，那麼你就無法進入那個空間／使用那種頻率，因為你的光體並沒有與那裏的頻率校準。

更多的光體基因

除了我們熟知的 12 股光體基因，在其他更高的維度裏，其實還有更多的基因鏈。我們在上一部分談及的 12 股光體基因被稱為「鑽石太陽基因」（Diamond Sun DNA）。這 12 股光體基因連結著維度矩陣中的 12 個維度。除此之外，還有攜帶 24-30 股光體基因組合，這部分的光體被稱為「雙鑽石太陽光體」（Double Diamond Sun Lightbody），而這部分的光體基因則被稱為「雙鑽石太陽基因」（Double Diamond Sun DNA）。如此繼續往上推演，直到神聖本源所在的層面。

有很多人都非常執著於光體基因激活，但我個人認為大家並不需要太執著於基因激活。一來，我們很難分辨我們所看到的光體基因激活服務和課程是否正宗，因為現在有一些光體基因激活的服務和課程正在被阿努納奇影響著。在這個情況下進行光體基因激活，就像把你的基因雙手奉上給阿努納奇，讓他們任意編輯你的基因，這是一件非常危險的事。其次，隨著我們踏上揚升的進程，我們的光體基因也會自然地活躍起來。事實上，我們每一個人現在都正在激活光體基因的路上。因此，其實我們並不需要執著於光體基因激活，只要大家對自己的光體和基因有足夠的了解，能夠帶著這種覺知走上揚升的路途就可以了。

能量架構	DNA 股數
翡翠綠太陽	48 股
雙鑽石太陽	24-30 股
鑽石太陽	12 股
寶石紅太陽 / 巴力太陽	9-11 股
暗黑太陽	2-10 股

表 13.2 光體基因及其能量架構 [17]

---

[17] Arek Popovich, *Keylontic Dictionary*, (Florida: Azurite Press, 2009), D-13.

第十四章

光體護盾：
啟動梵化身光體的關鍵

靈性保護是踏上揚升之路的必修課，也是至關重要的一環。當你踏上揚升之路、當你開始探索你的靈魂、當你開始認真看待你的神聖使命時，你就像一盞突然在夜空中亮起來的燈，會吸引很多昆蟲接近你、在你身邊擾攘。這是非常正常的現象。當負面存有看見你的光如此燦爛，他們就會想阻攔你，不斷想辦法削弱你的靈性意識、增強你的物質意識。因為他們知道，你對他們有威脅。因此，好好保護自己的光體、自己的氣場是非常重要和不容忽視的一環。

在我們的梵化身光體中，其實存在著一些能夠為我們提供保護的部分。這些部分可以令我們的能量場抵擋外來的入侵、靈性干擾。不過，話雖如此，我認為沒有任何保護比起你有意識的覺知更強大。很多時，負面存有都是在神不知鬼不覺時透過不同的方式進入你的氣場和你的身體。可是，如果你時時刻刻保持警覺，發現有負面存有在你附近擾攘，那麼你就能在他未進入你的氣場和身體之前請他離開。由於他的行蹤已經被你發現了，因此他也不會再做些什麼。這絕對比任何的靈性保護技術更為方便。

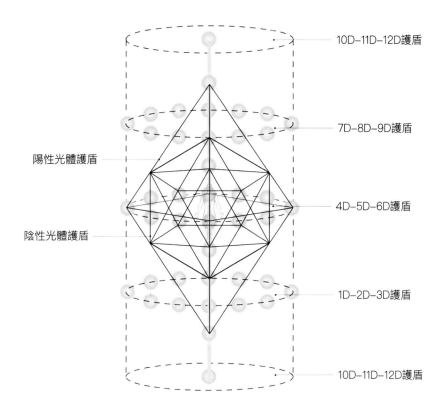

圖 14.1 光體護盾

　　言歸正傳，在我們的梵化身光體中，存在著一些「護盾」。這些護盾連結著不同的維度。在圖 14.1 中，我們可以看到我們的光體護盾的粗略概念圖。我們的光體護盾由 3 個部分組成，分別是一個陽性護盾（八面體）、一個陰性護盾（二十面體），和一個 12 維度護盾（圓柱體）。

　　整個光體護盾的每一個部分，都對我們的保護產生非常關鍵的作用。如果這裏任何一個部分沒有正常運作，那麼就無法完全發揮光體護盾的作用。這就是為什麼有很多人嘗試啟動 12 維度護盾，但發現其保護功效不是太強的原因。

在我們的 12 維度護盾結構中，一共有 5 個圓形光盤。當中，每一個護盾都連結著一個諧波宇宙。在梵化身光體的能量輸入點和能量輸出點上的護盾，連結著第四諧波宇宙，是整個護盾的上蓋和底盤；在護盾底盤上方（地球之星和 Omega 脈輪之間）的護盾連結著第一諧波宇宙；在上心輪上的護盾連結著第二諧波宇宙；在靈魂之星和 Alpha 脈輪之間的護盾連結著第三諧波宇宙。當你啟動了這個 12 維度護盾後，這 5 個護盾的光就會融為一體，形成一個順時針轉的白色圓柱體。這個圓柱體攜帶著 12 維度光射，不但可以保持你的光體基因活躍，還可以把所有負能量過濾掉。這個圓柱體就像是一個強大的能量盾，把附近所有的負能量驅除。由於其攜帶 12 維度光射，因此負面存有無法承受其能量。

除了 12 維度護盾，梵化身光體護盾中還有一個陽性護盾和一個陰性護盾。陽性護盾是一個巨型八面體。這個八面體上下的頂點連結著 Alpha 和 Omega 脈輪。而陰性的二十面體護盾則在陽性護盾中。然而，有趣的是根據其中一位梵化身光體的研究者 Jerry Sargeant 在其著作中的描述，梵化身光體中的八面體是被包裹在二十面體中的 [18]。可是，當我觀察自己和朋友的梵化身光體時，我發現大家的梵化身光體的分層結構都是八面體包著二十面體。我曾經就這一個問題詢問過星界上師，他們表示因為最先提出梵化身光體的人是西方人，他們的光體基因和東方人的光體基因不一樣，當中存在著一些分別，因此導致我們的梵化身光體結構與西方靈性學者所提出的有一點不一樣。在知道這件事之前，我一直以為每個人的梵化身光體都是一樣的；但現在看來，每一個人的梵化身光體都不一樣，因為每一個靈魂都是獨一無二的。

言歸正傳，梵化身光體中的陽性護盾專門負責抵禦靈通攻擊、能量索等，而陰性護盾則負責抵禦來自其他人的負面情緒、思維等。有很多人在進行靈性保護時只集中在抵禦靈通攻擊，但其實在我們跟別

---

[18] Jerry Sargeant, *Activate Your Super-Human Potential: The Ultimate 5D Toolkit*, (Britain: Findhorn Press, 2023), p.208.

人互動的過程中，我們有時也會接收別人的負面情緒，並錯誤以為那些是自己的情緒。因此，陽性護盾和陰性護盾缺一不可。

　　陽性護盾和陰性護盾在工作時，必須要往相反方向旋轉，而你正在受何種靈性干擾，就需要把負責處理該種靈性干擾的護盾順時針轉。換句話說，如果你發現自己正在面對靈通攻擊，那麼你就需要順時針轉你的陽性護盾、逆時針轉你的陰性護盾。如果你發現你正在參與一段充滿負面情緒的對話（例如：你的朋友正在訴苦），你可以順時針轉你的陰性護盾、逆時針轉你的陽性護盾（並不是說不應該聽朋友訴苦，只是在傾聽的同時也要保護自己的能量）。有時候，光體護盾會自動以適當的方式旋轉，但在某些情況下你需要自己用意念控制其旋轉的方向。

　　要啟動光體護盾，並完全發揮其 100% 的潛能，你的梵化身光體必須要正常運作。不過，即使你的梵化身光體未啟動，你也可以啟動光體護盾，只是可能未能發揮其 100% 的潛能而已。

　　每一次啟動光體護盾後，光體護盾可以全面運作 12 小時。之後，光體護盾的運作就會開始減弱。因此，我會建議這個練習需要早晚各做一次，以確保你的光體長期受到保護。

　　每天啟動光體護盾是非常重要的。這是由於，光體護盾不但可以保護你的靈性安全，還可以啟動你的 12 股光體基因模板、逐步啟動你的梵化身光體。這是由於，光體護盾中的 12 維度護盾（那個白色順時針轉的圓柱體）攜帶著 12 維度光射。當這些光射填滿你的梵化身光體後，你的頻率將會與 12 維度校準，配合基督意識神聖幾何的使用，你的梵化身光體將會逐步被啟動。當然，運用光體護盾的 12 維度光射啟動梵化身光體的速度會比進行一次梵化身光體啟蒙儀式慢一些，但至少你的梵化身光體會開始運作。

靈性修習 4
啟動光體護盾

圖 14.2 啟動光體護盾的幾何結構

1. 閉上眼睛，深呼吸 3 下。

2. 觀想一個白金色的倒金字塔出現在你頭頂上方 20 米的位置（視乎情況可能更高），在這個倒金字塔中有一個粉紅 - 黃 - 藍幻彩色的立方體，在立方體中有一個光之生命樹（如圖 14.2）。

3. 觀想這個倒金字塔和立方體開始順指針旋轉。

4. 倒金字塔會跟 Aramatena、Aveyon 和織女星下載能量到立方體中的光之生命樹中。

5. 光透過光之生命樹流到倒金字塔頂點。

6. 倒金字塔頂點打開，然後這些白光流入你的梵化身光體。

7. 白光經能量輸入點，透過中央光管道，穿過 Alpha 脈輪、靈魂之星、地球之星、Omega 脈輪，從能量輸出點離開，直達在地球核心的基督意識水晶骷髏（一個在地球核心非常巨型的水晶骷髏）。

8. 這道白光進入基督意識水晶骷髏的松果體，松果體呈星狀四面體的形狀（正四面體順時針轉、倒四面體逆時針轉），並跟這個松果體連線了。

9. 強烈的白光從星狀四面體沿著白光光柱上升到梵化身光體的能量輸出點，進入你的梵化身光體，在能量輸出點外橫向散開，形成一個白色的圓盤。

10. 然後，白光繼續向上流動，在 Omega 脈輪和地球之星脈輪之間、上心輪、靈魂之星與 Alpha 脈輪之間，和能量輸入點陸續形成光盤，所有光盤順時針旋轉。

11. 這 5 個光盤開始發出強烈的白光，在能量輸入點的光盤向下發出強烈的白光、在能量輸出點的光盤向上發出強烈的白光，其他光盤則同時向上和向下發出強烈的白光。

12. 這些白光開始融為一體，並形成一道強烈的順時針轉圓柱體力牆。

13. 在這個力牆中，你開始看見一個八面體和一個二十面體，兩者往相反方向旋轉。

14. 在梵化身光體上的倒金字塔連其內的所有幾何開始向下移動，當它到達光體護盾的上蓋（能量輸入點上的光盤）時，就會爆開變成白色火花，消失於虛空之中。

15. 完成後，慢慢張開雙眼。

第十五章

梅爾卡巴光體：
顯化宇宙訂單的關鍵

　　當我們談論到延伸光體結構時，很多人第一時間都會想起梅爾卡巴。梅爾卡巴（Merkaba）是一個由兩個相反方向四面體組成的星狀四面體，這是一個非常重要的神聖幾何符號。這個星狀四面體包裹著我們的身體，並且以特定的速率旋轉（這部分我們待會兒會再討論），產生一種迴旋結構，形成我們梵化身光體中的其中一個環狀能量繞場。當我們啟動我們的梅爾卡巴時，其高速轉動就會猶如磁石般吸引我們所需要的一切資源來幫助我們實現訂單，因此也有人稱梅爾卡巴是一個顯化工具。

圖 15.1 梅爾卡巴

　　梅爾卡巴是我們的梵化身光體中其中一個最重要的部分。梅爾卡巴就像一個橋樑，令我們的能量與外在世界連接上。保持梅爾卡巴的轉動，不但可以讓我們的能量更加穩定，陰陽能量獲得平衡，更可以

令我們的意念更快顯化成物質實相。然而，坊間有很多人正在教導人以錯誤的方式轉動自己的梅爾卡巴。他們教導我們要把 3 個星狀四面體往不同的方向轉動，陽性星狀四面體逆時針轉、陰性星狀四面體順時針轉、中性星狀四面體靜止不動；而陽性星狀四面體和陰性星狀四面體的旋轉比例為 34:21。

　　然而，這卻是一種錯誤的做法。34:21 的比例是一個斐波那契數列的比例。在上一部分我們已經討論過斐波那契數列的問題。再者，我們的星狀四面體中的兩個四面體應該以不同方向旋轉。正四面體（代表陽性力量）應該順時針轉、倒四面體（代表陰性力量）應該逆時針轉。換句話說，代表陽性力量的應該順時針轉而不是逆時針轉，代表陰性力量的應該逆時針轉而不是順時針轉。而雙方轉動的比例也不是 34:21，而是 1:2，即倒四面體的旋轉速度應該是正四面體的兩倍，這是基督意識數列的相鄰數比例。而我們的梵化身光體中的所有星狀四面體也應該以這種方式旋轉，而不是不同的星狀四面體以不同方式旋轉（我們的梅爾卡巴系統由多個星狀四面體重疊而成）。

　　這個旋轉的方向和速率比例是非常重要的。如果你使用錯誤的方法轉動你的梅爾卡巴，你的陰陽能量就會被錯置，這樣會破壞你的光體結構甚至你整個人生，對你的揚升不但毫無幫助，甚至會令你的物質意識（第三次元意識）增強，令你遠離本源。

　　很多人都以為我們的梅爾卡巴只是一個單純的星狀四面體。然而，其實你的梅爾卡巴有 3 個重疊的星狀四面體。由於這 3 個星狀四面體是重疊的，因此看起來像是只有一個。這 3 個星狀四面體的旋轉方向是完全一樣的，都是陽性四面體順時針轉、陰性四面體逆時針轉。

　　你可能聽說過很多不同的複雜方法可以啟動我們的梅爾卡巴。然而，其實啟動梅爾卡巴的方法非常簡單：就是運用獵戶座和天狼星的能量。在古埃及神秘學中，獵戶座與冥神歐西里斯對應，是陽性（男性）力量的象徵；而天狼星則與歐西里斯的妻子伊西斯女神對應，是

陰性（女性）力量的象徵。當我們在冥想狀態中邀請這兩種能量進入我們的梅爾卡巴，獵戶座的能量進入梅爾卡巴的正四面體，天狼星的能量進入梅爾卡巴的倒四面體，你就會看見你的梅爾卡巴高速地轉動。要注意的是，陰性四面體的轉動速度必須為陽性四面體的兩倍，這是不可以改變的。而陰性四面體必須逆時針旋轉，陽性四面體必須順時針旋轉。如果轉動的方向錯誤，就會引起非常巨大的災難。

有人可能會問：這個冥想需要用到星體的能量，是否一定要在夜間進行？這個冥想是透過量子場域連結獵戶座和天狼星的能量，因此你並不一定要在夜間進行。即使你在早上進行，你仍然可以透過量子場域的非局域性特質連結獵戶座和天狼星。

當你進行這個冥想之後，你的梅爾卡巴就會開始轉動。不過，在現今到處都充斥攜帶負面木馬程式的大氣電波的社會中，你的梅爾卡巴有機會會因為大氣電波的負面程式而減慢旋轉速度。在古代，一旦你的梅爾卡巴被開啟，就很難會沉睡。因此在古代奧秘教導中，梅爾卡巴的啟蒙儀式的效果是永久性的。可是，現在的大氣電波對我們的梅爾卡巴來說負荷太大，因此我們需要持續讓其旋轉。我會建議連續進行以上的冥想 14 天，這樣你的梅爾卡巴就能長時間保持其開啟狀態。之後，定期檢查一下你的梅爾卡巴。當你發現你的梅爾卡巴的轉動速度開始減慢時，就需要再進行一次上述的冥想。

在這裏，我們再分享一個使用梅爾卡巴的提示，就是有關如何運用梅爾卡巴進行顯化。如果你懂得啟動自己的梅爾卡巴，我會建議你在啟動梅爾卡巴後才進行觀想練習。然後當你觀想完畢後，觀想這個畫面融入你的梅爾卡巴，讓這個畫面的能量和剛才觀想時的情緒填滿你的梅爾卡巴。這樣，你的梅爾卡巴就會為你把訂單顯化出來。我們將會在第二十六章詳細分享如何進行吸引力法則觀想練習。

12D 梅爾卡巴光體

大部分人對梅爾卡巴的認識，都是一個由兩個四面體組成的立體六芒星。然而，其實我們的梅爾卡巴系統並不止一組星狀四面體。我們的梅爾卡巴系統其實是一個更為複雜、精密的能量結構。

圖 15.2 12D 梅爾卡巴：星狀十二面體

在圖 15.2 中所顯示的，是我們 12D 梅爾卡巴的構想圖。你可以看到，我們的 12D 梅爾卡巴其實是一個星狀十二面體（Stellated Dodecahedron）。12D 梅爾卡巴是一個有 12 個頂點的星形結構，這 12 個頂點對應著光之生命樹的 12 個質點、宇宙的 12 個星門、光體的 12 股 DNA 等等。這個 12D 梅爾卡巴是我們梅爾卡巴的全貌。而我們一般所認知的梅爾卡巴，其實是 12D 梅爾卡巴的其中一部分。

我們的梅爾卡巴系統在現代一直被誤會為一組星狀四面體。直至 Simone Matthews 在 2013 年提出我們的梅爾卡巴其實是一個星狀十二面體 [19]，人們才開始研究這個星狀十二面體的光體結構，並逐漸發展出對梅爾卡巴系統更全面的認識。

---

[19]　Simone Matthews, "Merkabah Activation & the Number 13", Universal Life Tools Jul, 2013. https://www.universallifetools.com/2013/07/article-6-merkabah-activation-13/.

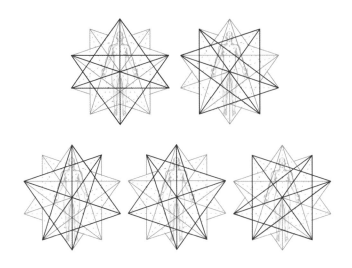

圖 15.3 星狀十二面體中的星狀四面體

　　在圖 15.3 中可以看到，12D 梅爾卡巴中其實包含了 5 組星狀四面體。這 5 組星狀四面體分別對應 5 個諧波宇宙，包括行星維度矩陣中的 4 個諧波宇宙和星靈界（即第五諧波宇宙）。每一組星狀四面體中，其實都有 3 個重疊的星狀四面體，全部向相同的方向旋轉，正四面體順時針轉、倒四面體逆時針轉。換句話說，這裏一共有 15 個星狀四面體。你可以看到，15 個分別各自對應 15 個維度的星狀四面體拼在一起，形成了一個有 12 個頂點的星狀十二面體。這個星狀十二面體的結構完美地呈現了 5 個諧波宇宙、15 個維度如何呈現於地球的 12D 行星維度矩陣中。

　　而我們一般所認知的梅爾卡巴系統，其實是對應第一諧波宇宙的星狀四面體，是一個 3D 梅爾卡巴。如果我們要啟動我們的全部潛能，我們就需要把星狀十二面體完全啟動。如果我們希望在地球或宇宙的星門中出入，12D 梅爾卡巴是至關重要的工具。雖然 3D 梅爾卡巴都可以讓我們進行星界旅行，但 3D 梅爾卡巴的星界旅行會侷限於第一諧波宇宙的空間。不要誤會，你仍然可以用這個梅爾卡巴進入其他星

球，但你所能接觸的維次空間只侷限於第一諧波宇宙中的空間和星
球。而當你的 12D 梅爾卡巴啟動後，你就可以穿過星門，進入第一諧
波宇宙以外的其他維次空間。

　　要啟動 12D 梅爾卡巴，所需要的程序比較繁複。這是由於這個結
構已經不只是陰陽能量的整合，而是代表人的生命與整個宇宙之間的
和諧。因此如果要啟動 12D 梅爾卡巴，我們就需要把光之生命樹中每
一個維度對應的宇宙星門的光帶入這個梅爾卡巴的 12 個頂點中。以
下是每一個維度或梅爾卡巴頂點所對應的宇宙星門的位置。只要把這
12 個星門的光注入 12D 梅爾卡巴的 12 個頂點，就能逐步啟動 12D 梅
爾卡巴。

維度	宇宙星門位置
D-1	獵戶座 伐增二
D-2	波江座 天苑四
D-3	半人馬座 南門二
D-4	太陽系 太陽
D-5	昴宿星 昴宿六
D-6	大犬座 天狼星 B
D-7	牧夫座 大角星
D-8	獵戶座 參宿二
D-9	仙女座 奎宿九
D-10	天琴座 織女星
D-11	天琴座 Aveyon
D-12	天琴座 Aramatena

表 15.1 12 維度的宇宙星門位置 [20]

　　當你把這 12 個星門的能量分別帶到 12D 梅爾卡巴中的 12 個頂
點，這些能量就會隨著星狀十二面體內部的網絡在 12D 梅爾卡巴中

---

[20]　Ashayana Deane, *Voyagers II: The Secret of Amenti* (Caroline: Wild Flower Press, 2021), p.508-509.

融為一體，並啟動星狀十二面體內所有星狀四面體。我們可以透過一個特定的幾何，把 12 個星門的能量帶進我們的 12D 梅爾卡巴中。這個幾何是一個裝著光之生命樹的白金色圓柱體，是 Aramatena 的星際家人們給我們的禮物。只要你在冥想狀態中把注意力放在位於天琴座的 Aramatena，再觀想在 Aramatena 底部發出一道光柱穿過大氣層、穿過雲層、穿過你的頂輪連結著你的心輪，你就會創造一條通往 Aramatena 的管道。然後，這個裝有光之生命樹的白金色圓柱體就會沿著這條光柱向下移動，降落在你心輪的位置。下一步，你可以觀想這個白金色圓柱體順時針旋轉，當中的光之生命樹會跟圓柱體的白金色頻率互動，並把對應光之生命樹的全部 12 個星門的能量引導到你的 12D 梅爾卡巴中。12D 梅爾卡巴的各個星狀四面體都會開始轉動；當中的陽性四面體會順時針轉、陰性四面體會逆時針轉，陰性四面體轉動的速度會比陽性四面體快一倍。然後，你會開始感覺到來自不同維度的能量湧入你的光體。這個過程會把來自 12 個星門的能量錨定到你的 12D 梅爾卡巴中、啟動你的 12 股光體基因模板，啟動你的最大靈性潛能。這是一個非常重要的過程，去 100% 啟動你的梅爾卡巴光體、顯化能力和星界旅行的能力。

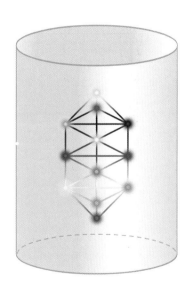

圖 15.4 來自 Aramatena 的白金圓柱體

靈性修習 5

啟動 12D 梅爾卡巴

1. 閉上眼睛，然後深呼吸 3 下。

2. 觀想自己被一個星狀十二面體包著。

3. 把你的注意力放在位於天琴座的 Aramatena，並觀想在 Aramatena 發出一道白光向下穿過無數星星、大氣層、雲層，降臨到你的頂輪。

4. 你的頂輪慢慢打開，迎接這道光柱；這道光柱穿過你的眉心輪、喉輪和上心輪，到達你的心輪。

5. 這道光柱連結著你的心輪和 Aramatena，變得越黎越粗、越來越堅固。

6. 然後，一個裝著光之生命樹的白金色圓柱體從 Aramatena 沿著這道光柱向下降，穿過無數星星、大氣層、雲層，穿過你的頂輪、眉心輪、喉輪，到達你的心輪。

7. Aramatena 與心輪之間的光柱開始慢慢消失；你的頂輪也開始關上。

8. 這個白金色圓柱體開始順時針旋轉，在其中的光之生命樹開始發出強烈的光芒，在宇宙的不同角落把 12 個星門的能量引導到你身體外的星狀十二面體中。

9. 12 個星門的光透過星狀十二面體的 12 個頂點進入星狀十二面體，這些能量在星狀十二面體中融為一體。

10. 星狀十二面體中的 5 組共 15 個星狀四面體開始轉動，正四面體順時針轉、倒四面體逆時針轉；倒四面體的旋轉速度，比正四面體快一倍。

11. 敞開你的心，感受 5 組星狀四面體轉動所產生的能量。

12. 深呼吸，然後慢慢張開雙眼。

基督意識網絡：圍繞地球的星狀十二面體

星狀十二面體不只是 12D 梅爾卡巴的形狀，當中還蘊藏著一個非常大的意義。在地球上，有一個被稱為「基督意識網絡」（Christ Consciousness Grid）的能量網格。這個網格能夠把基督意識的合一意識和能量錨定在地球的能量場中。而這個網格的形狀，正正是一個星狀十二面體。

你能看到神聖創造的奧妙嗎？當我們把 5 組星狀四面體放在一起，就會形成一個與基督意識網絡共振的星狀十二面體，一個 12D 梅爾卡巴。這也許就是為什麼當人們談及梅爾卡巴時，都只談論當中的星狀四面體，而不談論呈現為星狀十二面體的 12D 梅爾卡巴的原因。因為一旦你的 12D 梅爾卡巴被啟動了，你的能量場就會開始跟基督意識網絡共振；而這絕對不是阿努納奇和其他負面存有希望看到的景象。

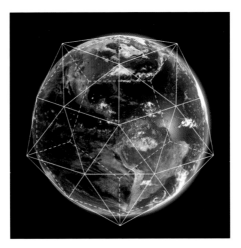

圖 15.5 地球的基督意識網絡

　　如果你細心留意，就會發現基督意識網絡其實結合了兩個柏拉圖多面體——二十面體和十二面體；當我們把二十面體的上蓋取出，並在十二面體的每一面五邊形上蓋上二十面體的上蓋，就會獲得一個基督意識網絡[21]。

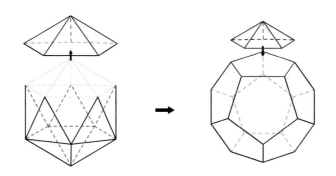

在二十面體取出其上蓋　　　　把上蓋蓋在十二面體的五邊形上

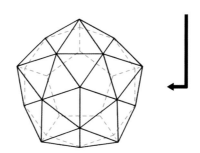

在十二面體的每一面蓋上二十面體的上蓋
就會形成一個星狀十二面體

圖 15.6 基督意識網絡的幾何特性

21　德隆瓦洛・默基瑟德，羅孝英譯：《生命之花的靈性法則》（台北：方智出版社，2012 年），
　　頁 57。

　　從圖 15.6，你可以看到基督意識網絡與十二面體和二十面體的關係，也看到星狀十二面體與十二面體和二十面體的關係。你還記得我們在第九章提及的麥達昶立方體嗎？麥達昶立方體之所以扭曲十二面體和二十面體，就是因為這兩個幾何與基督意識網絡有緊密的關聯。這個幾何無論是對於個人的修行還是地球集體的意識提升而言，都非常重要。在我們每個人的光體中，都有一個像基督意識網絡一樣的星狀十二面體包裹著我們的心輪。這個在心輪外的星狀十二面體連結著地球的基督意識網絡。透過啟動我們的 12D 梅爾卡巴，我們心輪的星狀十二面體會被啟動，並把我們的心的頻率校準到地球的基督意識網絡，讓我們與基督意識共振體驗神聖的光和愛，讓你的靈魂可以在地球發光發亮！

第十六章
以太翅膀：
源自心輪的神聖力量

圖 16.1 以太翅膀

　　以太翅膀是一雙在我們的光體上的「天使翅膀」。有些人在冥想或修行是會感覺到自己背部長出了一雙天使翅膀，那雙天使翅膀其實就是我們的「以太翅膀」。雖然以太翅膀看上去是一雙有羽毛的天使翅膀，但其實它是從心輪所發出來的強光形成的能量體。這雙翅膀直接連結著我們的心輪，代表著我們內在神聖的光，連結著我們的神聖本質。

3

　　在圖 16.1 中，我們可以看到在我們的光體後方延伸出來的那雙以太翅膀。這雙翅膀從我們心輪的一個鑽石藍白色梅爾卡巴開始延伸開去。這雙翅膀代表著我們的神聖之光。當我們張開這雙翅膀時，我們的神聖之光就會像太陽一樣照耀周圍的空間。有時候，如果我發現身邊有靈體跟隨，為了不讓他們跟隨我回家，我會短暫地張開我的以太翅膀；因為當我們的神聖之光正在綻放時，這些存有就會因為抵受不住如此高頻的能量而遠離我們，這是由於他們並不能抵受這種由神聖之光產生的光的能量。

　　然而，如果我們希望啟動我們的以太翅膀，我們就必須先激活我們的梵化身光體、下載 12 股光體基因模板、啟動 12D 梅爾卡巴；最重要的，是連結我們內在的神聖之光，我們的神聖本質。因為如果我們沒有連結我們內在的神聖之光，我們就無法讓這種力量綻放，成為一雙以太翅膀。因此，若要啟動以太翅膀，我們需要先激活梵化身光體的其他部分，才能發揮以太翅膀的最大力量。

　　以太翅膀是我們神聖之光的顯化，也是我們連結和彰顯內在神聖之光的一個型態。其實，除了前文所描述的之外，以太翅膀在跨維度的層面還可以有很多其他用途；不過在這裏，我們先初步了解一下以太翅膀的本質，以及它與內在神聖之光的關係；之後有機會，我們可以再深入和詳細地討論更多有關以太翅膀的資訊。

第十七章
全視之眼：
靈性感官的開發

最後一個我想討論在我們的梵化身光體中的重要部分，就是全視之眼。全視之眼與我們一般所理解的第三眼並不一樣，縱使兩者的位置非常接近。第三眼，一般是指我們的眉心輪。眉心輪是一個與五感和內在感官有關的脈輪，也是其中一個被廣泛使用來進行靈視的媒介。然而，雖然眉心輪可以作為看見靈性非物質維度的媒介，當中所看見的卻有可能會受你的信念系統、木馬程式和其他內在活動所影響而被過濾。這就是為什麼有時不同的人會對同一件事有不同詮釋的原因。因為當我們用眉心輪作為接收非物質維度的訊息的媒介時，我們所得到的答案有機會會受到不同的內在活動過濾。

而全視之眼，則是另一個截然不同的概念。全視之眼與眉心輪不同，並不屬於我們脈輪系統的一部分，而是在我們的梵化身光體中的眼睛，存在於與我們的眉心輪相近的位置，當我們使用全視之眼觀察靈性維度時，我們很少會受到我們的內在活動影響。這樣能讓我們以更客觀、全面和真實的方式接收來自非物質維度的資訊。這無論對於你的靈視能力、通靈傳訊能力還是靈性修行，都百利而無一害。

如果用更顯淺的方式來說明，全視之眼其實並不是一個眼睛，而是**一種洞察力**。當我們能夠完全拋開我們的心智，**用我們的心來思考、用我們的腦來感受**，我們就能透過全視之眼去感受（而非「看」）這個世界。這就是關鍵！我們並不是要「看見」非物質的維度，而是要「感受」非物質的維度。因為你的眼睛可以被欺騙，但你的感受永遠是真實的。

在嬰兒時期，我們的全視之眼都運作得非常好。不過，隨著我們成長，我們被父母教導如何處理實際物質維度中的一切事務，令我們的全視之眼開始慢慢沉睡，甚至轉而用第三眼來進行靈視。

靈性修習 6
啟動全視之眼

1. 閉上眼睛，慢慢深呼吸，敞開你的心輪。

2. 觀想你的大腦沿著你的中央光管道一直向下位移，移動到心輪的位置。

3. 同一時間，觀想你的心輪向上位移，移動到你的眉心輪的位置。

4. 看見一個金色／白金色／銀色的眼睛在你的心輪（你的心輪現在位於眉心輪的位置）中打開，感受你的心輪與這隻眼完全同步運作的感覺。

5. 慢慢深呼吸，張開雙眼。

這個簡單的儀式，最多只會花上你 10 分鐘。不過，透過這個儀式，我們可以把我們的心輪與我們的大腦同步，從而啟動位於大腦中央的全視之眼。當你每一次要進行通靈傳訊／靈視時，你可以先進行這個儀式，或者直接觀想你的全視之眼在大腦中央自己打開，以全視之眼作為媒介。

在我們的梵化身光體中，還有其他非常多不同的組件。但為免篇幅過長，我們對於梵化身光體的討論暫時就在這裏結束。當我們啟動了梵化身光體後，我們就會開始釋放潛藏的 90% 靈性潛能。我們的靈性潛能之所以會沉睡、我們之所以會感覺無論如何修行也無法脫離 3 維世界的限制的原因，就是因為我們的梵化身光體一直出現短路。

當你把所有光體的神聖幾何校準、當你恆常啟動光體護盾、當你堅持恆常清洗你的中央光管道，你的梵化身光體就會逐步運作起來。在我創辦的星際綜合能量療法系列課程中，我們會詳細講解光體的運作，並透過一連串的啟蒙儀式在短時間內啟動這個光體的全部力量，幫助參加者掌握自己的靈性潛能。如果大家希望了解更多資料，可以到www.galacticstarseedacademy.com 瀏覽課程的相關資訊。

神聖光射：
宇宙最原始的12種力量

第十八章
什麼是 12 道神聖光射？

　　神聖光射是指來自神聖本源的光之能量。當神聖本源的光流入地球的行星維度矩陣時，在矩陣中形成了 12 種不同的能量。這 12 道光反映了神聖本源的 12 個不同面向，是形成這個宇宙的 12 種基本力量。在古代的神秘學中，從來沒有揭曉過關於 12 道神聖光射的資料。即使是神智學的文獻，也只教導了首 7 道神聖光射。直至到 1970 年代，因為大地母親開始進入第四次元，因此全部 12 道神聖光射的資料才被公開了。

　　在新時代運動中，有兩種不同的神聖光射學說。第一個學說，是基於 Alice Bailey（神智學創始人之一）從揚升大師 Djwhal Khul 口中得知關於首 7 道神聖光射的資訊。而第二個學說，則是基於 Elizabeth Clare Prophet 從本源和各個揚升大師口中所得到關於首 7 道神聖光射的資訊。這兩個系統均已被後人補充最後 5 道光射的資料。表 18.1 為這兩個版本的對照。

　　這兩個版本其實都是正確的，只是用不同的角度去看神聖光射而已。就像《易經》的八卦有先天和後天一樣，神聖光射也有先天和後天。先天為「體」，後天為「用」。神聖光射也具有其本體形態和應用形態兩種。Alice Bailey 的系統是神聖光射的「體」，而 Elizabeth Clare Prophet 的系統則是神聖光射的「用」。了解這兩個系統都是非常重要的，因為兩者都對我們探索自己靈魂的本質非常重要。

　　把神聖光射錨定到我們的梵化身光體中，是非常重要的。我們的梵化身光體，其實跟 12 道神聖光射的能量息息相關。在啟動梵化身光體的過程中，我們需要把 12 道神聖光射的能量錨定到我們的光體中。你會留意到，梵化身光體是白金色的，而這個顏色，跟第零道神

聖光射的顏色（見第二十章）是一樣的。12 道神聖光射，就是啟動梵化身光體最重要的關鍵。

	Alice Bailey 的版本[22]	Elizabeth Clare Prophet 的版本[23]
1	紅色	藍色
2	藍色	黃色
3	黃色	粉紅色
4	綠色	白色
5	橙色	綠色
6	靛藍色	寶石紅色
7	紫羅蘭色	紫羅蘭色
8	碧綠色	碧綠色
9	藍綠色	洋紅色
10	珍珠白色	金色
11	粉紅橙色	桃色
12	金色	蛋白變彩色

表 18.1 兩個版本的神聖光射顏色

[22] Natalie Sian Glasson, *The Twelve Rays of Light: A Guide to the Rays of Light and the Spiritual Hierarchy*, (United Kingdom: Derwen Publishing, 2010).

[23] Barbara Evans & Jenny Davis, *Rays of Creation: A Pathway to Wholeness Healing System*, (Florida: Crystal Wings Healing Art, 2020).

第十九章
神聖光射與靈魂心理學

　　現在，我們會首先討論神聖光射與靈魂和個人性格特質之間的關係。這部分所談論的神聖光射，是神聖光射的「體」。有很多書籍都認為神聖光射是一種療癒工具，但其實神聖光射絕對不只是一個療癒系統，或者一種能量工具。我們每一個靈魂其實都與神聖光射有關。當我們作為轉世人格進入這個物質世界輪迴時，我們的星靈、梵我、單子、本靈、轉世人格、心智、情緒和物質身體其實都各自攜帶首 7 道光射中的其中一道光射。（第八至十二道光射是促進靈魂成長的光射，而不是靈魂攜帶的光射）。在轉世人格轉世的過程中，星靈、梵我、單子和本靈的光射並不會改變，而且星靈所攜帶的光射必定會是首 3 道光射其中一道。值得留意的是，每個人的靈魂，其實也是由宇宙創始之初的 12 道神聖光射顯化出來的。換句話說，我們每個人的靈魂源頭都是 12 道神聖光射的其中一道。

　　我們所攜帶的光射，對我們的性格存在非常大的影響。對於一些未覺醒的人來說，他們的物質身體、情緒身體和心智身體的光射會主導其人生。而這並不是一件好事。這是由於，組成這 3 個較低身體的光射很多時所彰顯出來的都是比較二元的特質。以第一道神聖光射為例，第一道神聖光射是意志力的光射，但如果由較低身體顯化則會變成固執。然而，當一個人開始達至更高階段啟蒙，或者在靈修和光工作上有一定成就，其他光射就會主導其人生。

　　當一個人開始覺醒，高我和小我的聖戰就會開始。這場戰爭，其實是兩道光射的角力。因為你的意識狀態開始提升，因此兩道光射的能量開始互相爭奪主導權。這就是為什麼很多人會把小我和高我放在二元對立的位置的原因。

　　然而，在這裏必須要留意的是，由於我們身處在地球，因此我們靈魂的神聖光射都是地球的行星理法的光射的次光射，而地球行星理法的光射則是太陽系恆星理法的光射的次光射，而太陽系恆星理法的光射則是銀河系星系理法的光射的次光射。地球行星理法攜帶著第三道神聖光射，而太陽系恆星理法則攜帶著第二道神聖光射。換句話說，假如你的靈魂的光射是第四道神聖光射，你的光射就是地球行星理法第三道神聖光射的第四道次神聖光射。

　　很多時，主導我們的生命的神聖光射都會影響我們的生命。例如：兩個攜帶著相同光射的人會比較投契（當然影響社交人際關係的因素有很多）。如果你能夠深入了解神聖光射為每個人所帶來的性格的影響，你所作出的心理分析比起九型人格、原型人格等心理分析方法來得更有效。這是由於，**這是深植在靈魂裏的心理學！**

神聖光射	顏色	性格特質
1	紅色	熱血、生命力
2	藍色	愛與智慧、知識傳遞者
3	黃色	活躍思維、哲學思維
4	綠色	對立統一
5	橙色	科學思維
6	靛藍色	無私、理想主義
7	紫羅蘭色	煉金術法則、秩序
8	碧綠色	淨化
9	藍綠色	連結高我、靈魂層面的快樂
10	珍珠白色	覺滿、幫助與高我融合
11	粉紅橙色	突破靈性成長的瓶頸位
12	金色	基督意識

表 19.1 Alica Bailey 系統中每道光射的性格特質

如何知道自己的不同光體層面攜帶著哪一道光射？

由於每個人都攜帶著 8 道光射（星靈、梵我、單子、本靈、轉世人格、心智體、情緒體、物質身體各攜帶一道），當中有機會會出現兩個面向同時攜帶同一道光射（例如：單子和情緒體都攜帶著第一道光射）。在分辨時需要講明想要知道哪一個部分所攜帶的光射。最簡單直接的方法，就是詢問你的不同層面光體它們攜帶著哪一道神聖光射。如果你的通靈能力未能達到這個水平，你可以運用靈擺（但必須要正確使用靈擺），你亦可以直接諮詢高靈或值得信任的的通靈傳訊者。當你知道自己不同層面所攜帶的是哪道光射，你就會對自己有更深入的了解，而你也可以透過你現在的行為判斷你當下被哪個維度的自己主導你的人生。這是一個非常好的方法去了解自己和自己的靈魂。

第二十章
神聖光射的應用：
最佳的療癒工具

　　當我們開始使用神聖光射時，你就會發現神聖光射以不一樣的顏色和特質顯化其能量。而這就是 Elizabeth Clare Prophet 所提出的神聖光射系統。其實，神聖光射的應用層面非常廣泛。基本上，只要你知道某種光射的特質後，你就可以自由運用這道光射，而神聖光射在被應用時，可以以任何的形式出現。例如在之後第二十四章會提及的藍色神聖光射的針劑，又或者配合其他神聖幾何使用。其中一種我經常使用的方式，是用一個被粉紅色神聖光射填滿的八面體來為靈魂碎片注入愛。我會把這個八面體放在靈魂碎片的心輪，然後八面體就會開始順時針旋轉，把光射的能量放射到靈魂碎片內部（有關如何連結自己靈魂碎片的方法，將會在第二十二章深入探討）。最後，八面體會自爆，然後粉紅色神聖光射的能量就會轟炸靈魂碎片內部，淨化一切負面情緒和能量堵塞。這些都是非常好用的方法，神聖光射絕對可以自由運用，你只需要發揮你的創意，你就可以發明出更多神聖光射的用法。

　　如果你對於使用神聖光射有任何問題，你可以諮詢神聖光射的大師（Chohan）。神聖光射大師是每一道神聖光射的守護者，他們都是在星界接受過專業訓練和指導的神聖光射使用者，能夠教導你如何安全和正確地使用神聖光射。他們大部分都是來自揚升大師委員會的成員。當你需要一些使用神聖光射的指導時，可以諮詢這些大師。

　　為方便大家連結神聖光射，在這一章，我們把神聖光射的能量製作成光語曼陀羅。這些光語曼陀羅已經過調頻，與神聖光射的頻率校準。當你需要使用神聖光射時，可以在冥想狀態中觀想特定光射的光語曼陀羅。你的觀想不需要很仔細把每個光碼都記得，只需要大約看

到其輪廓和構圖，配合你連結某道特定光射的意圖，這些光語曼陀羅就會幫助你連結特定的神聖光射。另外，你也可以把手放在光語曼陀羅上，想像有能量從光語曼陀羅進入你的手掌心，再流入你的身體，感受神聖光射在你身體工作的過程。

第零道神聖光射

圖 20.1 迷彩白金色神聖光射的光語曼陀羅

　　圖 20.1 所顯示的，是來自本源的神聖光射進入地球的行星維度矩陣並分成 12 道光之前的形態，是所有光射的綜合體，是第「零」道神聖光射。這道神聖光射包含所有 12 道神聖光射的全部力量，代表它可以平衡各種力量。在進行複雜的靈性工作時，很多時我都會使用迷彩白金色神聖光射。

　　12 道神聖光射是啟動梵化身光體的必備元素，因為它是來自原始光音場域最純淨的光。這道光可以把大量的宇宙頻率下載到我們的光體裏，提升光體的能量和潛能，讓我們回歸內在自性。接著下來，我

將會分別介紹每一道光射的應用方法，大家可以在靈性修行或療癒時按自己的需要使用不同的光射。

第一道神聖光射圖

圖 20.2 藍色神聖光射的光語曼陀羅

在 Elizabeth Clare Prophet 的系統中，第一道神聖光射是一道藍色的神聖光射。藍色神聖光射所代表的特質為「力量與保護」。

第一道光射能夠賦予我們力量和保護。這道光射是一道力量極強悍的光射。這道光射的力量與「神的意志」有很大關係，因此負面存有在面對這道光射時會變得非常虛弱。也因為這樣，這道光射可以為我們提供強大的力量進行各種對力量需求極大的事情，它可以為我們提供保護、在我們感到氣餒時給予我們前進的動力，它可以給我們意志力、內在力量，令我們能夠挺起胸膛面對挑戰。

非常著名的藍火天使團隊其實是第一道神聖光射的天使團隊。藍火天使是由大天使米迦勒所領導的團隊。這個團隊的天使全部都是接

受過如何使用第一道神聖光射的能量的訓練的。而從這個天使團隊所衍生出來的能量工具（如：藍火盾牌、藍火寶劍等）都是以第一道神聖光射的能量作為基礎來使用的。

　　第一道神聖光射的作用非常廣泛。基本上，與陽剛氣質相關的事情都與第一道神聖光射有關。例如：能量保護（藍火盾牌）、破壞（瓦解能量索）、獲得勇氣（衝破面前的障礙）都是第一道神聖光射所能夠幫助到你的事情。

　　另外，第一道神聖光射在三聖火焰（Threefold Flame）中是第一道火焰（藍色火焰）的能量，是彰顯神聖意志的產物。而這道光射亦是翡翠綠號令（Emerald Order）的靈魂源頭，是來自第十三維度的能量。第一道神聖光射的大師為 El Morya 大師，他是猶太人的祖先亞伯拉罕的轉世，也是 3 位見證耶穌出生的智者的其中一位。

第二道神聖光射

圖 20.3 黃色神聖光射的光語曼陀羅

第二道神聖光射是黃色的神聖光射，其能量特質為智慧。在療癒的層面上，這道光射是一道可以增強我們與本源的連結的光，因為它可以移除所有障礙我們與本源連結的障礙物。

第二道神聖光射作為一道代表「智慧」的光射，其使命在於要點燃我們內在的神聖，讓我們的神聖面向像熊熊烈火一樣燃燒。這道光射可以幫助我們回歸內在自性，令我們有智慧分辨世間一切事物的利弊。

在應用的層面上，第二神聖光射很多時都是用來幫助我們達到靈性成長，或者重新掌握我們的內在神性。當我們在地球輪迴多世之後，我們很容易會迷失在這個物質實相之中，認為這些物質實相的事情是真實的。然而，這卻會使我們的物質意識膨脹，令我們無法與我們的內在自性連結。這個情況對於我們的靈性修行是一個非常嚴重的障礙。這是由於，靈性修行的最終目的，就是讓我們尋回內在自性。如果在這條通往內在自性的路上出現障礙物，那麼我們的靈性修行就會出現很大障礙。

在這些情況下，我們就可以運用第二道神聖光射移除這些障礙物。無論當中的障礙物是基於限制性信念、恐懼、創傷還是鬱結，第二道神聖光射都可以轉化這些障礙，讓我們回歸內在自性。

第二道神聖光射的能量就是三聖火焰中的金色火焰，是代表智慧的能量，是第十四維度的光射，是黃金號令的靈魂源頭。

第二道神聖光射的大師為 Joshua David Stone。這位揚升大師曾經生活於二十至二十一世紀的地球，於 2005 年離開物質實相並揚升到較高維度，接任藍道大師成為第二道神聖光射的大師。這位揚升大師在推動身心靈教育方面不遺餘力，而且其資料搜集和修為更是令人驚嘆，是一位非常值得敬佩的老師。

第三道神聖光射

圖 20.4 粉紅色神聖光射的光語曼陀羅

第三道神聖光射是粉紅色的神聖光射，其能量特質為無條件的愛。在靈魂療癒的過程中，無條件的愛可以說是最重要的元素。這是由於，愛是解開一切鬱結的鑰匙。當我們面對頑強、固執和受傷害的內在小孩或靈魂碎片時，我們就需要用到這道光射的能量。

很多時，我們之所以會受傷害（或者感到受傷害），最根本的原因是因為我們體驗不到愛。因為我們感覺不到被愛，所以才會受傷害。無論你是被家人傷害、被朋友傷害，還是被上司傷害，都是因為覺得自己不被愛，所以才會有創傷。因此，無條件的愛就是治療內在鬱結的關鍵。

然而，我們並不可以直接把粉紅色光射注射到某個人身上進行治療，因為這樣並不具針對性。因此，我們必須要先找到個案創傷／鬱結的來源，找到第一次導致這種鬱結的原初事件（很多時鬱結會重複顯化相同處境來強化其能量，因此必須要找到最初出現的時間點），

然後集中運用粉紅色神聖光射的能量把無條件的愛灌注給受傷的內在小孩，這樣才能有效讓內在小孩感覺到被愛。

粉紅色神聖光射的能量是三聖火焰中的第三道火焰（粉紅色火焰），是無條件的愛的能量。粉紅色神聖光射更是第十五維度的能量、紫羅蘭號令的靈魂源頭，是這個宇宙中非常重要的光射能量。

第三道神聖光射的大師為 Serapis Bey 大師，直接聽命於至尊神聖光射大師（MahaChohan）聖哲曼的指示。Serapis Bey 大師原本是第四道神聖光射的大師，但由於威尼斯人保羅接任了第四道神聖光射大師的位置，Serapis Bey 就成為了第三道神聖光射的大師。

第四道神聖光射

圖 20.5 白色神聖光射的光語曼陀羅

第四道神聖光射是一道白色的神聖光射，其能量特質為純淨和喜悅。在應用的層面上，第四道神聖光射很多時會被用作「淨化」之用。

白色神聖光射能夠淨化一切負面能量。我們每天在這個世界上都

會接觸到不同的負面情緒、負面思維和負能量。而透過白色神聖光射，我們可以像洗澡一樣把這些情緒、思維和能量淨化掉。這道光射也是為什麼大部分淨化儀式都使用白色光的原因。白色這種顏色非常特別，如果你觀察一下陽光，陽光也是白色的。而陽光之所以是白色，是由於在其之內包含了所有紅橙黃綠藍靛紫 7 種顏色。因此，當你使用這道光射時，其實你正在使用 7 種不同顏色的能量，而每一種顏色其實又有其本身的能量特質，不過這一章我們並不是要討論顏色的能量特質。言歸正傳，透過白色神聖光射，我們可以做到快速的淨化效果，令我們的身心回復平衡，創造內在和諧。

　　第四道神聖光射的大師是威尼斯人保羅（Paul the Venetian），他在地球最著名的轉世莫過於米高安哲羅，他是一位名副其實的藝術家。而這一道光射的守護天使則是著名的大天使加百列，一位能夠為你帶來喜悅的天使。

第五道神聖光射

圖 20.6 綠色神聖光射的光語曼陀羅

第五道神聖光射是一道綠色的神聖光射，其能量特質為「療癒與內在覺察」。

綠色神聖光射是一道內在覺察的光射。內在覺察，是一種對自己內心的探索。我們內心每天都有很多複雜的內在活動，而這些活動大部分我們都不為意的，這些都是「潛意識」的活動。然而，這些活動卻每天在影響著我們的行為和活動，甚至正在影響我們的顯化和創造過程。而內在覺知，就是覺察潛意識的活動的一個過程。透過綠色神聖光射，我們可以更深入了解自己，了解潛意識的活動和我們的內心。

第五道神聖光射的大師為希拉靈大師，他可以為你帶來最高的真理。他曾經是耶穌時期的基督徒聖保羅，對基督教教義的形成和傳播有著非常大的貢獻。

第六道神聖光射

圖 20.7 寶石紅色神聖光射的光語曼陀羅

　　第六道神聖光射是寶石紅色（中間滲透著金色）的神聖光射，其能量特質為「無私」。寶石紅色神聖光射作為代表著「無私」的光射，雖然表面上看似與療癒事工沒有關係。然而，其實這道光射對於療癒師而言非常重要。「無私」是一種為他者服務的特質，這種特質是基於明白「一的法則」的情況下出現的。因為萬物歸一，你明白你跟其他人並沒有分別，所以從來就沒有「我」這個概念。亦因此，你並不會只顧追求「自己」的利益，而願意為他者付出。這種行為和內在動機是能夠跟宇宙大意識共振的頻率，是一種最崇高的愛。而作為療癒師，個人的頻率是十分重要的。這是由於，如果療癒師本身都處於低頻狀態，那麼又如何為別人轉化低頻能量呢？因此，作為療癒師，我們應該時刻進行修行，與宇宙大意識共振，這樣才能為你的個案提供最高質素的療癒。

　　透過寶石紅色神聖光射，我們能夠提升我們的頻率，與宇宙大意識共振。當然，這並非一朝一夕的事，而是持之以恆與寶石紅色神聖光射工作的結果。當你能夠與這道光射長期合作，你的頻率就會大幅度提升，你的療癒能力也會大大進步。

　　第六道神聖光射的大師為藍道大師。藍道大師以前是第二道神聖光射的大師，與 Kuthumi 大師有著密切的關係。然而，隨著他的修行，現在他接任薩南達大師（即耶穌）成為第六道神聖光射的大師，把無私的精神傳播出去。薩南達之所以會選擇他作為其接班人，是由於藍道大師在薩南達還是耶穌時當過其徒弟，因此薩南達就選擇了他接任其職位。

第七道神聖光射

圖 20.8 紫羅蘭色神聖光射的光語曼陀羅

　　第七道神聖光射是一道紫羅蘭色的神聖光射，這道神聖光射的能量特質為「蛻變」。在應用的層面上，我們通常會使用這道光射來轉化身體的能量堵塞。

　　第七道神聖光射跟第一道神聖光射一樣，是在身心靈界非常著名的光射。其衍生的療癒工具「紫羅蘭火焰」在身心靈界街知巷聞，是以轉化能量堵塞聞名的療癒工具。個人而言，我認為運用光射本身比運用其所衍生出來的火焰更為有效。因此，在面對身體的能量堵塞時，我多數會直接把紫羅蘭光射注射到那個部位，讓其工作。

　　「蛻變」，在秘術層面上是指運用能量來改變事物在物質層面的狀態。紫羅蘭神聖光射的作用，就是轉化和改變事物在物質層面的形態。然而，更準確地說，紫羅蘭神聖光射其實是改變／轉化事物在「以太層面」的形態，因為以太層是物理層的藍圖；當以太層的事物改變了，物理層的事物都會改變。這就是為什麼紫羅蘭火焰經常被用來轉

化能量堵塞，因為其擁有紫羅斯蘭神聖光射的「蛻變」能量特質。

　　紫羅蘭光射是一個非常神奇的工具，因為它是眾多光射之中唯一一道直接能夠轉化身體症狀的光射。不過在這裏要留意的是，身體中的能量堵塞的成因往往並不是由於能量堵塞本身。你的身體其實是你個人意識的一個顯化。因此，假如你的身體中某個部位出現了症狀，這很大程度反映出你內在出現了失衡的狀況。假如你的右腳受傷了，這反映出你內在的陽性能量無法自由流動，導致你在事業上無法前進。這時候，除了使用紫羅蘭神聖光射，你還需要找出導致你事業無法前進的原因，並進行適當的療癒（例如：使用第一道神聖光射）。

　　另外，需要留意的是，紫羅蘭神聖光射的現任大師為波爾霞女士（聖哲曼大師的雙生火焰），聖哲曼大師現在為 12 道神聖光射的至尊大師（MahaChohan）。因此，如果你需要使用紫羅蘭色神聖光射的協助，可以請波爾霞女士幫忙。

第八道神聖光射

圖 20.9 碧綠色神聖光射的光語曼陀羅

　　第八道神聖光射是一道碧綠色的神聖光射，這道光射的能量特質是「澄明之心與洞察力」。這道光射可以幫助我們恢復澄明的心智，從而提升我們的洞察力。

　　碧綠色的神聖光射是最後 5 道神聖光射的第一道光射。12 道神聖光射中的最後 5 道光射，都是與揚升或者啟蒙有關的光射。而第八道神聖光射的意義，就在於淨化我們的心靈和靈性身體，讓我們的高我可以在沒有壓力的情況下融入我們的身體。如果我們的靈性身體中充滿能量堵塞，我們的高我作為較高維度的存在要進入我們的物質身體就會變得非常困難。

　　所謂「澄明的心」，是指一個清澈、明亮的心靈，就像清水一樣沒有任何雜質。澄明的心是提升洞察力必備的條件。因為如果我們的腦海裏充滿雜念，那麼我們就不能有效地洞察我們的內在和在靈性世界正在發生的事。若我們想要恢復澄明的心，我們就需要清洗我們的靈性身體。如果在我們的靈性身體中出現一些負面情緒、思維和能量，我們的思緒就會非常混亂，令我們的洞察力下降。碧綠色神聖光射可以幫助我們移除在靈性身體上的負能量，療癒能量身體的堵塞，讓我們回歸最天然、澄明的狀態。

　　這道神聖光射是由第四、第五和第七道神聖光射組成的能量；因此，它具有以上 3 種光射的所有療癒效果。然而，碧綠色神聖光射與紫羅蘭神聖光射所提供的淨化並不一樣。紫羅蘭神聖光射的「轉化」能量是以「療癒」作為目的的；而碧綠色神聖光射所提供的「淨化」能量是以「揚升」作為目的的，由於碧綠色神聖光射的療癒在顯化成物質身體的「痊癒」的時間上較紫羅蘭神聖光射慢，因此可能沒有那麼快見到效果。

　　雖然這道光射沒有其他光射那麼快看到效果，但卻是一道非常有用的光射。這是由於，這道光射是一道可以把厄運轉化的光射。所謂的「厄運」，其實就是指你創造出一些你表面意識不希望看到或者不符合你的靈魂最高使命的事情。為什麼你會創造出這樣的事情呢？很

大程度上都是由於你的各個靈性身體中充斥著堵塞。假如你的靈性身體中存在著一些與關係有關的堵塞（例如：星光體中與人連結的部分出現阻塞，你就會顯化出不美滿的關係。你可能會感覺與伴侶或者朋友很難相處、或者你跟朋友永遠無法聊得起來）。因此，這道光射的主要功用不在於療癒一些可見的身體狀況，而是療癒一些我們看不到的靈性堵塞。

　　這道光射的大師是娜達女士，她是薩南達大師的雙生火焰，曾經在耶穌時期轉世為抹大拉的瑪利亞，她是一位非常擅長淨化靈性身體的揚升大師。

第九道神聖光射

圖 20.10 洋紅色神聖光射的光語曼陀羅

　　第九道神聖光射是一道洋紅色的神聖光射。這道神聖光射的特質是「平和與勇氣」。這道光射是一道可以幫助我們創造內在和諧以及增加自信的光射。

在應用的層面，這道光射是一道打破二元對立的光射。當你把這道光射下載到你的意識中，你的意識就會超越二元對立，進入一元意識。在這個意識中，你與其他人並沒有任何分別，你的世界將會超越對錯、善惡、正邪的二元對立。這道光射亦可以幫助你平衡內在的陰陽能量。

這道光射是一道靈修期間非常重要的光射。這是由於，當我們迷失於這個物質世界，我們很多時都會陷入「批判思維」的陷阱。我們會批判別人的缺點，認為某類人是「廢物」、「垃圾」，不值得我們尊敬。靈修的人甚至會把自己和其他靈修者進行比較，認為自己比其他靈修人士的修為高或低，但此舉卻反映你並沒有完全領悟宇宙一的法則的道理。我們經常忽略了其實在宇宙大意識中，所有人都是平等的。即使一個人十惡不赦，神仍然會愛他。既然如此，那又還有什麼好批判呢？當我們使用這道光射時，我們就能超越這種二元對立的意識。又或者從另一個角度，一個十惡不赦的人，他的靈魂在另一個實相中有可能是一位大慈善家；而正站在道德高地批判這個人的「好人」，可能在另一個實相中是一個邪惡的存在。從這個角度看，我們真的有批判別人的必要嗎？每個人內在都有善惡的面向，我有、你也有。既然如此，又有什麼好批判呢？當你的認知超越這個物質實相，你就會明白到每一個靈魂都是美好的。即使你現在看見的這個「靈魂面向」不是太好，也不代表其靈魂是壞的，這只是他的靈魂選擇在這個實相中顯化的狀態而已。

藉著超越二元對立，這道光射就可以進一步促進我們的「內在覺知」。當我們進入第四啟蒙階段時，我們需要經歷菩提體完全融入物質身體的過程。然而，在開始這個階段之前，我們必須要對自己的靈魂有相當的認識。我們需要更了解自己的靈魂，知道自己靈魂的特性，避免有錯誤和破壞性的理解，這樣我們才能讓高我主導我們的人生。

當我們持續使用這道光射，我們就可以增加我們跟我們的本源／靈魂／高我的連結，增強我們的內在力量。在靈修的道路上，我們經

常會遇見一些嘗試降低我們的頻率的負面存有，這些存有可能是我們所稱的「負面勢力」，也可能是我們的心魔。在面對這些事情時，我們經常嘗試向外尋求治療師的協助。然而，其實最能夠對抗負面勢力的，並不是你找的治療師有多厲害，而是你自己的內在力量有多強。這是由於，這些存有非常喜歡找一些內在力量不強大的人來攻擊，因為這些人並沒有足夠的勇氣和力量反抗。

　　洋紅色神聖光射的大師是瑪利亞女士，她是耶穌的媽媽，同時也是第五道神聖光射的守護天使大天使拉斐爾的雙生火焰。

第十道神聖光射

圖 20.11 金色神聖光射的光語曼陀羅

　　第十道神聖光射是一道金色的神聖光射，其能量特質為「顯化豐盛成功」。在應用的層面上，這道光射是一道顯化「豐盛」和「成功」過程的光射。然而，這道光射並非是一道直接創造豐盛或者成功的光射，而是透過豐盛的心靈來創造豐盛的光射。

　　當我們使用金色神聖光射時，這道光射需要創造一個能夠讓豐盛能量流動的心靈。這是由於，如果一個人的心靈不豐盛，腦海裏滿是批判、懷疑和抱怨，我們就無法創造豐盛的人生。由此可見，創造豐盛的第一步，就是擁有一顆豐盛的心。

　　因此，當我們使用這道光射時，這道光射首先會促進我們的心靈豐盛，移除一切令我們豐盛能量失衡的能量。例如：自我懷疑、批判、二元對立、拖延、不自愛等內在活動。這些內在活動雖然看似與豐盛沒有關係，但卻會令我們心靈上感到焦慮、缺乏自信。因此，這道光射第一步會先促進心靈豐盛。而在這個過程中，被療癒者必須要願意面對自己的內在陰暗面，願意承認自己的過失。事實上，有批判心、自我懷疑並不是過失，因為在宇宙的角度並沒有對錯。然而，我們卻會因為面子而沒有面對自己的勇氣。

　　在豐盛的心靈中，能量能自由流動。這時候，你就能促進物質上的豐盛和成功。你可以把這道光射的能量配合梅爾卡巴來促進你的目標或宇宙訂單的顯化，讓你可以達至「成功」。這道光射是一道「顯化豐盛」的光射，可以讓一切的願望成真！

　　這道光射的大師為仙女星系大師（Master Andromeda）和毗舍女士（Lady Vessa）。這兩位都是來自仙女星系的揚升大師，並且與位於天狼星的白光兄弟會一起守護這道光射。這兩位女性揚升大師會跟另外一位不公開的男性揚升大師一起平衡地球的陰陽能量。

第十一道神聖光射

圖 20.12 桃色神聖光射的光語曼陀羅

　　第十一道神聖光射是一道桃色的神聖光射，其能量特質為「神聖目的」。在應用層面上，我們多數會運用這道光射來讓靈魂的神聖力量、潛能和愛得到彰顯。

　　我們作為神聖而獨一無二的靈魂，來到地球的目的就是彰顯和體驗神聖。然而，很多時因為我們在地球迷失了，我們的生活被我們的物質意識主導了，於是我們的神聖就被埋藏到心靈的深處。這就是為什麼有些人會說生活就像「行屍走肉」一樣，因為他們並沒有彰顯他們內在的神聖，而只是為了自己的物慾、生計而幹活。然而，內在的神聖並不一定是與靈性有關的。可能你的神聖是當一個健身教練（幫助人練成健康的物質身體）、可能你的神聖是成為一位幼稚園老師（孕育下一代）。你的神聖是什麼並不重要，重要的是你知道自己正在為地球人類的健康和美好生活作出貢獻，正在為地球人的未來和揚升的事工做準備。而第十一道神聖光射正正就是幫助你把這些神聖面向顯化出來的神聖力量。

　　如果我們可以把內在的神聖彰顯出來，我們的人生將會有翻天覆地的改變。然而，這個過程卻極度需要你的行動力。因為現在我們所說的，是把我們的神聖面向落實奉行於人間。所以，我們必須要透過行動才能把神聖彰顯出來。然而，我們的小我（Ego）卻會在這時候卻步，因為他害怕改變，他不知道如果你彰顯自己的神聖之後，你會面臨什麼挑戰。你現在的朋輩可能會因為不認同你的靈性道路而批判你，你的家人也可能會拒絕接受你，你的小我非常害怕這些事情，因此他可能會使你懶惰，安住在舒適圈中。然而，這對於靈修而言卻不是最有利的。

　　不過，當你能夠完全把你的神聖彰顯出來，你所感受到的是來自靈魂的喜悅。這是由於，你的靈魂終於能夠在地球發光發亮了！因此，這道光射其實不只是一道彰顯神聖的光射，同時也是一道能夠為你帶來來自靈魂心底裏的喜悅的光射！

　　這道光射的大師是觀音上師。觀音上師是亞洲社會耳熟能詳的揚升大師。根據神智學的奧秘教導，她是第四道神聖光射的天界佛（阿彌陀佛）的在地化身（釋迦牟尼佛）的輔助者，也是阿彌陀佛的一個「化身」。她本身是第四道神聖光射的一部分，但現在成為了第十一道神聖光射的大師，幫助我們把內在的神聖彰顯出來。

第十二道神聖光射

圖 20.13 蛋白變彩色神聖光射的光語曼陀羅

第十二道神聖光射是一道蛋白變彩色的神聖光射，這道神聖光射的能量特質為「形態轉變」。第十二道神聖光射是前面所有光射的綜合體。假如第零道神聖光射是起點，那麼第十二道神聖光射就是終點。

蛋白變彩色神聖光射是一道有關「形態轉變」的光射。這道光可以有兩種不同的應用層面。一、用作在靈性世界中變貌或隱身；二、在物質世界上促進某些個人的改變。

在靈性世界的變貌或隱身方面，當我們進行一些與負面存有或阿努納奇相關的光工作時（例如：網格工作或處理靈性干擾），為了保護自己，我們可能需要在靈性的維度中隱藏自己。而在靈性維度中，隱身的方式就像變色龍一樣，把自己的能量場的頻率融入周圍環境的頻率中。在這時候，我們就需要第十二道神聖光射的「變貌」特質，

讓我們的氣場變成與周圍環境一致的頻率。這是一道對於光工作而言非常好用的光射。

　　另一方面，蛋白變彩色神聖光射還可以促進生活上的改變。當你希望自己作出一些改變時，你可以邀請蛋白變彩色神聖光射幫忙。不過，即使蛋白變彩色神聖光射可以促進改變的過程，但能夠落實執行改變過程的人只有你自己。你並不能安坐家中的梳化看著電視什麼都不做就期望可以改變；你亦不可能期望不斷重複同一種生活模式能夠帶來不同的結果。改變，是一個需要掙扎、向上爬的過程。你必須要面對自己過去的舊有思維模式。如果你希望創造豐盛和幸福的人生，第一步是要改變自己過去悲觀、消極的思維。你不能期望靈氣、催眠或者任何身心靈療法可以直接幫你刪除這些思維模式，因為你必須要自己願意面對這些思維。你不應該依靠任何人來改變自己，因為你才是你人生的主角！你才是你自己的內在權威！這道光射只能給你改變的機會、讓你有面對負面信念、舊有思維的機會，但把握機會的責任仍然在你自己身上。因此，在使用這道光射時必須要留意這一點。

　　蛋白變彩色神聖光射的大師為雅典娜女士。雅典娜是一位希臘女神，她是一位非常強大的揚升大師。雅典娜女士非常擅長進行靈性療癒，她可以迅速找到任何業力或者負面狀況的核心問題，並讓我們注意到這些問題癥結以轉化它。

　　除了雅典娜女士之外，默基瑟德（我們的宇宙理法）和彌勒佛都同樣在守護著這道光射。要留意的是，這裏所說的默基瑟德並非聖經的默基瑟德，而是當上宇宙理法的天界默基瑟德。而這裏所說的彌勒佛，則與佛教所說的是同一位。不過，根據神智學的教導，其實他同時也是我們的「行星基督」，是在耶穌生活最後 3 年進入耶穌身體（Overshadow）與耶穌的靈魂一起宣揚靈性訊息的揚升大師。

與神聖光射工作

　　神聖光射是來自神聖本源的恩賜，它們也是我們揚升路途上的夥伴。當你需要它們時，你可以直接觀想你想使用的光射的光語曼陀羅。不過，正如在上文所說，它們不一定會以光射的形式出現，而可能會配合一些幾何（如：八面體）、工具（如：針劑）或者其他科技出現。在這裏，我建議大家不要批判其出現的方式，要信任宇宙和光射本身，它們都知道在那個情況我們需要如何使用光射，才能創造出最佳的療癒。因此，信任你看到的畫面，容許神聖光射以不同的方式參與你的療癒。

5

星界的靈魂療癒

第二十一章
靈魂療癒之旅：
我是如何成為一位療癒師的？

我如何踏上靈魂療癒之旅？

　　療癒是我踏上靈性旅途的起點。我本身是一位催眠治療師。雖然我所學習的催眠療法中也涉及到一些身心靈的元素，然而我卻從來沒有想過會成為一位靈魂療癒師，也從來沒有想過自己會接觸到自己的指導靈。我本以為，我對身心靈的認識將止於身心靈的催眠治療。

　　可是，後來我遇到了一位通靈師。在好奇心驅使之下，我跟他預約進行了一次氣場掃描。然後，他告訴我，我身上附有 3 隻能量寄生物。我當時對其他維度的事物認識並不深，也不知道什麼是能量寄生物。經過他的解釋之後，他帶我走進了能量的世界，讓我認識到什麼是能量治療。當時我想向他學習，可是他卻拒絕了。當時我不知道為什麼，但現在我知道了，因為如果我當時向他學習，就無法經歷之後的事情。

　　在幾個月後，我認識了一位來自歐洲的療癒師。原本這位療癒師打算來香港，可是後來因為一些原因他無法來港。儘管如此，我的直覺卻告訴我要自己飛到歐洲跟這位療癒師見面。我當時仍然在求學階段，要離開香港並不容易，而且隻身走到歐洲這麼遠的地方對一個學生而言並不簡單。可是，宇宙不斷提醒我必須去做這件事，於是我便買了機票，在學期完結時飛到歐洲與這位療癒師見面。

　　當我跟這位療癒師見面時，我隨即向他請教很多有關能量寄生物的專門知識，另外我也向他學習了很多有關療癒、意識、能量等各方面的智慧。他替我處理了我身上的能量寄生物和各種以太植入物，教導我如何連結天使、揚升大師和星際家人等等。在這一次旅程之後，

5

我便開始逐漸向世界各地的療癒師和靈性老師學習，正式踏上靈魂療癒師之路。

當我回到香港後，偶然在一次跟兩位朋友的飯聚中談及我正在學習的靈性療法。然後其中一位朋友說她長期有心悶的問題，希望我看看能否處理。這是我第一次運用靈性方法進行療癒，因此我便抱著一試無妨的心態進行了第一次的靈魂療癒。

當時我合上雙眼，感受一下她心口的能量，我發現這種憋悶感是一種鬱鬱不得志的能量。於是我便詢問她是否有一些事情想做但做不了，然而她卻否認。於是，我便推斷這是從另一世帶過來的問題。於是，我便追溯這種鬱鬱不得志的能量，追溯到這個問題的源頭。這時候，我看到她在另一世是一位麵包店太子女，然而她並不希望屈膝於這間細小的麵包店，可是因為這是家族生意她無從選擇。我告訴她她有過這一生的經歷。她說當我告訴她時，她便開始看到這些畫面。可是，來到這裏我便停了下來，因為我並不知道這種情況該如何處理。

在這時候，我腦海裏出現了一把聲音：用這個！然後我腦海便出現了一個幾何圖形。我詢問：究竟我該如何使用這個圖形？然後我腦海裏的聲音回答：把這個幾何放在那個鬱鬱不得志的女孩的心輪。於是我便向我的朋友形容這個幾何的樣子，並告訴她把這個幾何放進那一世的她的心輪中。隨著她把這個圖形放進去，我看見這個圖形順時針旋轉，並開始釋放一些光碼到那個女孩的身體，最後還炸成碎片融入那個女孩的光體。之後，我便引導我的朋友與這塊靈魂碎片融合。

然後，我立即詢問我的朋友，你心口的鬱悶感還存在嗎？她說鬱悶感已經消失了。之後兩個月我都有定期詢問她，她仍然告訴我鬱悶感已經消失了。就在這次經歷之後，我便開始明白如何與宇宙意識連結進行療癒。當時腦海裏的聲音是來自宇宙的聲音，而那個幾何圖形則是一個代表著「無條件的愛」的幾何。透過把這個幾何放在心輪中，可以幫助她連結無條件的愛，從而淨化一切的負能量。這就是我第一次順隨宇宙的指示進行療癒，運用靈性力量進行治療的經過，也是成為靈魂療癒師的開始。

超越空間限制的遙距療癒

　　自從這件事之後，身邊便開始越來越多讓我練習療癒的機會。有一次，我跟一位朋友交談期間，我的朋友告訴我她表姐身上起疹，每個月都需要做手術切除，但每個月都會復發。可是，她表姐身處內地，而我卻在香港，加上她表姐並不相信這類事情，她問我這樣是否仍然可以進行療癒。對於這次療癒，我並沒有太大的信心，畢竟遙距療癒聽起來實在匪夷所思，然而我當時卻在想：最多都只是失敗，應該不會有什麼壞後果。於是我詢問了她表姐的高我以獲得為她療癒的許可權，然後便開始進行療癒。

　　我在靈性維度之中連結她表姐的能量。在其能量場中我看見起疹的位置有一團黑氣。我看著那團黑氣，但我再一次不知如何做。然後，我再一次聽到宇宙的聲音，告訴我：用愛去淨化這些能量。於是，我便敞開我的心，把無條件的愛傳送到她光體上的黑氣。我看見黑氣逐漸縮小，但縮小到某個大小之後便沒有任何變化。於是我再詢問該如何做，然後我便被告知我需要療癒來自他世的創傷。於是我進入了她的前世修復了靈魂碎片。可是，那團黑氣還沒有完全消失。

　　在這時候，我開始感覺到嘴巴開始自動說出光語。我感覺到我需要向著那團黑氣傳輸這些能量，於是我便向著那團黑氣說光語，直至黑氣完全消失為止。當黑氣消失之後，我便告訴我的朋友療癒完成了。過了幾個月後，我的朋友告訴我她表姐數個月以來都沒有復發，以後也不需要再覆診。

　　這讓我感到很吃驚，一開始我只是抱著一試無妨的心態，試一下遙距的療癒是否真的有效。結果我發現，我在香港做的療癒，在內地的朋友也可以接收到。於是，我便開始為身邊的人進行遙距療癒。

　　後來，我的一位同學跟她媽媽談起我的療癒，她母親有焦慮和抑鬱等的心理問題，於是她便向我求助。我跟她進行了大約 10 分鐘的電話諮詢了解她需要處理的問題，然後我告訴她在療癒期間在床上躺下放鬆便可。於是我便開始進入量子場域進行療癒。當時我看見她的

內在小孩因為被母親責怪在哭泣，這是她現在經歷的一切創傷的源頭。於是，我上前開解她的內在小孩，引導她的靈魂跟內在小孩擁抱，讓她的內在小孩感受到愛，並修復相關的靈魂碎片。

在這一次療癒結束後的第二天，我致電她詢問她有什麼感覺，她告訴我好像放下心頭大石一樣。最神奇的是她告訴我當她昨晚躺下來不久，便開始流眼淚，但她意識並不知道為什麼會哭，只是眼淚不斷地留下來。我向她解釋昨晚我在療癒中看見的事，她便猶如恍然大悟一樣，因為她明白自己為何會哭起來。我當下就知道，她的眼淚是因為內在小孩的創傷得到釋放而出現的。當我在我家進行療癒時，對方不但能夠接收到療癒，還能感受到療癒期間的能量。這讓我感到非常震驚，也讓我對靈魂療癒和遙距療癒更有信心。

自從這幾次經驗之後，我便決定要認真學習靈魂療癒。當我作出這個決定後，就開始遇見不同的星界上師。他們教授我使用各種星界科技和療癒頻率，他們會在我面前示範如何使用這些科技，讓我掌握如何使用這些技術和療法。在我一開始學習靈魂療癒時，有兩位來自大角星的星界上師會在我每次進行療癒時站在我後面，確保我正確地使用這些星界科技（因為錯誤使用這些科技會導致負面的後果），直至我能掌握如何使用這些星界科技。直到現在，這些星界上師仍然在分享各種星界療癒科技，讓靈魂療癒的過程更多元化、更多變化。在這部分中，我會分享一些非常簡單易用的星界科技，讓大家可以一嚐使用星界科技進行療癒的效果。使用星界科技進行的療癒，跟使用靈氣進行的療癒的效果截然不同，你將會體驗到一種非常強大的轉化和能量提升；這是一種截然不同的療癒！

療癒，是其中一種人與生俱來的靈性潛能。我們每一個人都是一位天生的療癒師，只是我們忘記了而已。現在，當我們校準了身體的神聖幾何、下載了 12 道神聖光射的光、啟動了我們的梵化身光體；下一步，我們就可以嘗試把我們的靈性潛能釋放出來。我們經歷了這麼多才能夠啟動梵化身光體，激活我們的靈性潛能，我們是時候看看我們努力的成果了。在下一章，我將會分享一種我稱為「靈魂療癒」

的療法，這是一種可以在瞬間產生改變的療癒方法。你可以透過這些方法為自己進行療癒，讓自己回歸純粹的光和愛的狀態，而不會被創傷性事件產生的負面情緒影響你的頻率，讓自己保持一個充滿生命力的狀態。各位準療癒師，大家準備好了嗎？

第二十二章
療癒靈魂的創傷：
修復靈魂碎片

　　靈魂療癒，是一種從多次元角度解決生活問題的方法。無論你面對的是健康問題、財富問題、關係問題還是靈界相關的問題，靈魂療癒都可以為你轉化問題背後的靈性原因。而我發現在大部分情況下，導致我們的人生出現問題的主因，都源自於我們過去甚至過去世所經歷的創傷。而在進行療癒時，其中一個最重要的步驟就是療癒過去／過去世的創傷。

　　當我們經歷過一次創傷，這個創傷為我們帶來的負面情緒所產生的負能量就會累積在我們的光體中，不斷被顯化出來。打個比喻，我們曾經被伴侶背叛，我們內心就會有「被背叛」的能量。而如果這種能量沒有被清理，這種「被背叛」的能量就會不斷被顯化成「被背叛」的實相，導致你體驗「被背叛」的情境。這就是負面事件出現的原因，因為你內在存在相關的能量。然而，如果你轉化了當時「被背叛」的創傷，這種創傷就會因為其源頭被療癒而消失，從而令你不會再體驗相關的實相。你可能會問：究竟療癒師是如何轉化這些創傷的呢？關鍵就在一個被稱為「量子場域」的空間中。

量子場域：療癒發生的地方

　　量子場域，是量子物理學家對物理宇宙背後的本源場域的稱呼。這個場域之所以這麼重要，是由於宇宙萬物都是由這個場域所顯化的，這個場域是一切萬有的源頭。如果我們從量子物理學的角度理解這個宇宙，物理宇宙的一切萬有在量子場域中其實都是一組又一組的「信息」（Information），這些信息在量子場域的層面一直影響著物

理宇宙中一切萬有的存在狀態[24]。假如我們的物理宇宙是一個網站，那麼量子場域就是網站背後的作業程式，而量子場域中的信息則是網站背景作業程式中的程式碼。

在進行靈魂療癒時，療癒師會透過轉換意識狀態進入量子場域，透過這個場域了解外在實相中發生的事情背後的量子信息。透過這個方法，我們可以知道某事情發生的背後原因。以前文的例子為例，當一個個案因為經常重複被伴侶背叛而感到絕望的經歷而向靈魂療癒師求助時，靈魂療癒師會首先進入量子場域，在量子場域的層面讀取有關這些事情的量子信息，了解為何個案會重複顯化相同的實相。有可能這個問題不斷出現是源於他第一次被背叛的創傷，也有可能來自前世，也有可能來自原生家庭的影響。無論這件事發生的原因是什麼，我們都可以透過讀取相關的量子信息了解事情背後的實相。在量子場域中，一切真相都會大白；因為量子場域是一切萬有的源頭，一切萬有都是由量子場域顯化出來的。

在科學上，量子場域是解釋物理學現象的理論。在這個場域中，事物與事物之間沒有任何分別，一切萬有會融為一體成為一個單純的信息場域[25]。量子場域是一切萬有的源頭；當中的「一切萬有」除了指我們的物理宇宙，同時也指我們的意識。我們的意識，其實也源自於量子場域。因此，讀取量子信息的關鍵，就在我們的意識之中。只要我們能夠轉換我們的意識狀態，我們就可以讀取量子場域中的信息[26]。自古以來，有很多靈性修行人士都形容過自己在冥想狀態中進入了一種與萬物合一的境界，有些人稱這種感覺為「天人合一」，有些人稱這種感覺為「無我」，有些人稱這種狀態為「梵」。其實，這些人之所以會感覺與萬有合一，是由於他們的意識校準到量子場域，因此他們感覺時間和空間都不存在，與一切萬有融為一體。他們對那

---

[24]　喬·迪斯本札著，謝宜暉譯：《未來預演：啟動你的量子改變》（台南：地平線文化，2016年），頁42。

[25]　同前註，頁41。

[26]　同前註，頁60。

種狀態的描述，跟現代科學家對量子場域的描述非常相似。個人認為，其實古代的修士和現代的科學家都在用不同的角度描述量子場域，只是現代的科學家會以科學儀器和探測器探索這個場域，而靈性修行人士則是從意識的層面探索這個場域。

靈魂療癒的原理，就是透過量子場域了解問題發生的背後原因，然後在量子場域中轉化導致問題出現的量子信息。當這些量子信息被轉化之後，由於網站的背景作業程式被修改了，因此其顯化出來的網站就會變得不一樣。你可能會問，我們可以如何改變量子場域中的信息呢？在量子物理學的理論中，人的意識有能力參與在量子場域的活動中，甚至可以改變量子場域裏的量子信息，從而影響物理宇宙的事物[27]。換句話說，只要你明白人類意識與量子場域之間的互動原理，你就有能力在量子場域中產生改變，把當中的量子信息改寫。這就是靈魂療癒一直在做的事。量子場域，是一個蘊藏無限可能的場域；只要你能善用這個場域，你就可以在你的人生創造戲劇性的轉變。這也是為什麼靈魂療癒是一個沒有限制的療法的原因；因為療癒發生的地方 —— 量子場域是一個沒有任何限制、蘊藏無限可能的空間。

除了透過量子場域改變物質實相中的事物、達到療癒的效果，我們還可以透過量子場域做到很多其他事情。這是由於，量子場域除了是我們所在的物理宇宙的源頭，同時也是其他維度、宇宙、其他多重實相和所有一切萬有的源頭。因此，我們可以透過量子場域進入其他維度、其他實相，甚至進行星界穿越。因此，假如我們的問題起源於我們的靈魂在其他實相中的靈魂面向（即大部分人所說的「前世」）的情緒鬱結/創傷，我們也可以透過量子場域進入其他實相進行療癒。這也是這一章我們會重點分享的療癒方法。

如何進入量子場域？

有很多人問我：療癒師可以如何進入量子場域呢？事實上，**我們無法也不需要進入量子場域，因為我們本身就身處量子場域之中。量**

---

[27] 江本勝著，長安靜美譯：《生命的答案，水知道》（台北：如何出版社，2022 年）。

子場域是一種無處不在的場域，我們正在呼吸的空氣、我們的身體、我們的意識，甚至我們正在居住的家、我們的生命全都是由量子組成，**我們就在量子場域之內**，只是我們的五感無法察覺而已。因此，我們的焦點不應該放在「如何進入量子場域」，而是如何讓自己能夠「讀取」量子場域內的訊息。

其實，我們每天晚上都會進入量子場域。在睡覺時，我們的腦電波會變慢，由 β（Beta）波進入 δ（Delta）波。當我們的腦電波變得越來越慢時，我們的意識就會開始對量子場域內的訊息越來越敏感。要記住，量子場域是一切萬有的源頭，我們本身就已經在量子場域中。只要你能夠轉換你的意識狀態，就能讀取量子場域中的訊息。

當我們腦電波變慢時，我們的意識會逐漸校準到量子場域，這也是我們為什麼會發夢的原因。夢境，其實是一些在量子場域中的各種實相。當我們睡覺時，我們的意識就會隨意被吸引到不同的實相中。有時候，我們甚至會同時進入多個實相（即同時發多個夢），但我們的大腦會把這些故事串連成一個單一時間線上的故事，因此我們有些夢會突然轉換場景。有時候，我們會進入一些將會在現實世界被顯化出來的可能的實相（Possible Reality），這些就是所謂的「預知夢」。

言歸正傳，當我們的腦電波放慢時，我們就會進入量子場域。因此，在量子場域中創造療癒的方法就是放慢自己的腦電波，即「靜心冥想」。在睡覺時，我們的腦電波會進入 θ（Theta）波至 δ（Delta）波狀態。可是，在這個狀態中我們會很容易睡著，因此進行靈魂療癒時我們最好就是進入 α（Alpha）波至 θ 波狀態。在這個狀態中，我們既可以讀取量子場域中的訊息，也可以保持清醒的頭腦。如果是訓練有素的靈魂療癒師，可以在非常短的時間內進入這種狀態。（有關腦電波的主題，我們會在第三十一章詳細解釋）

有很多人在冥想中，會經常看到一些不同的畫面。可能會看到自己在看電視，甚至看到自己進入了電視節目中，或者一些完全沒有邏輯的畫面。其實，這些是當你進入量子場域後，未能完全控制自己在

量子場域中讀取什麼訊息所致。換句話說，如果你曾經試過在冥想中看見沒有邏輯的畫面，那恭喜你，代表你已經成功進入量子場域了！

　　然而，為什麼有些人非常努力冥想，但卻無法讀取量子場域的訊息呢？最主要的原因，是因為意識無法與該場域共振。我將會在這裏分享一個冥想方法，幫助大家跟量子場域共振。

靈性修習 7
進入量子場域

1. 閉上眼睛，深呼吸 3 下。

2. 慢慢放鬆全身的肌肉。

3. 觀想在頭頂上方 6 寸的位置出現一個逆時針轉的金色漩渦。

4. 觀想這個漩渦中間出現一點白光。

5. 這點白光開始向你的頂輪垂垂下降。

6. 你的頂輪慢慢打開，迎接這道白光。

7. 這道白光由頭到腳填滿你全身每一個細胞、每一個器官、每一個部分。

8. 這道白光開始慢慢往你的身體外擴張，並在你身外形成一個直徑大約 3 米的白色光球。

9. 這個光球開始繼續慢慢往外擴張，一直擴張至無限大。

10. 你開始感覺自己的身體慢慢融化，與這道光融為一體。

11. 你已經完全與這道光融為一體。

12. 在結束療癒時，觀想頂輪慢慢像花朵一樣閉合。

　　當你完成這個冥想後，你就已經正在跟量子場域共振。這是一個重要的練習，因為這是開始靈魂療癒的第一步。當你練習得越多，你的意識跟量子場域的共振就會越強。最終，你可能會發展到不需要這個練習也可以跟量子場域連結的地步。

前世療癒

　　當你進入了量子場域後，第一件要做的事就是找出問題的成因。在大部分時候，我們的問題都源於前世所累積的負能量。因此，通常在靈魂療癒中，我們都會透過前世找出問題成因。在這一章，我們會分享如何找到導致負能量的前世，並轉化那些負能量，透過轉化過去的「因」，改變今日的「果」。

　　由於在量子場域中並沒有時間，因此所有的前世都在量子場域中同時存在。換句話說，他們並不算是我們的前世，而是我們靈魂在其他時空的「靈魂面向」。在量子場域中，我們可以透過連結我們的他世，找到問題的根源。靈性修習 8 為連結導致問題出現的前世的步驟。

靈性修習 8
解讀前世因果

1. 進入量子場域（靈性修習 7）。

2. 觀想一個直徑 3 米的迷彩白金色光球包著自己（這個光球會過濾所有嘗試偽裝成你其他靈魂面向的負面存有，避免你跟負面存有連結）。

3. 發出指令：請我所有來自不同時間點的靈魂面向來到這裏。

4. 你會開始看見大量來自不同時間點的你出現圍繞著你成一個圈，當中會有穿著不同衣服、不同年齡、不同膚色的人來到面前，這些全都是你的前世。

5. 發出下一個指令：請導致 xxx 問題出現的靈魂面向踏前一步。
   * 你可能會看見多於一個靈魂面向踏前，這是正常的。

6. 上前詢問這些踏前了的靈魂面向發生了什麼事。

7. 留意你接收到的訊息。
   * 你可能會聽到聲音、看到畫面、直覺感覺到發生什麼事，任何形式的資訊都可能會出現，你並不一定會看到畫面。

在知道前世發生過什麼事之後，下一步就是進行療癒。療癒前世的竅門，就是修復在當時經歷創傷時所遺失的「靈魂碎片」。

靈魂碎片

靈魂碎片，是指我們潛意識所否定的靈魂面向。當我們否定我們自己時，我們靈魂被否定的那部分就會離開其本體，停留在其所在的實相中，而那個實相通常都是一個與創傷有關的實相。打個比喻，你被你的男朋友／女朋友甩了，你覺得自己很不中用，連一個人也留不

住；同一時間，你希望你跟她從來沒有分手過，你希望這件事沒有發生過，你不願意接受這個事實。這些想法都會導致你經歷那個創傷的靈魂面向被否定。而由於你的心是一切的創造者。當你不願意接受正在經歷這個實相的靈魂面向時，你這部分的靈魂面向就會被你的意識推出去，停留在這個實相當中，而成為我們所稱為的「靈魂碎片」。

在大部分時候，我們在經歷創傷時，我們都會因為不願意接受現實和否定自己而產生靈魂碎片。當我們所產生的靈魂碎片越多，靈魂的生命能量就會越分散，這樣我們的能量也會越虛弱。因此，你會看過有些人經常沒有精力、氣場薄弱、樣子看上去很累，其實都是因為缺乏生命能量（即靈魂碎片過多導致生命能量分散了）。不過要留意的是，我們的靈魂並不能被分割。靈魂碎片並不代表我們的靈魂被分割，我們的靈魂仍然完整的存在於行星維度矩陣之內。靈魂碎片，只是因為我們拒絕或否定某些經歷或自己的某些面向，導致我們靈魂中的某些部分（這些部分多數是經歷某事件時的自己或被否定的自己）感覺被否定，跟自己斷開連結而產生的「碎片」而已。而整合這些靈魂碎片，是離開行星維度矩陣和揚升的必備條件。這是由於，如果你的能量分散在行星維度矩陣的不同維度，就等同於你的神聖面向分裂了，這樣你將會無法再次成為神聖的靈魂。因此，修復靈魂碎片是靈魂揚升的其中一個關鍵。

在療癒靈魂創傷時，修復靈魂碎片是不可或缺的一部分。當我們經歷創傷後，我們的靈魂碎片就會在量子場域中迷失，不斷重複經歷導致該碎片的創傷性事件。然而，雖然這部分的靈魂跟我們斷開了連結，但卻同一時間一直在影響我們。如果你對量子纏結現象有認識，就會知道如果兩個曾經是一個整體的粒子即使被分隔開，他們仍然能互相影響。換句話說，即使你的靈魂碎片跟你分開了，但其所經歷的創傷仍然會影響你，直至你再次跟那創傷性事件的實相中的他合一為止。

透過上一部分的練習，我們可以知道問題來自哪些前世。現在，我們就可以正式進入療癒的部分。要記住，只要我們轉化當時的實相，我們就可以改變現在的狀況。現在我們要做的，就是療癒當時的自己，並把靈魂碎片帶回家，讓我們用愛去接納過去被自己否定的靈魂面向。

當你知道那個實相發生了什麼後，下一步你就可以運用不同的方法療癒他。我最常使用的方法，是透過基督意識金色漩渦進行療癒。基督意識漩渦是一個來自基督意識之星的金色漩渦。

當我們把這個漩渦放進一個人的能量體中，這個漩渦就會自動把創傷所造成的負面情緒能量收集起來，並把這些能量轉化成光和愛。當我了解到我的靈魂碎片經歷了什麼後，我會發出指令：請「基督意識金色漩渦」來到這裏；然後你就會看到一個類似球形的橫向金色漩渦在你手上出現。在這時候，你可以把這個漩渦放在靈魂碎片的頂輪，然後這個漩渦就會沿著他的中脈向下緩慢地移動，並沿途把身體上下所有的負面情緒、能量全部收集起來和轉化掉。有時候如果能量過於沉重，會來不及轉化，這時候你會看到漩渦中間的黑色能量無法退散。但你並不需要擔心，因為即使漩渦無法轉化這些能量，也會把這些能量收集起來，之後我們把漩渦拿出體外時這些能量也會離開身體。有時候，漩渦會停留在某個位置一段時間，這只是因為那個位置的負面能量較多，只要耐心等待就好了。

當漩渦流動到地球之星的位置（即腳下 6 寸），你就可以把漩渦拿走，在量子場域中想像打開一個藍色的量子隧道（量子隧道是指一條在量子場域中連結著兩個空間的通道，你只需要想像一個藍色漩渦即可），這個量子隧道是通往大地母親核心的量子隧道。然後，你可以說：「請大地母親為我轉化這些負能量。」然後，你可以把這個漩渦丟進量子隧道中，然後關閉量子隧道。這時候漩渦會自動被分解；如果漩渦中有一些無法即時被轉化的能量，也會在這時候被大地母親無條件的愛轉化。這個漩渦是一種專門收集負能量的星界科技、專門用來收集靈魂碎片中的負能量的技術，大家可以好好善用。

現在，你在那個實相的靈魂碎片已經被療癒了。下一步，我們就需要把靈魂碎片帶回家。你可以想像靈魂面向化成光從你的頂輪進入你的身體，跟你合二為一。當他完全融入你的能量體後，你就可以再次關上頂輪，整個靈魂碎片的修復過程就完成了。

要修復靈魂碎片，有時可能只需要 5 分鐘，有時可能需要用上一個小時。雖然這個過程看上去很簡單，但修復靈魂碎片的工作也會因應你當時正在經歷的創傷和你現在正在面對的問題的複雜性而有所不同。有時候，你可能需要修復多塊靈魂碎片才能解決一個症狀；有時候，你可能只需要修復一次。透過修復靈魂碎片，我們可以療癒很多不同的症狀和問題。這是其中一種我最常用的療法，這種療法也曾經創造過很多奇蹟性的療癒。如果你能夠善用這種療法，你的人生將會發生戲劇性的轉變。

靈性修習 9
修復靈魂碎片

1. 解讀前世因果（靈性修習 8）。

2. 把基督意識漩渦放在靈魂面向的頂輪，讓漩渦沿著中央光管道向下移動，收集在不同脈輪、身體部位中的負能量或堵塞。

3. 基督意識漩渦有機會在某個位置停留較久，代表該位置有較多負能量需要被收集。

4. 當基督意識漩渦移動到靈魂面向的地球之星脈輪，則代表所有負能量都已經被收集起來了。

5. 把漩渦拿走，然後在虛空中打開一條藍色的量子隧道，並發出指令：把這些負能量送往大地母親的中心轉化。

6. 把漩渦丟進量子隧道，然後想像量子隧道關閉。

7. 感受靈魂面向還有沒有負面情緒；如有，則重複第二至六步；如沒有，則開始進行第八步。

8. 走上前跟那個已經被療癒的靈魂面向擁抱，觀想他化成光跟你融為一體。

9. 在完成療癒後，深呼吸，然後慢慢張開雙眼。

第二十三章
星界科技：
來自星際的療癒力量

什麼是星界科技？

　　星界科技，是指來自其他維度，或者其他地外文明的以太療癒科技。這些科技是在其他地外文明的生命創造的療癒科技，這些科技可以幫助我們進行各種複雜的療癒。我們所熟知的各種靈氣符號，其實就是星界科技的簡化版。然而，除了靈氣符號，其實這個宇宙還有很多各式各樣不同的科技，靈氣符號只是當中的冰山一角。

　　我最常使用的星界科技，是一張我稱為「Oraphim 水晶療癒之床」的水晶療癒床。Oraphim 是其中一個天國基督種族（Krystal Races），他們是攜帶著 24-30 股基因組合的族群。Oraphim 種族來自第二諧波宇宙，現在正在參與地球的能量網格修復工作。他們的頻率讓人感覺到非常無條件的愛，而且感覺力量很強大。他們所創造的 Oraphim 水晶療癒之床中，含有非常多複式療癒頻率。所謂的「複式」療癒頻率，是指非單一性的頻率。Oraphim 種族對於療癒頻率的應用非常熟悉，因此他們所製作的療癒床具有相當高的療癒成效。

圖 23.1 Oraphim 能量的光語曼陀羅

　　在使用 Oraphim 水晶療癒之床時，我會躺在床上，閉上眼睛，然後觀想圖 23.1 的光語曼陀羅在我下方距離我大約 1 米的位置。這個光語曼陀羅可以幫助大家連結 Oraphim 種族的能量。然後，我會發出指令：請容許我使用 Oraphim 水晶療癒之床為我的光體進行療癒。之後，你就會看見一個 1 米高、2 米長、1 米闊的水晶長方體包裹著你；這就是 Oraphim 水晶療癒之床。

　　當你在這張床中心躺著時，就可以發出指令讓這張床療癒某個特定問題。假如你希望療癒腸胃問題，就跟這張床說：「請你為我療癒我的腸胃不適。」然後水晶療癒之床就會把不同的療癒頻率灌注到你的能量體中。當你感覺療癒完成了，就可以先說 3 聲多謝；然後觀想這張床向下移動，進入在其下方的光語曼陀羅中，再觀想光語曼陀羅消失，結束這次的療癒。

靈性修習 10
Oraphim 療癒之床

1. 躺在床上，閉上眼睛，然後深呼吸 3 下。

2. 觀想 Oraphim 能量的光語曼陀羅出現在你身體下方，然後發出指令：請容許我使用 Oraphim 水晶療癒之床為我的光體進行療癒。

3. 觀想一個 1 米 x 1 米 x 2 米的水晶長方體包裹著你的身體。

4. 發出指令：請你為我療癒我的 xxx 問題。

5. 水晶療癒之床開始發光，能量開始融入你的皮膚、你的細胞。

6. 當你感覺療癒結束後，跟水晶床說 3 聲：多謝。

7. 觀想水晶床向下移動，進入光語曼陀羅之中。

8. 觀想光語曼陀羅慢慢消失。

9. 完成後，深呼吸，然後慢慢張開雙眼。

　　如果你問我什麼是靈魂療癒，我會形容靈魂療癒就像一位靈魂的醫生。一個醫生在遇到病人時，他會先作出診斷，知道病人的疾病是什麼。然後，這個醫生會嘗試找出疾病的源頭，究竟是食了不潔淨的食物，還是被寒氣入侵了？當找到原因後，就要對症下藥。靈魂療癒其實也正在做同一件事。當我們遇到一個問題（無論是財富、關係還是健康），我們會先找到這個問題在量子場域的根源，究竟是來自平行實相（或者前世），還是祖先業力、還是個案遇到了靈界干擾呢？在我們找到問題的源頭後，下一步就是運用星界科技去處理這些問題，這也就是「對症下藥」的部分。然而，就像醫生在不同情況下會使用不同的藥物一樣，我們在不同情況下會使用不同的星界科技和療法。這是由於，每個人的頻率都不一樣，每個人的問題所攜帶的能量

都不一樣。因此，我們不能每一次都使用同一種星界科技進行療癒。有時候，使用大角星科技會比使用天琴星科技更好；但有時候，使用 Oraphim 科技會比使用大角星科技更好。因此，我們需要學會在不同情況下使用不同的科技，以把療癒的成效推到最高。

聖殿療癒

聖殿療癒是另一種在靈魂療癒中常用的療法。有時候，除了星界科技，我也會到不同的療癒聖殿接受療癒。在這個宇宙中，存在著不同的療癒聖殿。這些療癒聖殿就像一些跨維度的診所一樣，是讓靈魂和其他維度的生命在經歷創傷／出現症狀時接受療癒的地方，就像我們生病要看醫生一樣。在這些療癒聖殿中，有一些駐場聖殿療癒師，他們不但熟悉聖殿中的療癒設施，他們本身也接受了非常嚴謹和進階的星界療癒訓練。當我們進入聖殿後，我們可以讓他們用進階的療癒方法為我們進行療癒。

在大部分時候，我都會使用 12D 梅爾卡巴進入不同的療癒聖殿。我很少只使用呈星狀四面體的 3D 梅爾卡巴，因為 3D 梅爾卡巴所能進入的維度空間被侷限在第一諧波宇宙中。換句話說，使用 3D 梅爾卡巴會令我們無法進入 Oraphim 聖殿、Aramatena 中的聖殿等處於維度較高的空間的聖殿，因為進入這些聖殿需要穿過星門，而 3D 梅爾卡巴的頻率無法讓我們穿過星門。

在你啟動了 12D 梅爾卡巴後，你需要做的就是把 12D 梅爾卡巴的能量校準到你想進入的療癒聖殿中。在這裏，我向大家推薦一個在天琴座的療癒聖殿 —— 天琴星星界科技學校，如果你想把 12D 梅爾卡巴的能量校準到天琴星星界科技學校，你可以在啟動 12D 梅爾卡巴後發出指令：「請下載天琴星星界科技學校的能量到我的 12D 梅爾卡巴中！」然後，你就會看見一道幻彩白色的光從天而降，降臨到你的 12D 梅爾卡巴中。這道光會填滿你的 12D 梅爾卡巴。現在，你的 12D 梅爾卡巴的能量會跟這個療癒聖殿共振，在你發出出發的指令後，12D 梅爾卡巴就會自動導航到這個療癒聖殿的門前。

在你感覺療癒聖殿的能量被完全下載到 12D 梅爾卡巴之後，你可以發出指令：「請帶我到天琴星星界科技學校！」然後，你的 12D 梅爾卡巴就會帶著你的光體，離開你的物質身體，向上移動，穿過雲層、穿過大氣層、離開太陽系、穿過無數星星，進入天琴座，進入 Aramatena 星球，降落在一所學校的門前。天琴星星界科技學校是一座非常宏偉的療癒聖殿和星界學校，她的大門有 3 米高，而且非常瘦長，因為 Aramatena 的生命都是比較高和瘦的。你會留意到，我用了「她」而非「它」代指這所學校。對！這所學校並不是死物，而是有生命的。在其他星球中，建築物都不是死物，而是活生生的存在，是偉大的創造。

言歸正傳，當你來到聖殿面前時，我會建議你把迷彩白金色神聖光射的光語曼陀羅放在聖殿下方並逆時針轉它，讓光語曼陀羅由下而上發射迷彩白金色的光照著這所學校。有時候，負面存有很喜歡透過帷幕創造一些假的聖殿，並偽裝成光之存有以欺騙我們讓他們為我們進行療癒，但其實他們會在我們身上安裝木馬程式和修改我們的光體基因。由於迷彩白金色神聖光射是神聖光射在進入地球並且被分為 12 道光之前，神聖光射的原本形態。在這道光中，蘊藏著無限可能，而且具有非常廣泛的頻率。所有 12 道神聖光射的頻率都在這道光射之中。如果我們用迷彩白金色神聖光射由下而上照射聖殿，就可以讓假的聖殿還原。這是由於，療癒聖殿或者木馬程式在不同的頻率下，需要調整自己的頻率以融入周圍的環境隱藏自己，就像蜥蜴一樣。可是，由於迷彩白金色神聖光射的頻率過於複雜，所以假的療癒聖殿和木馬程式很難迅速調整自己頻率以融入這道光射之中。在這種情況下，假的療癒聖殿就會無所遁形。然而，如果用迷彩白金色神聖光射由下而上照射聖殿，而聖殿沒有變形，依舊是光芒四射，那就代表這座聖殿是真的天琴星星界科技學校。

在驗證了聖殿後，你就可以推開門進入這所學校。你會穿過一條走廊，走廊由金黃色的地板和白色的牆壁組成。走廊盡頭會有大量正在移動的樓梯。只要你在這裏告訴聖殿你想療癒的是什麼，通往相關

的「班房／治療室」的樓梯就會自動走到你面前。你可能希望療癒你的肝臟、療癒你的焦慮症、拆除光體中的以太木馬程式等等。這所學校具有多元化的療癒設施，只要你告訴她，她就會為你安排對你而言最好的療癒室和療癒師。當樓梯停在你面前後，你就可以沿著樓梯走。有時候，樓梯是向上的；有時候，樓梯是向下的；有時候，樓梯是螺旋形的；有時候，樓梯是不規則形狀的。我們只需要信任聖殿的決定，沿著樓梯走就可以了。

走到樓梯盡頭，你會看見一道門。只要你推開這道門，走進去，就會進入一個治療室／班房。在這裏，會有不同的療癒科技和聖殿療癒師。接著，你可以運用蛋白變彩色神聖光射驗證你面前的聖殿療癒師是否真的光之存有。有時候，負面存有會混入你所連結的光之存有中，因此即使你進入了療癒聖殿，也要小心留意你所連結的存有。蛋白變彩色神聖光射本身具有「形態轉變」的能量特質，可以幫助我們隱藏自己的氣場或者改變自己氣場的外貌。因此，這道光射也可以逆轉正在偽裝成光之存有的負面存有的偽裝戲碼，讓負面存有以其真實形態呈現在我們面前。我們在這個情況之下之所以會運用蛋白變彩色神聖光射而不是迷彩白金色神聖光射，是由於蛋白變彩色神聖光射是一道「逆轉變貌」的光射，比較適合用來逆轉光之存有、能量寄生物等有機生命體的變貌；而迷彩白金色神聖光射攜帶複雜的頻率，比較適合用來破除療癒聖殿、以太木馬程式等無機物的變貌。當你驗證了聖殿療癒師的真偽後，你就可以跟隨裏面的療癒師的指示，運用這些科技進行療癒。可能你會看見一張水晶療癒之床；可能你會看見一個淨化光體的巨型圓柱體管道；可能你會看見一部與地球的醫學美容射頻機非常相似的儀器。無論你看見什麼，只需要相信你看見的，和跟隨聖殿療癒師的指示接受療癒就可以了。

在療癒結束後，你要做的就是敞開你的心，覺知自己被一個呈星狀十二面體的 12D 梅爾卡巴包裹著。然後，告訴你的 12D 梅爾卡巴：「請把我帶到我的物質身體中！」這樣，你的 12D 梅爾卡巴就會自動帶著你的光體離開聖殿、離開天琴座、進入太陽系、穿過大氣層、穿

過雲層、回到你的物質身體中，你的光體會再次跟你的物質身體融為一體，你將會恢復你對自己物質身體的知覺。

靈性修習 11
天琴星星界科技學校聖殿療癒

1. 啟動 12D 梅爾卡巴（靈性修習 5）。

2. 發出指令：請下載天琴星星界科技學校的能量到我的 12D 梅爾卡巴中。

3. 觀想一道幻彩白色的光從天而降，被下載到你的 12D 梅爾卡巴中，直至能量穩定為止。

4. 發出指令：請帶我到天琴星星界科技學校。

5. 觀想 12D 梅爾卡巴帶著你的光體離開你的物質身體，向上移動，穿過雲層、穿過大氣層、離開太陽系、穿過無數星星，進入天琴座，進入 Aramatena 星球，降落在一所學校的門前。

6. 觀想迷彩白金色神聖光射的光語曼陀羅在學校下方逆時針旋轉，由下而上發出迷彩白金色的光照亮整棟學校。

7. 假如學校出現變形、變黑的情況，那麼就需要立刻發出指令：請把我帶到我的物質身體中；並重複第二至六步，直至到了真正的天琴星星界科技學校，才開始第八步。

8. 推開這道門，通過一條金色地板、白色牆壁組成的走廊，在走廊的盡頭有大量正在移動的樓梯。

9. 停在走廊盡頭，發出請求：請你帶我到可以療癒 xxx 問題的治療室中。

10. 看見一條樓梯停在你面前，然後沿著樓梯前進；在樓梯盡頭，是一道通往能療癒你的問題的治療室的門。

11. 走到門前，推開門，走進去。

12. 觀察門後的景象，連結駐場的聖殿療癒師；觀想蛋白變彩色的光語曼陀羅出現在聖殿療癒師下逆時針旋轉，並由下而上發出蛋白變彩色的光照射聖殿療癒師。

13. 如果聖殿療癒師變形／變黑，則請祂離開，並再次請駐場的聖殿療癒師前來，重複第十二步直至連結真正的聖殿療癒師為止。

14. 根據聖殿療癒師的指示接受療癒。

15. 療癒結束後，向療癒師和療癒聖殿說 3 聲：多謝。

16. 把注意力放在你的 12D 梅爾卡巴中，並發出指令：請把我帶到我的物質身體中。

17. 觀想 12D 梅爾卡巴帶著你的光體離開聖殿、離開天琴座、進入太陽系、穿過大氣層、穿過雲層、回到你的物質身體中，你的光體會再次跟你的物質身體融為一體。

18. 你開始恢復對自己物質身體的知覺，然後深呼吸，慢慢張開雙眼。

在我們的 YouTube Channel「Xylas 揚升科學」中，我們的直播區有很多進入不同療癒聖殿的直播錄影重溫。當中有：古埃及奧秘學校、天琴星療癒聖殿等等。如果你想感受聖殿療癒的威力，可以到我們的 YouTube Channel 看看重溫。

第二十四章
移除能量寄生物：
療癒黑暗的力量

　　大部分的療癒書籍和療癒系統，都非常強調光的次元、愛的維度。然而，卻很少人會提及宇宙的陰暗面，因為提及這類事情很容易觸發人心目中的恐懼，特別是對負面存有的恐懼。可是，我認為我們不應該對這類負面存有避而不談。這是由於**真正的靈性修行必須揉合光與暗兩個面向**。我們每個人都有陰暗面，而每個人都有機會會需要面對負面存有。我們之所以會恐懼這些與負面存有有關的資訊，是因為我們否定自己內在的陰暗面，即我們正在否定自己。接納自己作為一個黑暗的存在，其實跟接受自己作為一個神聖的存在是一樣重要的。我們既是天使也是魔鬼，唯有接納自己的陰暗面，我們才能真正完滿地成長。陰和陽缺少了任何一面，也無法達到真正的合一。唯有陰陽結合，才能證得完滿。因此，在這部分我將會揭露一些宇宙的陰暗面，希望大家能夠從這些資訊中獲得成長。

　　「能量寄生物」這個主題，是我認識能量治療時第一個接觸的主題。我本身是一位催眠治療師；一直以來接受的訓練，都是透過催眠進入潛意識進行療癒。我一直以來學習的方式，都是透過家族治療或者前世回溯進行療癒的。然而，後來我遇到一位能量治療師，他提供一種氣場掃描服務。在他掃描我的氣場時，他告訴我我身上有 3 隻能量寄生物。當時我對能量寄生物完全沒有認識，聽到這個消息之後，我感到非常震驚；因為我從來沒有想過，原來我身上有不屬於自己的「能量體」，這種感覺跟華人俗稱的「鬼上身」感覺非常類似，但我卻完全感覺不到自己身上有其他能量體。後來我才知道，原來不是所有能量寄生物都會對人造成非常大的影響。絕大部分能量寄生物都是逐少逐少在日常生活中影響我們的，可能牠們只會導致我們身體造成

痛楚、可能牠們只會令你脾氣暴躁，但不會造成一般亡靈附身對宿主造成的困擾。這就是為什麼我當時沒有察覺自己身上有能量寄生物的原因。

　　能量寄生物，是一種透過進入人的能量體來獲得食物的存在。這類生物是以一種被稱為「Loosh」的能量作為食物的。Loosh 是一種特殊的負面能量。當我們的能量體出現負面情緒時，就會產生這種能量。如果以霍金斯意識地圖[28]為量度指標，頻率越低，你所產生的 Loosh 就越多，你對能量寄生物的吸引力也越大。這些寄生物可以以各種不同的形態出現，有些是蛇的形態、有些是惡魔的形態、有些是蠍子的形態、有些甚至沒有固定形態，就像煙霧一樣。不同的人被寄生會有不同的症狀。有些人會發惡夢，而有些人則會性情大變。但寄生物的最終目的，就是讓你一直處於「低頻」狀態，讓牠們可以吸食你的 Loosh。以下我想分享 3 個例子，讓大家更了解能量寄生物的運作模式。

一個擁有 6 隻寄生物的人

　　我大學時期有一位朋友。有一天，我跟她如常在大學散步談天。可是，那一天我發現跟她待在一起時很不自在。我當時並沒有特別掃描她的光體，只是感覺她這一天與之前不一樣。例如：說話語氣比較具侵略性，而且經常提起負面的事情，就像一部負能量生產器一樣。就在那一天，她自己發現自己的健康問題非常嚴重，希望我看看其原因。於是，我便掃描她的光體。後來我發現，她身上有 6 隻寄生物。這 6 隻寄生物是從她新公司的辦公室中惹來的。因為這 6 隻寄生物的存在，因此才會令她說話的態度變得不一樣，變得較暴戾。這是其中一種體內有寄生物的現象，就是說話的態度突然轉變和其能量場所釋放出來的能量變得負面了，這也是為什麼我那天跟她在一起時感覺不自在的原因。

---

[28] 大衛・霍金斯著，蔡孟璇譯：《心靈能量：藏在身體裏的大智慧》（台北：方智出版社，2012 年），Google Play 圖書版本，頁 32。

一個脊椎上有寄生物的人

還有一個例子，就是我另一位朋友的經歷。她長期有腰背痛的問題。有一天，我為她掃描了一下她的能量體，發現她的脊椎附有一隻蛇形的能量寄生物。這隻能量寄生物在其脊椎上繞圈盤旋，勒緊了她的脊椎，這也是為什麼她會有腰背痛的原因。然而，當我把這隻寄生物拿走了之後，她的腰背痛問題就改善了很多。有時候，能量寄生物不但會造成精神上的困擾，也會造成身體的症狀。

一束附有亡靈的頭髮

在這裏，我還想再多說一個例子。雖然這個例子並非完全是能量寄生物造成的困擾，但也是一種靈性干擾。

我有一位朋友，她在冬天時到了一間髮型屋駁髮，把自己的頭髮弄長一點。可是，當她駁髮後的第二天晚上，半夜起床去洗手間時突然聽到一把聲音說：「快把頭髮還給我。」當她聽到這句說話時，嚇得她幾個小時都睡不著。於是，她第二天早上告訴我，還說她發了數個奇怪的夢。第一個夢是她在印度市集買豬肉、第二個夢是她在家中被一位陌生男人奪走了她駁下的頭髮。然後她在半夢半醒時還聽到有人告訴她：有人在你心輪中放置了一隻鬼。在她醒來時，她立刻問她的髮型師駁到她頭上的頭髮是從何而來的，結果她的髮型師告訴她是來自印度農村的捐贈。神奇的是，她在知道這個消息前就已經夢見自己在印度買豬肉，這個消息與她的夢境的場景相符。

後來，她把整件事告訴了我，然後我便跟她一起進入量子場域了解事情始末。我跟她一起透過量子場域回到她的夢境，然後我們一起在這個夢境中了解事情的真相。我們發現，原來這把頭髮是屬於一個很久以前的印度女孩。後來，這個女孩因病逝世，她的男朋友太掛念她，於是便把她的一串頭髮剪下來，然後找了一個印度巫師把其靈魂封印在那一束頭髮中，再把頭髮繫於一個人偶上，讓這個附有女孩靈魂的人偶陪伴這個男人。後來，這個男人死後一直徘徊在這束頭髮身邊，而這把頭髮也輾轉來到香港被我這位朋友駁上。

當這把髮絲被接駁在我朋友的頭髮時，那個女孩的靈魂就透過這個連結進入了我朋友的心輪。這也是為什麼我的朋友會聽到「有人在你心輪中放置了一隻鬼」的原因。這句說話是她的指導靈在提醒她。然後，由於那個女孩的男朋友很掛念那個女孩，於是便在夢中嘗試把那些頭髮摘下來。而那句「快把頭髮還給我」其實也是這個男生說的。

於是，我跟她一起療癒了這個問題。我們為那個女孩和她的男友進行接引，讓他們進入他們作為靈體應該要去的地方。然後，我們淨化了頭髮的能量，把所有在頭髮中的能量轉化掉。在期間，我們也需要解除在頭髮上用作綁定女孩靈魂的巫術，以讓那個女生的靈魂可以離開。當我們完成整個過程後，我的朋友說她的頭髮突然之間輕了，沒有那種沉重的感覺。這代表原本附在頭髮上的靈魂已經離開了。

從這件事中，我們看到能量寄生物可以從不同的途徑進入一個人的身體，並不一定是氣場破損才會有能量寄生物。如果駁髮時頭髮上有一些負面存有，那麼那負面存有也有機會會進入你的身體。

能量寄生物是如何進入我們的身體的？

在正常情況下，能量寄生物並不能進入我們的身體。一來，我們的身體外有氣場作為保護；二來，能量寄生物與我們處於不同的頻段，因此牠們不可能進入我們的身體。如果一隻能量寄生物要進入我們的身體，牠就必須要跟我們產生連結。而牠們最常用的方式，就是影響我們的潛意識。牠們很喜歡投射負面想法到我們的腦海裏，令我們的頻率不穩定而容易跌入低頻狀態。當我們跌入低頻狀態，牠們就可以跟我們的潛意識達成協議，從而進入我們的身體。就這樣說可能比較抽象，以下我將會以一個例子說明。

假如有能量寄生物想進入小明的身體。牠首先會做的是找出小明意識中的弱點，通常會以他正在面對的課題為主。假如小明剛剛失戀，那麼他就正在面對戀愛的課題。如果能量寄生物想進入小明的身體，就會不斷投射「你很不中用！你是垃圾！連自己的女朋友也留不住！」或類似的想法到小明的腦海裏。當小明接受了這些想法，他就

會進入低頻狀態，缺乏生命力，而且他的氣場還會散發出非常濃烈的Loosh。在這時候，能量寄生物就可以跟他的潛意識對話，告訴他：只要你讓我進入你的身體，我就能幫助你挽回你的女朋友。要留意的是，他的表面意識未必知道這件事，但他的潛意識會知道。由於他希望盡力挽回他的女友，因此他的潛意識會答應能量寄生物的要求。於是，能量寄生物就能進入他的身體。

在這裏，其實小明已經跟能量寄生物產生了契約。這種契約類似惡魔的契約。在進行移除能量寄生物的工作時，我們除了要移除能量寄生物，還要把個案跟寄生物的契約解除掉。這是由於，如果我們不解除相關的契約，能量寄生物就仍然有進入個案身體的權利。唯有解除契約，才能完全讓能量寄生物離開。

如何移除能量寄生物？

要移除能量寄生物並不是一件容易的事，有時候會很麻煩或者危險。因此，我們需要非常謹慎。在移除能量寄生物前，我們首先要結界自己的環境。因為如果我們在沒有結界的情況下移除能量寄生物，能量寄生物有機會會逃走。因此，我建議大家在移除能量寄生物的環境設置一個閃靈鑽金字塔裝著自己。這個金字塔的底部需要是一個由4個三角形組成的正方形。我們使用金字塔，是由於三角形是一種很強的保護幾何。這一點留待我們有機會時再詳細說明。

當創造了閃靈鑽金字塔後，你可以掃描一下你的光體有沒有任何能量寄生物。通常，我會建議你透過一種被稱為「虛擬光體」的媒介掃描你的光體。虛擬光體的概念，就像巫毒娃娃一樣。巫毒娃娃是一種古代巫術，透過把某人的光體連結到一個稻草公仔上，就可以把我們對巫毒娃娃做的事情傳送到其所連結的人的能量體中。因此，當你創造一個虛擬光體時，把這個虛擬光體跟自己的光體（即能量身體）連結在一起，你就能透過這個虛擬光體知道自己身上有沒有寄生物，也可以透過移除這個虛擬光體上的寄生物，移除自己身上的寄生物。

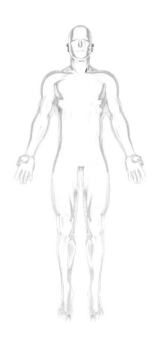

圖 24.1 虛擬光體

　　現在，你可以在閃靈鑽金字塔中創造一個空心的立體透明人形身體，然後對這個立體透明人形身體說 3 次：「我要你跟 xxx（你身份證上的中文全名）的光體連結」或者「你是 xxx（你身份證上的中文全名）的光體」。當你說了 3 次之後，這個虛擬光體就會完全跟你的光體連結在一起；那麼你對這個虛擬光體所做的任何事，都會直接傳送到你的光體中。要記得，在量子場域中時間和空間是不存在的。因此，當你透過虛擬光體進行療癒時，其實等同於你直接在自己的光體上進行療癒，因為這個虛擬光體就「是」你的光體。在我進行靈魂療癒時，如果我要為別人家中的小狗進行遙距靈魂療癒，我就會創造一個空心的立體透明狗形身體作為小狗的虛擬光體；如果我為別人家中的貓進行遙距靈魂療癒，我就會創造一個空心的立體透明貓形身體，作為那隻貓的虛擬光體。

　　在拿了自己的虛擬光體出來之後，我們就需要知道如何掃描寄生物的位置。在這裏，我推薦大家使用蛋白變彩色神聖光射，由於有一

些較進階的寄生物具有隱身的能力，牠們可能會把自己縮小到一個細胞的大小，隱藏在你無數細胞中的其中一顆細胞中。正如我們在第二十三章所說，蛋白變彩色神聖光射可以逆轉有機生命體的變貌，讓光體裏的能量寄生物無所遁形。因此，我們會用到蛋白變彩色的光來掃描光體是否有能量寄生物。

在拿出你的虛擬光體後，你可以把蛋白變彩色神聖光射的光語曼陀羅放在虛擬光體腳下並觀想它逆時針轉，然後觀想蛋白變彩色的光從光語曼陀羅由下而上地照著你的虛擬光體，然後發出指令：請向我展示身上的能量寄生物。接著，你可以觀察／感覺這個虛擬光體中哪個位置有能量寄生物。要注意，我們並不需要有靈視能力以看見寄生物，你可以用感覺、聽覺等其他方法去得知寄生物在哪裏。假如你看見／感覺肩膀有寄生物，那麼你第一步要做的就是將牠麻醉。有時候，我們會遇到非常頑強的寄生物。有些寄生物會抓著你的細胞不願放手，或者在被取出時釋放一些毒素到你的內臟中。因此，如果要在安全的情況下取出這些寄生物，我們就需要把牠們麻醉掉。在這裏，我推薦一種麻醉劑，就是第一道神聖光射 —— 藍色神聖光射。藍色神聖光射是一種對負面存有極大威脅的光。我們可以把藍色神聖光射放在一個我們用意念創造出來的針筒中，然後把這些光透過注射的形式注射到寄生物之中。這些光會令寄生物不能動，這時候你就可以把牠安全地取出來，而不用怕牠會釋放毒素到你的內臟裏。

圖 24.2 圓柱八面體

　　當你把寄生物麻醉了後，就可以伸手到你的虛擬光體中，把能量寄生物抓出來。然後，我會用一個由鑽石造的圓柱八面體器皿把寄生物困起來。圓柱八面體是一個內有八面體的圓柱體。八面體的最高點貼著圓柱體的上蓋、最低點貼著圓柱體的底盤。我通常會用迷彩白金色神聖光射填滿圓柱八面體中的八面體，用粉紅色神聖光射填滿包著八面體的圓柱體。這個強大的幾何結構可以把能量寄生物或者其他負面存有、木馬程式困在其中。但要注意，一個圓柱八面體只可以困住一隻寄生物。如果你取出多於一隻寄生物，你就需要另外創造多一個圓柱八面體困住其他寄生物。

　　當你把所有的寄生物取出來後，下一步就是解除契約。在這時候，你要首先讓宇宙給你你跟這些寄生物的契約，你可以向宇宙發出指令：「請給我我與這些寄生物之間的契約。」然後，你就會看見你手上出現這些契約。接著，當你拿到這些契約後，你就可以解除它們。由於這些不是靈魂契約，只是負面存有與你的潛意識訂立的契約，因此要解除它們，你只需要透過一段「神聖聲明」就可以了。這段神聖聲明，是以你高我的身分訂立的。當你拿到契約時，你可以默念右頁的聲明 3 次。

「我（你身份證上的名字）現在透過宇宙法則，解除我和這些存有之間，在任何次元、維度、密度所簽訂的所有契約，即時生效，焚約為憑！」

當你念完這段神聖聲明後，就用藍色聖火（即第一道神聖光射化成的火焰）燒毀這些契約。這樣，你跟這些能量寄生物之間的契約就解除了。

在解除契約後，我們就要處理掉這些能量寄生物。處理這些能量寄生物的方法有很多。有些從事驅魔事業的人會把牠們打至灰飛煙滅；有些能量治療師會把牠們送到神聖本源；有些人會想一切從簡，把牠們趕走；有些甚至會把牠們困住，變成式神或傀儡。我自己的做法，就是把這些寄生物送到對牠們靈魂成長最有利的空間。這個地方有可能是神聖本源，有可能是一些訓練惡魔的學校，有可能是我們稱為「地獄」的地方（即第八章所提及的「魅影地帶」）。把這些寄生物送到那裏，是對牠們而言最好的，也是對我們而言最好的。雖然我們可以趕盡殺絕；可是，其實寄生物也有其成長的進程，牠們也正在這個行星維度矩陣中成長。把牠們送到對牠們靈魂成長最有利的空間，是我想到對大家而言最好的做法。

如果你想把寄生物送到對牠們靈魂成長最有利的空間，你可以在金字塔中打開一條量子隧道。你可以運用你的想像力想像一個圓形漩渦。然後，你可以跟這條量子隧道發出指令：「把這些存有送到對牠們靈魂成長最有利的空間！」如果你害怕自己無法設定好通道的路徑，你可以把指令重複說 3 次。因為「3」這個數字代表創造，所以當我們重複一個指令 3 次，就可以在量子隧道中「創造」特定的路徑。

當量子隧道的路徑設定好後，就可以把所有圓柱八面體丟進去。然後，謹記在把所有寄生物丟進去後把量子隧道關起來，以確保沒有任何存有可以透過這條量子隧道進入你的環境。最後，讓你的虛擬光體消失，你可以像擦粉筆字一樣擦掉它，或者想像它不斷縮小至消失為止。再讓閃靈鑽金字塔消失，完成這一次的療癒。

靈性修習 12
移除能量寄生物

1. 進入量子場域（靈性修習 7）。

2. 觀想一個閃靈鑽金字塔包著自己。

3. 在金字塔中創造一個虛擬光體。

4. 對著這個虛擬光體說 3 次：「你是 xxx（你身份證上的名字）的光體！」。

5. 觀想蛋白變彩色神聖光射的光語曼陀羅出現在虛擬光體下逆時針轉，並由下而上發出蛋白變彩色的光照射虛擬光體。

6. 發出指令：請向我展示身上的能量寄生物。

7. 掃描虛擬光體上的寄生物。

8. 用裝有藍色神聖光射的針筒打進寄生物體內使其麻痺。

9. 拿出寄生物，然後用一個圓柱八面體困住牠。

10. 當所有寄生物被拿出來後，向宇宙發出指令：請給我我跟這些寄生物之間的契約。

11. 看見手上拿著你跟這些寄生物之間的契約。

12. 宣讀解約聲明 3 次：我 xxx（身份證上的名字）現在透過宇宙法則，解除我跟這些存有之間，在任何次元、維度、密度所簽訂的所有契約，即時生效、焚約為憑！

13. 用藍火燒掉這些契約。

14. 在金字塔中開啟量子隧道，並向量子隧道發出指令：請把這些存有送到最適合牠們靈魂成長的空間。

15. 把所有裝有寄生物的圓柱八面體掉進去，然後把量子隧道關掉。

16. 完成療癒後解除虛擬光體，觀想閃靈鑽金字塔消失，並張開雙眼。

能量寄生物會回來嗎？

在進行了移除能量寄生物的療癒之後，有很多人都會問：能量寄生物會回來嗎？試想像一下，當一隻能量寄生物突然失去了其糧食供應，牠們會否嘗試再次爭取重新獲得這個糧食供應呢？當然會吧。有時候，當我們移除了能量寄生物之後，寄生物會嘗試再次跟你訂立契約。然而，也有些時候這隻能量寄生物不會回來，但其所屬的團體可能會派其他寄生物再次在你身上收集 Loosh。因此，我們在移除了能量寄生物之後，我們仍然需要強化我們的心智，不要被任何念頭降低我們的頻率。而強化心智的方法，又會回到第六章提到的光之生命樹中首 3 個啟蒙階段的修行，從慾望、情緒和思維中抽離。當我們從這些念中抽離出來，我們就不會被那些投射到我們腦海裏的念頭影響我們的頻率，因為我們有權選擇是否接受這些念頭。

能量寄生物是很狡猾的。有時候，牠們會把一些影像投射到你的腦海裏，讓你看見自己身上有寄生物。然而，可能你腦海裏看到的那隻寄生物只是一個影像投射，而非真實存在的。可是，如果你相信這隻寄生物已經進入了你的身體，那麼你就承認了「有寄生物存在於你體內」的念頭，那麼就代表那隻寄生物又有權進入你的身體了。因此，如果你「相信」寄生物回來了，那麼牠就會獲得進入你體內的權利。

下一次，如果你懷疑腦海裏的念頭是能量寄生物投射給你的，你只需要念以下的神聖聲明。如果在念了這段神聖聲明後念頭／感覺消失了，那就代表這些念頭／感覺是能量寄生物投射給你的。如果念了後念頭／感覺還在，那就代表這個念頭／感覺是屬於你自己的，那你

就需要審視一下這些念頭／感覺為什麼會存在，並進行療癒了。這段神聖聲明就是：

「請用光和愛把所有不屬於我的念頭送回它們的源頭。」

這段聲明，會令你的高我把所有不屬於你的念頭送走。在念完這段聲明後，所有在氣場外投射到你內在的念頭都會被送走。因此如果念了之後念頭仍然存在，那你就可能需要一次靈魂療癒了。

除了腦海裏的念頭，我們還需要留意身上的能量索。這是由於，如果我們跟一個身上有寄生物的人產生了能量索的連結，對方身上的寄生物就可以透過這條能量索進入你的身體。因此，定期清理能量索也是非常重要的。

如果你拿出自己的虛擬光體，然後發出指令：「請讓我看見我身上的能量索」，你就會看見一條條粗幼不一的光管道在你的能量體或氣場中。如果要清洗能量索，我通常會使用藍色聖火。觀想藍色聖火把能量索逐步分解，就可以很輕易地瓦解能量索。

第二十五章
拆除以太木馬程式：
移除靈性修行中最大的障礙

以太木馬程式（後簡稱「木馬程式」）是一種由負面存有研發出來入侵人的光體從而影響人的靈性發展的一種人工智能程式。這些程式就像電腦病毒或電腦木馬程式一樣，可以在神不知鬼不覺的情況下在人與人之間傳播。而其傳播的途徑，就是透過「能量傳輸」。

以太木馬程式就像病毒一樣。當你暴露在這些程式的環境下，而當中牽涉能量傳輸，木馬程式就能進入你的光體。最常見的木馬程式都以松果體作為目標，因為入侵松果體所能帶來的效益是最大的。當木馬程式被安裝到我們的松果體後，它就可以影響我們的靈視能力。這是最直接影響我們修行的方法。試想一下，假如有一個程式令你無法分辨你所看到／感覺到的靈性存有是光之存有還是負面存有，對於一眾負面存有而言是否一件美事呢？

在大部分時候，木馬程式都在我們不為意的時候被安裝到我們的光體中。在我們打電玩的時候、在我們看電影時，都有可能會有一些隱藏的木馬程式。大家有沒有試過在玩完一些電玩遊戲後進行冥想／睡覺，在合上眼睛後，腦海裏就不斷重演剛才遊戲中的畫面？特別是一些與殺戮、槍戰和賽車有關的遊戲。其實，你的大腦之所以會不斷重複那個畫面，是由於在玩遊戲時，會有一些負面光碼從遊戲的畫面進入你的松果體，從而破壞當中的結構和神經網絡。這些光碼會在你的松果體周圍形成一個網絡，產生出一個「以太木馬程式」。你可能會好奇：在玩電子遊戲時我們並沒有任何能量傳輸，為什麼會被木馬程式感染呢？很多時當我們玩電子遊戲時，我們的情緒都會完全投入到這個遊戲之中。這一種「投入」其實也會導致你的能量跟電子遊戲的程式產生連結，從而產生能量傳輸。雖然這種能量傳輸並不明顯，

但卻正在發生。這些木馬程式會影響一個人的思維、通靈管道的清晰度等等。不過，這還不是對我們靈性影響最深的木馬程式。

對我們靈性影響最深的木馬程式，是一些透過靈性能量傳輸（例如：點化、儀式或者療癒）所傳遞的木馬程式。這背後牽涉到一個故事。建立偽揚升矩陣的負面存有（有關偽揚升矩陣的資訊，我們已經在第二部分討論過了）。為了阻止人類的靈性繼續提升，它們會製造一些入侵松果體的木馬程式，擾亂我們的神經系統，令我們無法連結光之存有和基督意識的能量，它們創造了一系列不同的以太木馬程式。然後，它們會找一些通靈師，並透過他們把這些木馬程式在與其他人進行能量傳輸時（例如：療癒、魔法儀式、點化等）散播出去。我知道我這樣說可能會令一些通靈師很愕然，甚至會有點抗拒。我之所以會在這裏分享這些資訊，並不是希望得罪一眾通靈師，而是希望正在看這本書的你，可以時刻警惕自己是否有被這些木馬程式影響。我知道，一旦你發現自己一直以來的通靈傳訊都受到木馬程式影響或干預，你會陷入非常嚴重的自我懷疑。我絕對明白那一種害怕放棄自己過去一切所學的靈性知識和技術的感覺，因為我曾經也面對過這個情況。

我第一次發現以太木馬程式的經過

在我初踏入靈性修行的道路時，我曾經參加過很多不同的課程和工作坊。在過程中我開始慢慢學會如何掌握靈視和通靈等靈性技能。在一開始學習靈性的數年，我都有嘗試運用通靈能力幫助別人，有時甚至會為朋友進行前世療癒（當時我還未把療癒當成事業）。可是，不知道為什麼，我發現我所進行的前世療癒並不如前期有效。以前，當我在量子場域中找到導致被療癒者當下問題的前世，並轉化當時的負能量和修復靈魂碎片，他就會出現即時的改變。可是，後來不知道為什麼我探索了很多個前世，療癒了很多靈魂碎片都無法解決問題。而且，這時候看到前世時的感覺與我一開始學習通靈時的感覺並不一樣。我無法形容那種感覺，但就是不一樣。

　　後來，我在機緣巧合下接觸到有關以太木馬程式的知識。於是，我嘗試掃描我的光體，發現在我的松果體中竟然有一個非常穩固的木馬程式；其穩固的程度令我相信這個程式已經在我的松果體一段很長的時間了。你可能會很好奇，為什麼我的松果體在被木馬程式影響的情況下仍然可以看到這個程式，這是由於我在學習靈性知識的過程中調整過身體中的神聖幾何，把光體中的麥達昶逆向編程卸載了，並校準到基督意識神聖幾何，因此這個程式對我的影響減弱了。

　　言歸正傳，這個木馬程式是一個會遮蔽和投射影像到我的松果體上的程式。這個程式的目的，是擾亂我的靈視。這個程式可以自動把一些系統製造出來的虛假影像投射到我的松果體中。換句話說，我之所以無論療癒多少前世都無法解決問題，或者我看到的前世的感覺很奇怪的原因，是由於那個前世並非被療癒者真正的前世，而是那個程式的系統製造出來的假前世。其目的就是阻礙我進行療癒，及透過我把這些虛假前世的資訊傳遞給被療癒者，讓被療癒者相信自己前世做過一些非常惡劣的事。

　　在知道了之後，我嘗試把這個程式移除。可是，由於這個程式在我的松果體裏太久了，因此我用了整整七天的時間才能完全把這個程式移除。在移除了這個程式之後，我嘗試詢問宇宙這個程式是從哪裏來的。然後宇宙向我展示了一個回憶片段。我看到自己當時坐在一個靈性工作坊中。這個工作坊是一個連結大天使米迦勒的工作坊。可是，當時所連結的大天使米迦勒，是由阿努納奇偽裝而成的存有。這個「大天使米迦勒」在進行點化時，把這個程式安裝到我的松果體中，因為他知道我在未來會做的事，所以他們嘗試在我開始這條道路時裝入這個程式，嘗試把我變成他們的傀儡。

　　這件事當時對我造成了非常大的打擊。因為我發現我一直以來對宇宙的認知和靈性知識都源自於阿努納奇所傳授的教導。這不但令我承受很大打擊，也讓我有一點不捨得。始終，現在你竟然告訴我我一直以來對靈性的認識是錯誤的，叫我如何接受呢？如果我要放棄我過去所學習的一切，重新認識一次靈性的世界，這不但會非常浪費時

間，甚至會對我的自尊造成巨大的打擊。當時，我就在究竟追尋真正的靈性知識好、還是繼續抱著我的自尊活在謊言中掙扎。

後來，我想通了。這些程式不只會影響我的修行，還有可能會影響我們療癒的人。因為這些程式會在能量傳輸時感染其他人。換句話說，如果我一直受這個程式影響，我體內的程式就會影響其他人。我一直以成為一位療癒師為我的目標。我怎能因為自己小我的自尊，而讓這個程式一直影響我的客戶呢？這種不負責任的行為，絕對不是一位靈魂療癒師應有的特質。因此，我最後決定放棄過去所學的一切，重新認識靈性的世界。

你可能會問：我如何才能知道哪些知識是阿努納奇傳授的、哪些是光之存有所傳授的？如果我們需要驗證這些知識，唯一的方法就是了解這些知識背後的根據。自從知道這件事之後，我開始明白在學習靈性知識時追本溯源的重要性。其實，阿努納奇之所以可以在身心靈界傳播偽揚升資訊，是由於接收資訊的人沒有追本溯源，而傳遞知識的人也沒有講明知識的源頭。這也是為什麼，在這本書中所有引用自他人的資訊都會有註腳的原因，這樣大家才能追本溯源。

在大部分時候，其實阿努納奇所做的，就是為一些已經存在的理論進行修改，或者把一些重要的概念扭曲，來建立錯誤的偽揚升資訊。不過，如果我們每一個人都可以本著追本溯源的精神，在網上、圖書館做一些資料搜集，我們就會知道不同的偽揚升教導被扭曲的歷史，從而分辨資訊是來自光還是來自黑暗、那些知識對你的靈魂成長有沒有幫助。

我在這裏分享這些資訊，是由於有很多初覺醒的修行者，都會因為對宇宙知識缺乏認識，盲目地接收錯誤的知識而行了很多冤枉路。因此，我才會開始寫這一本書。我並不是說這本書所說的就是真理。可是，這本書中的資訊是經過多年的資料搜集、學習而得來的。在這本書中，我也把每一個重要的知識的參考資料放在註腳裏，讓大家可以自行做資料搜集，接收真正的揚升資訊、學習真正的靈性智慧。

在靈修道路上，時刻留意自己是否受到木馬程式影響是非常重要的；特別是對於靈性治療師或導師來說，我們的修行並不止影響我們自己的靈魂成長，更會影響來找我們提供協助的其他靈魂；由於我們所負的責任比一般人更多，因此我們需要對自己光體中的木馬程式有更高覺知，這樣才算是一個負責任的療癒師。

有時候，就算你松果體中被安裝了木馬程式，也不代表你的通靈傳訊會不準確。經過多年的探索後，我發現大部分程式只會影響你為自己所進行的通靈傳訊，例如：下載的能量、連結的靈性存有、有關自己的人生或靈性提升的答案等。要記住，負面存有的目標是希望更多靈性修行者能夠進入偽揚升矩陣。所以，它們也不希望受程式影響的人為其他人所進行的通靈傳訊不準確；因為如果它們的傳訊不準確，就不會有人墮入偽揚升矩陣的陷阱。

如何拆除以太木馬程式？

要察覺木馬程式的存在，其實並不容易。因為這些程式比一般的植入物狡猾，它們具有自我隱藏的功能，加上它們本身對你的松果體具有一定影響，要察覺它們的存在並不容易。要察覺並移除它們，最好的時機就是在它們剛剛被植入到你的光體中時，因為這段時間其能量還未與你的光體融為一體，所以你比較容易察覺其存在。如果它已經在你的光體一段時間，則你可能需要找一些專業人士幫忙，由他們為你檢查和移除這些程式。

要檢查光體中有沒有木馬程式，最好的方法是用迷彩白金色神聖光射。正如我在第二十三章所說，由於迷彩白金色神聖光射的頻率過於複雜，因此可以讓正在自我隱藏狀態的木馬程式無所遁形。因此，我們會使用迷彩白金色神聖光射掃描光體是否有以太木馬程式。

有時候，你可能會看到一個箱裝著你的松果體；有時候，你可能會看到一個罩罩著你的大腦半球；有時候，你可能會看到一個夾萬鎖著你的心輪；有時候，你可能會看到一隻機械手臂包著你的手。由於木馬程式的種類有很多，因此我們並沒有一個既定的程序去移除木馬

程式。每一個木馬程式，都需要大家自己研究如何拆除。不過，我可以在這裏給大家一個方向。

若要移除木馬程式，就必須要找到木馬程式的能量來源，即俗稱的「電池」。唯有找到其電池，我們才能完全將木馬程式移除。木馬程式之所以可以再生，是由於其電池仍然在為自己提供能量。由於我們沒有截斷其能量來源，因此它就可以不斷再生。故此，移除木馬程式必須要快而且徹底。如果移除得不徹底，木馬程式就會不斷再生。

有時候，木馬程式的電池會被安裝在你體內。但也有些時候，木馬程式的電池並不在你體內，而是在其他空間，甚至在地球外的空間。我曾經遇到過一個個案，這個個案告訴我他的松果體中有一個木馬程式，這個木馬程式不斷影響他靈魂之星脈輪的健康，導致他跟高我的連結斷開了。他知道自己體內下載了一個木馬程式，但不知道為什麼無論他怎樣移除也移除不了。於是，我便嘗試找出木馬程式無法被移除的原因。然後，我看到這個木馬程式的能量源頭位於在地球大氣層外上方的一個伺服器。這個伺服器會透過大氣電波不斷提供能量給在個案光體中的木馬程式，讓它再生。因此，無論個案如何移除這個程式，也無法完全拆除這個程式。

無論木馬程式的電池在你體內還是體外，唯有把程式的電池移除，才能完全把木馬程式的影響移除。這就是移除木馬程式的竅門。當電池被移除了，你就可以就著木馬程式的結構，把程式拆掉。

當木馬程式被拆出來後，我使用的處理手法會跟處理能量寄生物時一樣，把它放在一個圓柱八面體中。你可以把木馬程式分開拆件，然後分別把這些組件用不同的圓柱八面體裝起來。

當整個木馬程式都被拆出來後，我們就要把這些組件扔掉。我在宇宙中，找到一個可以用來處理這些組件的熔爐，我稱這個熔爐為「AI 熔爐」。你可以在你進行療癒的閃靈鑽金字塔的地上創造一條量子隧道，然後告訴這條量子隧道：「請把這些木馬程式的組件送到 AI

熔爐中。」然後把所有圓柱八面體扔進去。整個過程就是這麼簡單。最後，也是最重要的，你需要用意念把量子隧道關上。然後你就完成這次療癒了。

　　作為靈性治療師或靈性導師，定期審視自己是否被木馬程式影響是非常重要的，這是一種作為靈性治療師和導師的責任。

靈性修習 13
拆除以太木馬程式

1. 進入量子場域（靈性修習 7）。

2. 觀想一個閃靈鑽金字塔包著自己。

3. 在金字塔中創造一個虛擬光體。

4. 對著這個虛擬光體說 3 次：「你是 xxx（你身份證上的名字）的光體！」。

5. 觀想迷彩白金色神聖光射的光語曼陀羅出現在虛擬光體下逆時針轉，並由下而上發出迷彩白金色的光照射虛擬光體。

6. 發出指令：請向我展示在我光體中的以太木馬程式。

7. 掃描虛擬光體上的以太木馬程式。

8. 研究並逐步拆除以太木馬程式（需根據其結構將其拆除），並用圓柱八面體裝著以太木馬程式的不同組件。

9. 在金字塔中開啟量子隧道，並向量子隧道發出指令：請把這些以太木馬程式傳送到位於極光界的木馬程式熔爐之中。

10. 把所有裝有木馬程式的圓柱八面體掉進去，然後把量子隧道關掉。

11. 完成療癒後解除虛擬光體，觀想閃靈鑽金字塔消失，並張開雙眼。

6

創造你的命運

第二十六章
吸引力法則：
為何我無法顯化我的宇宙訂單？

吸引力法則，所指的並不是心想事成的天馬行空想法。吸引力法則的意義，在於我們需要為自己體驗和經歷的外在實相負上創造者的責任。我們在外在世界經歷的一切，都是由自己所創造的。因此，如果要改變外在世界發生的事，我們就需要先改變自己的內在。這是非常重要的。

在使用吸引力法則時，我們第一件事需要做的是具體寫下自己想要什麼，寫一張「宇宙訂單」。如果你希望認識一個女朋友／男朋友，你就需要寫下你對你的未來伴侶有什麼要求。這裏所說的，不只限於外在的要求，而是包括內在的性格特質。你希望他是溫柔的？爽朗的？霸氣的？這些才是最重要的。如果你希望吸引一筆金錢，你需要非常明確寫下金錢的銀碼、有什麼用途。如果你希望要一層房子，最好要包括其大小、所在區域、市值等等。要謹記，在寫訂單時，你不應該限制其出現的途徑，因為宇宙會知道如何可以以最快的方式把你的訂單送到你面前。

在寫完訂單後，你就要開始進行觀想。在觀想前，首先你需要啟動你的梅爾卡巴。用獵戶座的光填滿星狀四面體的正四面體；用天狼星的光填滿星狀四面體的倒四面體。正四面體順時針轉、倒四面體逆時針轉；倒四面體的旋轉速度是正四面體的兩倍。當它開始轉動後，觀想金色神聖光射的光語曼陀羅出現在梅爾卡巴下方順時針旋轉，並向上發出金色的光填滿整個星狀四面體梅爾卡巴。這道光是一道代表顯化的光，可以幫助你顯化你的宇宙訂單。然後，你就可以開始進行觀想，觀想的關鍵，是要讓你感受到訂單實現後的感覺。你不可能吸引到你所「想要」的，你只能吸引你「所是」的；因為當你「想要」

211

某事物時，其實你是正在散發出「缺乏」該事物的頻率（唯有你缺乏那事物，你才會渴求那事物）。所以，你要感受到訂單實現後會有什麼感覺。這樣，你就會發出「已經得到那事物」的頻率，令我們能夠顯化那事物。

在觀想完之後，你可以把畫面融化成光，並觀想光融入你的星狀四面體梅爾卡巴。這樣，梅爾卡巴的顯化力量就會跟你觀想的畫面校準。然而，整個顯化的程序還未完結的。在把實相的頻率下載到梅爾卡巴後，下一步我們可以把這些頻率下載到大地母親的能量場中。這樣做的目的，是希望這些能量可以跟集體潛意識的不同個體互動，讓不同的人、事、物可以幫助我們實現我們的訂單。我們可以觀想一個充滿金光的金色倒金字塔在我們的星狀四面體梅爾卡巴外順時針旋轉，然後讓梅爾卡巴的光融入並填滿整個倒金字塔並與金字塔中的金光融為一體。然後，倒金字塔開始把能量送往大地母親的中心，並通過中心讓光流向大地母親的不同能量網格。接著，這些能量會繼續蔓延並填滿整個地球的能量場，與能量場中的人、事、物互動，並推動能夠幫助你的人、事、物來幫助你實現訂單。

然而，有些人可能會在使用吸引力法則時遇到一個問題，就是做足下訂單和觀想，但仍然無法顯化宇宙訂單；絕大部分人進行觀想都無法顯化訂單的原因，其實是由於內在信念的衝突。在《賽斯資料》中有一句名言：信念創造實相[29]。這句話點出了我們如何創造我們的實相的方式，就是透過「信念」。如果我們的宇宙是一棟大廈，那麼信念就是構築大廈的磚頭；如果我們的實相是一片海洋，那麼我們的信念就是當中的水滴。我們外在的一切事物都是我們內在信念所構築出來的。而有些人之所以無論如何執行《祕密》[30]中的 3 個步驟都無法顯化訂單，就是由於他們的內在信念並不支持他們的訂單。

---

[29] 珍・羅伯特著，王季慶譯：《個人實相的本質》（台北：賽斯文化，2010 年）。

[30] 朗達・拜恩著，謝明憲譯：《祕密》（台北：方智出版社，2007 年）。

靈性修習 14
顯化宇宙訂單

1. 閉上眼睛，深呼吸 3 下。

2. 觀想自己被一個星狀四面體包著。

3. 觀想獵戶座的白光穿過無數星星、大氣層、雲層，降臨到你的星狀四面體中的正四面體，並填滿它。

4. 觀想天狼星的藍光穿過地幔、穿過地殼，上升到你的星狀四面體中的倒四面體，並填滿它。

5. 觀想正四面體順時針轉、倒四面體逆時針轉；倒四面體的旋轉速度，比正四面體快一倍（不需要精準觀想，大約就可以了）。

6. 當它開始轉動後，再觀想金色神聖光射的光語曼陀羅出現在梅爾卡巴正下方，觀想其順時針旋轉，讓光語曼陀羅向上發出金色的光填滿整個星狀四面體梅爾卡巴。

7. 開始觀想你的訂單顯化後的畫面，期間必須要有真的實現了的感覺，並且攜帶著正面的情緒（觀想最少 1 分鐘、最多 6 分鐘）。

8. 觀想這個畫面化成白光，融入你的星狀四面體。

9. 觀想在星狀四面體外，出現一個被金光填滿的高速順時針轉金色倒金字塔。

10. 星狀四面體的能量開始流入倒金字塔中，並與倒金字塔中的金色光融為一體，倒金字塔開始把這些光輸入到大地母親的心，並流向大地母親的能量網格，並滲入大地母親的整個能量場，影響能量場內的人、事、物，讓所有人、事、物都幫你達成你的願望。

11. 完成後，深呼吸，說 3 聲多謝；然後懷著感恩的心，慢慢張開雙眼。

以金錢為例，假如你現在有一張財務自由的宇宙訂單，可是你卻非常討厭金錢，認為金錢是萬惡的；而另一方面，你又希望成為一個善良的人。由於在你的信念系統中對金錢存在厭惡，因此宇宙並不能回應財務自由的訂單，因為在你所構築出來的實相中，並不可能出現財務自由的情況，因為你的信念並不支持這張訂單。

限制性信念

對於這種使我們無法實現訂單的信念，我們稱它們為「限制性信念」。我們之所以稱它們為限制性信念，並不是針對訂單的角度，而是因為這些信念限制了我們獲得豐盛生活的自由。無論是在愛情、關係、健康還是財富方面，這些「我不值得」、「金錢是萬惡的」、「沒有人會愛我」等等都是阻礙我們獲得豐盛生命的源頭，是限制我們創造豐盛的信念。有時，你或許會發現這些限制性信念；可是有時你並不覺知自己有限制性信念。

如果你現在發現自己無法顯化你的訂單，那就代表在你的潛意識裏存在著一些限制性信念限制你顯化這張訂單。面對這個情況，我們需要做的就是找出限制性信念，然後把這些信念改變。要注意，如果你無法實現這張訂單，那就代表你現在的信念正在創造你現在的狀況，而非你訂單的狀況。換句話說，你需要找到你的潛意識為什麼要創造現在的實相，而不是你訂單中的狀況。因此，你需要問自己為什麼你要堅持顯化現在的狀況，你在現在的狀況裏獲得什麼好處？以及你為什麼拒絕顯化你的訂單？

而其中一個能夠覺察限制性信念的方法，就是靜心冥想。靜心冥想是連結潛意識的好辦法。就像進入量子場域一樣，當你進入冥想狀態，你就可以開始「與內在的對話」。在這個時候，你並不需要連結任何存有，也不需要進入任何場域，更加不需要觀想任何事物。你只需要像自言自語般，問自己問題，你就能得到答案。在這時候，你可以問：「為什麼我會抗拒財務自由？」、「是什麼限制性信念令我無法顯化這張訂單？」當你問完這條問題之後，你只需要等待內在的聲

音回答你就可以了。再一次的，答案可以以聲音、影像、字幕等形式出現。無論訊息以何種形式出現，你只需要接受這個答案就可以了。

要注意，如果你不滿意現在的生活，這並不是因為你正在顯化你不喜歡的實相，而是因為你不喜歡你顯化的實相。所有的一切都是你自己顯化的，因此所有你正在經歷的一切都是你潛意識所希望體驗的。你需要知道你的潛意識／內在小孩為什麼緊抓著這個實相不放。如果你希望有一位伴侶但你無法遇到適合的人，你就需要思考一下為什麼你希望顯化單身的實相；有可能是因為你的內在小孩認為單身比拍拖好，因為不需要經歷分離的創傷。每一個現實背後都因著某些信念而生。這些，就是障礙你顯化訂單的限制性信念。

改變信念的方法：靈性擊倒

當你知道你的創造正在受什麼限制性信念影響時，現在我們就需要改變它。在這裏，我想分享一個被稱為「靈性擊倒」的方法。這個方法源自基督教靈恩派的「聖靈擊倒」，是一種改變大腦和身體內的神經語言程式的方法。

靈性擊倒的原理，其實與我們的光體結構有關。在我們的延髓脈輪（大約腦下垂體的位置）和前額中心之間有一條光柱。這條光柱就像是所有神經語言程式的核心。我們的所有程式都儲存在這條光柱中。因此，只要我們下載一個程式到這道光柱中，我們就可以覆載（Override）這條光柱中的程式。而在這個過程中，我們整個人（或我們的虛擬光體）首先會搖搖欲墜，最後我們（或我們的虛擬光體）會倒在地上。這是一個代表放棄舊有程式、接納新的信念程式的儀式，而倒下是必須的。不過，如果你是在對自己的虛擬光體做，基本上倒地的是你的虛擬光體而不是你。

要進行靈性擊倒，你需要首先拿出自己的虛擬光體。然後，你要站在虛擬光體的左手邊。接著，把你的右手攤出來，向宇宙要求要下載能夠改變 xx 信念成 yy 信念的光碼。假設你想要改變「我不值得被

愛」的信念，你就要下載能夠把「我不值得被愛」的信念改變成「我值得被愛」的信念的光碼。把這些光碼下載到手上。你可能會看見光碼在你的手上浮動，你可能會感覺到輕微灼熱、冰冷或麻痺，每個人都有不同的反應。當你感覺到光碼已被下載到你的手上，下一步你要做的就是把右手放在虛擬光體的延髓脈輪的位置，把左手放在額頭。然後，你需要用意念觀想在你右手的光碼透過你的手穿過延髓脈輪進入延髓脈輪與前額之間的光柱，並流動到你的前額、進入你的左手手臂、穿過你的心輪、流入你的右手手臂、進入你的右手，再一次進入虛擬光體的延髓脈輪，形成一個循環。當這個循環不斷持續時，你的虛擬光體會慢慢向後傾，容許它向後傾直至倒地為止。而當你的虛擬光體倒地後，你可以讓它待在那裏一會兒，讓程式被完全下載。當你感覺（純粹靠直覺就可以）下載的過程完成，你就可以觀想這個虛擬光體消失。

當你成功改變了這個信念，你可以用肌肉動力測試來測試一下自己是否已經成功改變了。我會建議你用 O 形環測試，因為這個測試比較簡單。把你的不慣用手的拇指和食指指尖貼著，形成一個 O 形。然後，說出你想測試的信念，再用慣用手的食指和拇指嘗試從 O 形的中間撐開非慣用手的拇指和食指，嘗試使兩者分開。如果你無法分開兩隻手指，代表這個信念仍然存在於你的潛意識。如果你能夠分開兩隻手指，那就代表這個信念不存在於你的潛意識。這是一個非常好用的方式來測試自己的內在信念。

靈性修習 15
改變限制性信念

1. 使用 O 形環測試限制性信念是否影響著你的潛意識。

2. 如是，在虛空中創造一個虛擬光體。

3. 對著這個虛擬光體說：「你是 xxx（你身份證上的名字）的光體！」。

4. 站在虛擬光體的左邊，把雙手攤出，然後發出指令：我要釋放 xxx 信念。

5. 觀想光從天上流進你的右手，並填滿右手掌心輪。

6. 把右手放在虛擬光體的延髓脈輪後面，把左手放在前額。

7. 觀想右手掌心輪的能量通過延髓脈輪沿著延髓脈輪和前額之間的一條光柱流動到前額。

8. 能量到達前額後，通過你左手的掌心輪流進左手前臂、手臂、肩膀，然後再流到心輪。

9. 這些能量再經由心輪流動到右邊肩膀，再流入右手手臂、前臂，回到右手掌心輪。

10. 能量再經由掌心輪流到虛擬光體的延髓脈輪、前額、左手掌心輪等，形成一個能量循環。

11. 觀想虛擬光體開始搖搖欲墜，最終向後倒地。

12. 讓虛擬光體倒地一陣子。

13. 當你感覺完成後，就可以解除虛擬光體。

14. 使用 O 形環測試限制性信念是否還在影響著你的潛意識。

15. 如是，則需要重複第二至第十四步，直至限制性信念不再影響你的潛意識為止。

是你在創造你的實相，還是你的實相在創造你？

在運用吸引力法則時，其中一個最大的關鍵是為自己創造的實相負上創造者的責任。在我諮詢過的個案當中，絕大部分人之所以無法顯化他們的訂單的原因，是因為他們沒有認清自己正在創造自己的實相；相反，他們正在被外在實相創造自己。

宇宙的運作本身是把我們的內在信念顯化成外在實相，然後我們再透過體驗外在實相覺察內在信念，並透過這個過程了解和體驗「我是誰」。可是，有很多人在進入物質世界後，卻忘記了自己其實是實相的創造者；反而，我們會運用外在實相的一切來定義我們是誰。打個比喻，有些人會因為自己沒有錢、沒有地位而感到自卑；也有些人會因為自己很富有而非常驕傲，甚至到達自負的地步。他們以自己的財富定義自己，有財富的會有自信、沒有財富的會自卑，**這些人並非實相的創造者，而是實相的受造物。**因為他們對自己的認知，對於「我是誰」的認知，源自於外在實相。

然而，當我們容許外在實相定義「我是誰」，我們的「我是誰」的身分就正在被外在實相創造。可是，「我是誰」應該是由我們自己定義，然後再經由量子場域顯化出來，讓我們體驗。如果我們把我們對自己的定義交由外在實相的一切（例如：銀行存款、社會地位、社交地位等）去決定，我們就是正在讓外在實相創造我們自己，亦即我們選擇了放棄我們作為實相以及「我是誰」的創造者的身分，並容許外在實相創造我們。在這個情況下，你又可以如何顯化你的訂單呢？如果你真的希望顯化你的訂單；首先，你必須要認清自己作為外在實相的創造者。要記住，**「我是誰」是由我們自己定義的！**任何人、任何事都不能定義「我是誰」！

知識補給站
吸引力法則 vs 顯化法則

　　除了吸引力法則之外，還有一種被稱為「顯化法則」的心想事成力量。有很多人認為吸引力法則和顯化法則是兩個不同的概念，兩種不同的理論。然而，其實兩者也在描述同一個概念：信念創造實相，而兩者的分別純粹在於描述這個概念時的不同角度而已。

　　吸引力法則的概念，建基於多重實相的理論。多重實相，是指在量子場域中除了我們現在正在體驗的這個實相外，還有其他不同的實相，在這些實相中都存在著不同的「你」正在體驗生命，可能會有一個正在街上當乞丐的你，可能會有一個當富豪的你，可能會有一個當神父的你。而在「吸引力法則」的概念中，當你的信念與某個實相共振，你就會把那個實相吸引到你的生命當中。假如你有一個「我不會有人愛」的信念，你就會吸引「沒有人愛」的實相到你的生命中，或者吸引不愛你的人進入你的生命，這都是一個「吸引」的過程。

　　然而，「顯化法則」則更強調「顯化」的部分。當我們內心的信念變成現實，我們就會體驗我們的信念。假如你覺得自己不會有人愛，你就會在實相中體驗被討厭／被否定的情境，而這是你的信念所顯化出來，是你內在實相中的信念投射到外在後所產生的結果。從這個角度，這就是一個「顯化」的過程。

　　我聽說過很多理論說吸引力法則和顯化法則是兩個不同的概念，有些人甚至說顯化法則比吸引力法則更靈驗，提倡要使用顯化法則而不是吸引力法則。可是，這兩個字眼其實都在描述同一件事，只是角度不同而已。因為人類的文字遊戲，所以導致很多人有誤解；但其實這兩個概念是從不同角度描述同一個概念。歸根究底，最重要的還是我們需要明白自己作為實相創造者的身分，並為我們所創造的一切負責任，再找出導致我們顯化不理想狀況的限制性信念、改變它，以創造最理想的人生，讓我們的靈魂可以在地球發光發亮！

第二十七章
豐盛財運的關鍵：
療癒與金錢的關係

　　財運療癒是另一個非常常見的療癒主題，也是大家最關注的一個主題。財富，是我們在 3 維實相的商業社會中生存的資源。當我們在這個實相中生活，我們就需要財富以維持生活。因此，財富彷彿是現代生活的必需品。然而，有多少人又真正了解財富的意義呢？在這一章，我們將會探討一下個人的「財運」是如何運作的，當中的科學、原理都會在這一章中被剖析。

金錢是什麼？

　　如果我現在問你：金錢是什麼？你會怎麼回答我？一種貨幣？一種金融系統？一張鈔票？一個硬幣？我們每一天都在用錢買東西，但如果我問你什麼是金錢，你可能並不能回答我。如果你問我什麼是金錢，我會說：「**金錢是價值。**」試想一下，是什麼影響著你的收入？是不是你的資歷？還是你的儀容？還是你的關係？其實，這些都並非直接影響你收入的根本因素。真正影響你收入的，是你能夠為別人創造的價值。我們以茶餐廳作為一個例子：一個公仔麵的價錢可能只是四元港幣。可是，為什麼一間茶餐廳可以為四元港幣的公仔麵標價至三十甚至四十元港幣呢？原因就是，這家餐廳為你提供了超過這個公仔麵的「價值」。

　　一家茶餐廳，在為你提供一個公仔麵的同時，也為你提供了煮食的廚師、煤氣爐、燈光、地方、清潔、洗碗和服務員的優質服務等價值，這些林林種種加起來，就是為什麼公仔麵賣這麼貴的原因。我經常聽到有些人說：一個公仔麵明明就只是三塊錢，都不知道為什麼茶餐廳標價那麼貴，茶餐廳真的很好賺！然而，如果我們把這些其他因素加起來，其實茶餐廳的盈利並不是大家想像中那麼高。

　　言歸正傳，從以上例子可見，其實金錢反映了某人、服務、事物的價值。當一個人能夠創造越高的價值，其收入就越高。這也是為什麼律師、醫生的收費這麼貴，因為他們的專業知識能夠為沒有相關專業知識的人提供價值。而銷售員的薪金則以其銷售額作計算，因為他們的銷售額能夠反映他們的價值（口才或銷售技巧的純熟程度）。所以，你能夠為別人／企業創造的價值越高，你的收入就越高。由此推論，我們就明白為什麼金錢是價值了。

　　既然金錢是價值，那麼其實要增加收入的方法非常簡單，就是提升自己的價值。富人和一般人的分別，在於富人明白個人價值的重要性。因此，在很多成功人士的資料中（包括巴菲特、比爾・蓋茨等），都會明確指出成功人士的共同特質是「會看書」。他們可能會看名人自傳、可能會看工具書。這些書籍，就是他們提升價值的工具。大家千萬別少看書籍的威力，有很多非常有用的技能都是能從書籍中學會。就像你現在正在看的這一本，就是一本有關靈性成長和靈魂揚升的書籍。如果你照著這本書的方法去做，你的人生肯定會有戲劇性的轉變。

　　然而，這個戲劇性的轉變的前提，是你真的有照著書本所說的照做。有很多人都有個陋習，就是買了書不看、看了書不做、做了也半途而廢。這其實是一種很浪費的行為。試想一下，一個作者把他所有的智慧寫成了一本書，而一本書卻只需要一百到四百元港幣。換句話說，我們只需要付大約一百至四百元港幣就可以學習到不同行業的大師級智慧，而我們卻竟然就這樣把這些智慧放在書櫃裏？或者把這些智慧看了一遍後就算了？如果我們只是買書、看書也不可能讓這些智慧為你的人生產生任何改變，唯有按著書中的步驟練習，而且多次練習，才能看到效果。這也是為什麼有些人會選擇上課增值，因為課堂上會有在老師指導下的實戰練習體驗，這能夠讓你對技術更熟悉，而且可以確保你做的步驟沒有錯誤。

　　簡而言之，你的收入是由你的價值所反映的。因此，如果你希望提升你的收入，提升你的價值就是最好的方法。

與金錢的關係

下一個影響財運的因素，是你跟金錢的關係。我們經常把金錢看作一件物件，一件由人類創造出來的物件。然而，萬物有靈，**金錢也是一種生命。**它跟石頭、山川一樣，有自己的意識，也有自己的能量。我經常跟人說要把金錢當成是一個人，或者一個朋友。現在假設，你經常批判你的朋友，那麼你覺得你的朋友會願意親近你嗎？這就好比我們經常說金錢是污穢的、金錢是萬惡之源、金錢令人腐化一樣；抱持這樣的信念來看待金錢，是不會令金錢希望靠近你的。

又假設，如果你喜歡你的朋友，是因為他能帶給你物質的享受，而不是真的喜歡他這個人。那麼，你認為你的朋友會怎麼想你呢？他肯定會覺得你不是真心對他，甚至會想疏遠你。這就好比有很多人口裏說喜歡金錢，甚至非常愛金錢，但其實他們只是想利用金錢來達到某些享受。如果現在我問你：你為什麼喜歡金錢？你心裏面的答案是否：因為錢可以為我帶來很多享受（或類似意思）呢？如果是的話，那就代表你內心其實只是想利用金錢，而不是真心愛它。

如果你只是想利用金錢，那你認為金錢會愛你嗎？它會願意接近你嗎？這就是為什麼很多人口裏說喜歡金錢，但實際上卻經常缺乏金錢的原因，因為你跟金錢只是利益上的關係，而不是真誠而純粹的愛。當你能夠真心地愛金錢時，你就能與金錢建立良好的關係。

如何測試自己與金錢的關係？

這裏有一個練習，可以讓大家測試一下自己與金錢的關係。這個練習需要在冥想狀態中進行。因此，在開始之前你可以先進行進入量子場域敞開心輪的冥想。在敞開心輪之後，下一步你要做的，就是請財富之靈（金錢之靈）來到你的面前。它可能以一個硬幣的形式出現，可能以一疊鈔票的形式出現，也可能以黃金、銅錢或任何其他形式出現。又或者，你只感覺到一團氣、一團能量，看不到任何東西，這也是可以的。它以任何形式出現並不重要，總之那是財富之靈就可以了。

　　當財富之靈出現了之後，你可以發出指令：「請告訴我我們的親密度。」當你發出這個指令之後，你並不需要做任何事情。在這時候，財富之靈會自己移動，它可能向左、向右、向前、向後移動。在這個過程中，財富之靈與你的距離越近，則代表你跟財富的關係越好。如果財富之靈直接走過來跟你擁抱，那就代表你跟財富之靈的關係非常好了。

　　這個練習非常實用，如果你想要準確知道自己跟財富的關係，你就需要耐心等待，等待財富之靈在同一個位置停下來超過 1 分鐘，這就是你現在跟財富的關係了！

那麼如果關係不好怎麼辦？

　　如果在這個練習中得出的結果是不良好的財富關係，那麼現在你需要做的第一步，就是跟財富建立良好的關係。在這裏，我想分享一個特別的冥想方法。這個冥想方法可以讓你跟財富建立非常緊密的關係。你可以現在做一次上述的財富關係測試，然後照著這個冥想方法冥想兩個星期。在兩個星期後，再做一次上述的財富關係測試，我可以保證你一定會看到明顯的轉變！

　　這個冥想方法非常簡單：敞開你的心，然後請財富之靈來到你面前。不過，這一次我們並不是只是等待它移動，而是跟它對話。其中一種我在這個冥想中最常用的對話是零極限五金句，即「對不起、請原諒我；感謝你、我愛你；我原諒自己」。這句說話本身就含有清理業力和負能量的功效。而當你對財富之靈說這句說話時，其實就是在清理過去你對財富的限制性信念，並對它表示：我願意跟你建立友好的關係。然後，你會看見財富之靈慢慢接近你。到最後，我們可以跟財富之靈擁抱，並觀想它縮小並進入你的心輪之中，就像住在其中一樣。如果你能夠每天進行這個冥想練習持續兩個星期，我可以擔保你的財運會有極大的轉變。

靈性修習 16
財富關係療癒

1. 閉上眼睛，深呼吸 3 下。

2. 觀想財富之靈在自己面前出現。

3. 向財富之靈念零極限五金句。

4. 財富之靈會慢慢向你靠近，最終你可以跟它擁抱。

5. 財富之靈會進入你的心輪，住在你的心輪中。

6. 完成後，說 3 聲多謝，然後慢慢張開雙眼。

我們對財富的態度

　　除了財富能量冥想，我們在跟財富建立良好關係時還需要注意日常對財富的態度。假如你現在認識一位伴侶，而你希望跟他 / 她建立長遠的伴侶關係，那麼你一定需要在日常生活的細節下工夫。跟財富建立關係也一樣，如果你只是冥想時對它好，但日常生活卻非常痛恨金錢，那麼財富也只會離你而去。在這裏，我會分享一些可以跟財富建立良好關係的生活智慧，如果你能夠把這些智慧融入你的生活當中，你將會體驗到非常豐盛的財富！

1. 不要害怕花錢，也不要因為花錢而痛心

　　第一個財富豐盛的生活智慧，就是不要因為花錢而痛心。有很多人看到一些東西很想買，買了以後卻說：「很心痛喔，這個很貴。」這種態度其實是對財富的一種否定。試想像一下，如果你不喜歡花錢，那麼你要這麼多錢來幹嘛？你可能會答，是為了安全感。如果你現在心裏面彈出了這個答案，那就代表兩件事。一、你有一個缺乏安全感的課題需要學習，因為一個豐盛的人會相信宇宙會在他需要的時

候給他足夠的財富，而因為缺乏財富而感到不安全的人其實是缺乏對宇宙和豐盛能量的信任。二、你累積金錢只是為了滿足你內心的恐懼，而不是因為豐盛。如果你總會為花錢而痛心，那這就是你第一個需要正視的信念。

當我們花錢買東西、食物時，其實我們是在讓金錢為我們提供享受。這些享受，正正反映了金錢最美的一面。下一次當你花錢時，不妨享受一下金錢帶給你的享受。當你發現其實金錢能夠為你帶來快樂，你就能對金錢建立正面的感覺。相反，如果你每一次花錢都覺得很痛心，覺得不該，那麼你只是在討厭金錢為你帶來的事物。在這個情況下，金錢只會離你而去，因為你根本不需要它。

2. 創造性思維 vs 競爭性思維

創造性思維和競爭性思維很多時都是我們在療癒財富課題時的重要關口。所謂的創造性思維，是指相信自己具有創造／顯化財富的能力。金錢只是能量，而你作為你實相的創造者，你需要做的只是把這些能量顯化出來。相反，競爭性思維是指相信金錢是一種需要透過「競爭」而獲得的資源，或許你需要透過剝削其他人，或者偷取其他人的金錢，來獲得你現在需要的金錢的思維。這種思維並沒有把金錢視為一種可被顯化的能量，而是把金錢視為一種有限的資源。由於金錢是有限的，因此你唯有靠剝削他人來獲得這種資源。可是，把金錢視為有限的資源，你就只能顯化有限的金錢。換句話說，競爭性思維背後的隱藏信念就是「金錢是有限的」，而這個信念就會顯化出有限的金錢。相反，創造性思維相信金錢只是能量，因此無論你需要多少金錢，你都可以顯化無限的金錢。

如果我們希望可以顯化金錢，我們就需要建立一種創造性思維。我們需要明白金錢只是宇宙中的一種能量，宇宙能夠無限量地提供這種能量給我們。因此，我們絕對有能力在物質實相中創造無限的金錢。這是豐盛財富思維的重要部分，也是創造無限財富的關鍵。

3. 沒有無法解決的問題，只有不願意解決問題的人

我第三個想要分享的豐盛財富思維，是「沒有無法解決的問題，只有不願意解決問題的人」。在眾多豐盛財富思維中，我會說這個是最重要的。有很多人在嘗試增加自己的收入（不論是被動還是主動收入）時，都會遇到難題。可能是開網店時不知道如何尋找客源、可能是想建立被動收入但不知道從何入手、可能是沒有足夠的資金去營運一門新的生意。有很多人在遇到問題時，第一時間就會想退縮。他們會把這些問題視為一些限制，一些他們人生中的限制。可是，我卻會把這些問題視為挑戰，而每當你克服了一個挑戰，你就距離成功邁進了一大步。在這裏，我們並不是要討論在遇到問題時該如何解決，而是在遇到問題時我們應該要有解決問題的決心。這個世界並沒有無法解決的問題，只有不願意解決問題的人。只要你有這種決心，任何問題都能夠被解決！

4. 理財智慧：有智慧地運用金錢

最後一個我想要分享的豐盛財富思維，就是要有智慧地運用金錢。所謂的「有智慧地運用金錢」，是指每當我們花費一元金錢時，我們需要思考這些花費能否為我們帶來更多的金錢。這是一種投資的智慧。如果你把購買手機、電腦遊戲的金錢花費在參與自我增值的課程上，那麼你一定能把這些花費賺回來，因為你的知識和技術得到了提升，所以你能為社會提供的價值就會增加。可是，如果你不斷把金錢放在追求新款手機上，你的花費就賺不回來。唯有有智慧地使用金錢，才能顯化豐盛。

在處理財富的課題時，我們最緊要的是改變我們的思維。因為我們的思維是影響我們能否顯化豐盛的關鍵。透過豐盛財富思維，我們就可以顯化豐盛的財富。

豐盛財運的另一個關鍵：接納匱乏

匱乏的心會顯化貧窮，豐盛的心會顯化財富。這句說話聽起來沒有錯。可是，大家有沒有想過，匱乏才是顯化財富的關鍵呢？

有很多人為了培養一顆豐盛的心，不斷「催眠」自己，告訴自己：「我很豐盛」。可是，有沒有想過其實這個行為只會令我們更加匱乏，而不是更加豐盛呢？

當你不斷說：「我很豐盛」時，其實背後更反映了我們有匱乏的心。這是由於，你正在「抗拒」匱乏。當一個人抗拒匱乏時，其實反映了這個人內心存在對貧窮的恐懼。當一個人恐懼貧窮，即表示這個人內心匱乏，因此才會恐懼沒有錢。一個真正豐盛的人，是一個能夠在銀行戶口裏沒有錢、甚至負數時，仍然能夠保持豐盛、快樂和愛的人；因為一個豐盛的人很清楚知道，宇宙會為他安排最好的，他將能夠完全信任宇宙，而並不會因為銀行戶口負數而出現不安全感。

真正的豐盛，並不是指你能夠顯化大量財富；真正的豐盛，是指你能夠完全信任、臣服於宇宙，知道宇宙會為你安排最好的，知道你是受到宇宙的照顧的。當你越抗拒匱乏，則反映你還未能做到完全的信任、完全的豐盛。當你能夠接納匱乏，就能做到真正豐盛。

第二十八章

遇見幸福的秘密：
如何吸引健康的愛情？

　　關係一直以來都是人生一大課題。可能你會覺得愛情對你來說很遙遠。可是，其實我們的整個人生都是因愛情而生的。你之所以會存在於這個物質世界，也是由於一男一女因愛情而相遇、結合。但有沒有人想過，其實「愛情」究竟是怎麼樣的一回事呢？如何才能吸引「健康」的愛情呢？

　　你會留意到，在這裏我並沒有說要遇見「完美」或者「幸福」的愛情，而是強調「健康」。因為唯有一段健康的關係，才能為人的靈魂帶來成長。然而，一段「不健康」的關係，則會為我們帶來悲傷。你試想一下，如果你的伴侶是一位控制慾極強的伴侶，你時時刻刻都需要犧牲自己來滿足他的控制慾，你會開心嗎？如果你自己本人是一位控制慾極強的伴侶，你時時刻刻都在焦慮、擔心對方出軌，或者擔心對方對自己不忠，因此要經常檢查對方的手機，這樣你又開心嗎？這段關係又幸福嗎？

　　我認為，其實一段所謂「幸福」的關係，就是一段健康的關係。而一段健康的關係，就是一段基於「愛」而非「恐懼」而建立的關係。你有沒有想過，究竟你的關係是基於愛還是恐懼而建立的呢？現在的你，選擇進入一段關係，是因為你愛對方、愛自己，還是因為你害怕孤獨、害怕失去對方？

　　大家要明白一件事，即使從外在看來你的行為是帶著愛的，但你內在的動機是出於愛還是出於恐懼，當中所產生的頻率也會不一樣。即使在一段關係中，你對對方非常好，但如果你對對方的好是基於害怕對方會離開，因此希望用這個方式留住對方的心；那麼，這就是一種恐懼的頻率。

人類的愛情是如何產生的？

有很多人經常會問，愛情究竟是怎樣的一回事。首先，「愛」和「愛情」其實是兩種截然不同的概念。對我來說，愛就是與一切萬有合一，愛就是覺知到自己和其他人是沒有分別的，在神聖本源中一切萬有都是一體的，我們就是一切。然而，愛情雖然也代表兩個人結合，合二為一。可是，這與剛才所說的愛不一樣，因為「愛」並不會只針對某個人，而是萬物的合一；可是，「愛情」卻只是兩個人的合一。在這裏，我並無意批判「愛情」，我認為每個人都有追求愛情的權利，愛情對我們的人生、對我們的靈魂成長也有很大的貢獻。在這裏，我只是嘗試以有限的文字來分享我自己對「愛」和「愛情」的反思，僅此而已。

言歸正傳，那麼「愛情」到底是怎麼一回事呢？如果你問我，我會回答：**愛情就是互相照顧對方的內在小孩。**而人之所以追求愛情的原因，就是希望找到一個跟自己沒有直接血緣關係的人來照顧自己的內在小孩、滿足他的需要。這就是為什麼有些心理治療師經常說我們會選擇一些跟我們的異性父母相似的人作為自己的伴侶的原因，因為我們的內在小孩希望有一個像自己異性父母的人來照顧自己、滿足自己的內在需求。

個人認為，內在小孩嘗試向外尋求別人照顧的過程，其實也是為什麼人會認為自己「缺少」了另一半的原因，也是為什麼人會相信自己的一生就是為了尋找「另一半」的原因。內在小孩渴望得到愛情、渴望被照顧，其實也反映了內在小孩攜帶著某程度上的匱乏，某程度上需要接受療癒。而你的伴侶，就是最好的療癒師，因為他比任何療癒師都更加了解你，而且會在你遇到挑戰和困難時陪伴你。

有很多人都說：如果你需要對方的陪伴，那其實就反映你害怕孤獨，因為你會在獨處時感到匱乏；因此，人應該懂得自己陪伴自己，自己一個逛街、看戲、吃飯。對於這一點，我其實也在某程度上同意。因為如果一個人內心會因為獨處而感到「匱乏」，那就代表這個人「缺乏愛」。一個真正感受到愛的人，並不會因為身邊沒有人陪伴而感到

匱乏。而一個「缺乏愛」的人，又如何愛人呢？自己都沒有愛，又如何給予愛呢？這就好比自己錢包都沒有錢，又如何捐錢呢？因此，一個能夠在跟自己獨處時仍然「覺滿」、不會感到匱乏的人，才能真真正正愛人。

可是，另一方面，我們也不否認關係對一個人的生活、靈性帶來了極大的幫助。整個社會的發展、人類靈魂的發展，其實都建基於人與人之間的關係。如果這個世界只剩下你一個人，那麼你根本不可能生存，因為你很難找到衛生的食物、找到地方避開雷電，甚至無法在一個小時內由觀塘前往荃灣。我們的生活的方便，是不同的人透過團隊合作而產生的成果。

另一方面，關係也為我們的靈性帶來了成長。**關係，其實說到底就是一面鏡子，一面映照內心的鏡子。**為什麼呢？因為你的關係是你的內在小孩選擇的，以用來滿足他的需求的。外在的關係，其實就是一塊映照內在的鏡子。你內在的所有問題，都會在外在的關係中被映照出來。**很多時，就是由於我們在關係映照自己的內在矛盾／衝突／問題時，沒有好好正視，反而把產生關係衝突的問題歸咎於對方，結果導致兩人決定分開、分手。**其實，只要你能覺察關係所出現的問題源自於內在，這段關係就能為你的靈性成長帶來極大的幫助。這是非常重要的。

縱使我們要學會自己跟自己相處、學會自己愛自己、學會即使在獨處時也能「覺滿」；我們也不可否認，每個人都需要關係，每個人也想擁有一段健康的關係，來滋養自己的生命、來照顧自己的內在小孩、來讓你的人生更多姿多彩！

自愛 vs 成為愛

我經常聽到有人說，「自愛」是吸引健康關係的關鍵。然而，我並不同意這個說法。試想一下，一個人「自愛」反映了什麼？反映了他認為自己與其他人是兩個獨立的個體，是一種分離（Separation）的觀念，因為你把自己跟別人分開了，所以才需要強調要「自愛」。

然而，人真的是分離的嗎？我們的靈魂在宇宙終極實相中都是一體的，我們最終都是一體的。我們只是意識、只是頻率，沒有人可以把頻率和意識分開，我們只是以為我們分開了而已，以方便我們探索這個物質世界。

因此，不要再想如何自愛了。與其想如何自愛，不如想想如何成為愛！如何活出愛！愛是沒有分自愛和他愛的。而如果你活在愛之中，你就很自然會愛自己、珍惜自己，愛他人、珍惜人與人之間的關係。愛，是一種合一的頻率，代表一個沒有分離的狀態。可能你會認為，要定義什麼是愛，是一件不可能的事。然而，雖然我們不可能用文字表達什麼是愛，但我們卻可以用生活、用行動去活出愛。愛，不需要被定義，你只需要活出愛。至於如何活出愛，則每一個人都不一樣。不過，愛的表達方式並不是重點，你的行為是否出於愛才是重點。

何謂魅力？

無可否認，若要吸引愛情，魅力是一個關鍵的因素。試想一下，如果你是一個油頭粉面、頭髮蓬亂、滿身體臭的人，你如何吸引異性跟你發展呢？然而，魅力看似是一件非常 3D 的事情；社會上對魅力的定義，很多時都與社會對「美」的標準有關；好身材、小鮮肉、大眼睛、雙眼皮等等。可是，在身心靈的層面，魅力所指的卻不一定是這些。在靈魂的層面，魅力所指的，是**「成為自己所能成為的最佳版本的自己」**。

對我來說，所謂「成為自己所能成為的最佳版本的自己」所指的是**在身、心、靈層面的整體健康**。飲食、運動、儀表衛生等都是在使身體健康的關鍵（儀表衛生並不一定要是渾身名牌，但起碼乾淨整潔）；處理情緒的能力、抗壓能力、適當的休息、開朗的心境、愛的傳遞則代表心智層面的健康；而能夠成為真實的自己、培養自己的才華、有自己的目標、在生活中活出光和愛則是靈性層面的健康。當你能夠努力讓自己成為自己所能成為的最佳版本的自己，你就會自然散發出個人的魅力。當然，上述的這些只是我個人的心得分享，每個人

對於什麼是「最佳版本的自己」都不一樣。不過，在這裏的重點是：魅力並不一定是要成為韓星、或者女神。每個人的魅力都不一樣，不要因為社會的標準而改變自己，反而是要讓自己不斷進步、不斷突破自己、不斷療癒自己，在身、心、靈3個層面都盡力成為最好的自己。當然，其實從來都沒有「最好的自己」，我們永遠都會有進步的空間。因此我只是說「你所能成為的最好的自己」。只要你盡了力，就已經足夠了。

現在，問一問你自己：你是否已經是你所能成為的最佳版本的自己呢？你有沒有盡力維持自己健康的身體？有沒有每天做運動？有沒有好好培養自己的才能？有沒有注意自己的儀表儀容？這些都是非常重要的。我們的靈魂來到第三維度的世界，體驗生命，就是為了創造一個最好的自己。**當你能夠成為自己所能成為的最佳版本的自己，你的魅力就會隨之而散發出來。**

那麼，如何知道你現在是否已經成為自己所能成為最佳的版本的自己呢？最好的方法，就是想一想自己理想中的自己是一個怎樣的人。可能你期望成為一位運動員；可能你期望成為一個有才華的人。想一想你理想中的自己是怎樣的，在你的腦海裏具體地刻畫出他的形象，這樣就可以知道，最佳版本的自己是怎樣的。

現在，在書桌上拿出一張白紙，然後在白紙寫下你理想中的自己有什麼特質。接著，看看自己有哪些項目是已經滿足了，有哪些項目還差一點點。之後，以滿足紙上的所有項目為目標，努力讓自己進步。在這裏，我希望強調你並不是要「改變」自己，而是使自己「進步」，這是兩種截然不同的頻率。我們不應該因為別人的期望而「改變」自己，但我們可以反思自己可以改善的地方，讓自己進步。「改變」自己和「改善」自己是兩種截然不同的概念。**在這裏，我強調的是要「改善」自己，而不是「改變」自己。**

陰柔氣質：讓愛流動的關鍵

有很多情侶，即使內心非常愛對方，但卻沒有把這種愛表達出來。可能雙方都非常愛大家，但說話的語氣、態度卻非常不溫柔，甚至惹人討厭。會出現這個情況，是由於雙方都缺乏了讓愛流動的關鍵——陰柔氣質。

陰柔氣質（Femininity）是指內在的陰性能量，它是一種溫柔、關心、慈悲的能量。愛，是一種陰性的能量，而與之對應的陽性力量則是智慧。當然，這個宇宙也有陽剛的愛，陰柔的智慧；不過，現在我們是在以關係的角度來討論。愛，是一種陰性能量；**當一個人缺乏這種能量，就很難去愛**。有些人會覺得表達愛是一件尷尬的事、關心人會使人毛骨悚然，這就是由於缺乏陰柔氣質所致。在世俗的語言中，這種情況會被標籤為「不解溫柔」。

在家族系統治療的理論中，母親對我們的陰柔氣質的培養有很大影響。如果母親是一個非常剛強的人，那麼很大機會孩子就無法培養陰柔氣質。因為在這個孩子心目中，女性能量就是剛強的。另一方面，即使母親是非常溫柔的，但孩子與母親斷開連結、關係惡劣，都會導致孩子缺乏陰柔氣質。

對於一個孩子來說，父親是其陽剛氣質的來源，而母親則是其陰柔氣質的來源。孩子會透過向父母學習，來適應如何在社會生存。因此，如果跟母親的連結斷開了，我們就無法從母親習得陰柔氣質，我們就會不懂得如何溫柔地對待別人。無論是你的伴侶、你的家人、你的朋友。這就是為什麼人們會說跟母親的關係會影響桃花運的原因。

要建立陰柔氣質，首先就要停止否定陰柔氣質（假如你本身有否定的傾向）。有很多人之所以否定陰柔氣質，是由於他們認為陰柔就代表懦弱。然而，陰柔並不代表懦弱，愛反而是宇宙間最強大的力量。一個人溫柔，只是代表他懂得如何愛人。**懦弱，並不是由於陰柔氣質過多，反而是陽剛氣質過少**。當我們開始停止否定陰柔氣質後，下一

步我們就可以開始培養／喚醒內在的陰柔能量。我認為最簡單直接的方法，就是向一個你認為她攜帶健康的陰柔氣質的人學習。你可以觀察她的一言一行，透過感受她的能量來學習如何表達陰柔氣質。

其中一個比較常見人會否定陰柔氣質的原因，是**由於孩子否定母親／與母親斷開連結**。這有可能是由於母親小時候對自己不好、母親小時候沒有照顧自己、父親不斷在自己面前說母親的不是等等；無論是何種原因，如果你否定陰柔氣質的原因是由於對母親的否定，那麼你第一件需要做的事，就是接納你的母親。縱使她傷害了你、縱使她做了與你的價值觀相違背的事，她始終是你的母親、她始終養育了你、她始終是你生命的一半來源（另一半來自於父親）。你可以不認同她的行為，但這並不代表你不可以接納她作為你生命的一半來源。接納和認同是兩種概念。有很多人都以為接納她就代表認同她，然而這卻是一個錯誤的說法。神會無條件接納我們，無論我們做了多壞的事；可是，祂不一定會認同我們所做的事。**既然神可以無條件接納我們、無條件愛我們，為什麼我們不可以無條件接納我們的母親、無條件愛她呢？**接納，並不代表認同。你可以選擇不重複她的行為，但這並不代表你不可以接納她。

當然，如果你慣性否定自己的母親，要你一時三刻接納她是一件很困難的事。因此，我才會在上文提及大家可以找一些陰柔氣質的榜樣來學習／模仿。不過你要明白，否定母親和無法接納她，其實也反映著內在有未處理的憤怒和執著。這些都是會障礙我們連結神聖本源的愛、障礙我們靈性修行的能量。跟母親的關係，可能是其中一個人生最大的課題。

關係能量調頻

在這裏，我可以教授一個關係能量調頻的小技巧。這個技巧可以改變兩個人相處時的能量場。不過要注意的是，這個技巧只會改變兩個人相處時的關係能量場，而不會改變對方對自己的感覺。當然，改

變了相處時的能量也會間接地改變對方對自己的感覺，但這種改變並不像愛情魔咒那一種會直接提升對方對自己的好感度。我們只是希望跟對方相處時更舒服，而不是改變對方的自由意志。如果你跟你的伴侶的關係開始缺乏火花、或者你希望雙方的感情可以再升溫，這個練習絕對能夠幫到你。

靈性修習 17
關係能量調頻

1. 閉上眼睛，深呼吸 3 下。

2. 發出指令：邀請 xxx 的潛意識來到這裏。

3. 用蛋白變彩色神聖光射從下而上照著對方。

4. 如果前來的並非對方本人，就請他離開；然後再發出指令，直至對方本人的潛意識前來為止。

5. 走上前，觀察對方的表情、動靜。

6. 觀想一個巨型粉紅色光球出現在天上，並在粉紅色光球中觀想粉紅色神聖光射的光語曼陀羅。

7. 發出指令：請把 xxx 的能量放進我們的能量場中。

8. 觀想粉紅色球體向下發放粉紅色（或其他顏色）的閃粉，調整你們之間的氣場的頻率。

9. 到你感覺你們的頻率充滿了愛，可以上前跟對方擁抱，說 3 聲多謝，然後可以請對方的潛意識離開。

10. 深呼吸，然後慢慢張開雙眼。

你可以在跟對方見面前進行這個練習；可以在早上進行、乘車時進行。這個方法只會改變兩人見面時的相處頻率，並不能調整在社交媒體上的相處模式。因此，你只可以在見面前使用。這個方法不一定要用在伴侶關係上。上司下屬、家人、朋友也可以用。這個方法的效用絕對超出你的想像。只要你可以善用這個方法，就能讓雙方的關係轉好。

知識補給站
靈魂的跨維度關係

我們現在所擁有的關係，並不是偶然，全都是因著靈魂的安排互相吸引而出現的。這些靈魂層面的關係，一直都在深深影響著我們。你跟你的父母、伴侶、摯友之所以會相遇，全都不是偶然，而是你的靈魂所選擇、所吸引的。在這部分，我們將會深入探討這種深層次的靈性關係如何形成，並討論這些關係的意義。

最多人談論的靈性關係，莫過於雙生火焰和靈魂伴侶。然而，有很多人並不了解這兩種關係的真正意義，因而曲解或浪漫化這些關係。若要了解靈魂與靈魂之間的關係，我們就首先要了解靈魂是如何被創造出來的。

靈魂家族

靈魂家族，所指的其實是跟我們來自同一個源頭的靈魂。我們每一個人的靈魂都經過多次以 12 為倍數的碎形造就我們現在的狀態。在碎形的過程中，都會產生非常多不同的面相／個體。而這些在碎形期間產生的個體，就是我們靈魂家族中的成員。

然而，其實靈魂的碎形過程並非隨意的。每一次碎形所產生出來的個體，都會各自繼承其本體的某個面向。換句話說，每一個個體都

代表了其本體的一個面向，無一例外。你可以想像靈魂是一個時鐘，而其碎形出來的每一個個體就是時鐘上的不同數字。每一個數字都代表一個方向，代表著時鐘的「某一面」。而所有的個體集合起來，就形成一個美麗的時鐘。

我們的轉世人格、本靈、單子、梵我、星靈，以及星靈以上的所有存有也是如此。每一個轉世人格都繼承了本靈的不同面向；每一個本靈都繼承了單子的不同面向；每一個單子都繼承了梵我的不同面向；每一個梵我都繼承了星靈的不同面向；每一個星靈都繼承了宇宙存有的不同面向，如此類推。

靈魂伴侶

所謂的靈魂伴侶，其實是指我們的靈魂家族中的其他成員。我們並非只有一個靈魂伴侶，而是有多於一個靈魂伴侶。假如你是時鐘上的「12 點」，則其他「1-11 點」就是你靈魂家族中的其他成員。由於這些個體都來自同一個本體，因此大家都共享著同一個原始碼（Source Code）。當你遇見這些跟你擁有同一個原始碼的個體時，就會有一種莫名的親切感。其實這種莫名的親切感，是來自兩個人之間的原始碼的共振。

當然，有時候，你可能會遇到跟你的靈魂來自同一個靈魂家族的人，但你們卻過著不一樣的生活，有截然不同的課題，也沒有需要建立深厚的連結。另一方面，你亦可能會認識到另一個靈魂，他跟你並非來自同一個靈魂家族，但你們卻投契得不得了，而且也有著非常強烈的牽絆。甚至當你們相遇時，你可能會誤會你遇見了你的雙生火焰；然而，其實這種感覺可能只是因為你們在世的頻率共振（可能是由於你們的遭遇、經歷、課題，甚至是你們的意識層次非常接近），因此這種共振就讓你誤會這是一種雙生火焰或靈魂伴侶關係。

雙生火焰

　　有很多人都以為，雙生火焰所指的是兩個曾經被一分為二的靈魂；一個靈魂為陰，另一個靈魂為陽。然而，這卻是一個非常不準確的說法。每一個靈魂都是完整、完滿的。靈魂並不會也不需要被一分為二。而每一個靈魂的深處，都同時存在著陽性和陰性兩個特質，這兩種力量同時存在於我們之內。雙生火焰並不代表靈魂被一分為二，而是代表兩個互相映照的靈魂。簡單來說，雙生火焰就是一面鏡子。

　　雙生火焰是鏡子的意思是什麼呢？如果你還記得在第三章提及在人體中的光之生命樹模板，每一個人的靈魂數據都被儲存在自己的光之生命樹模板中。而雙生火焰的意思，就是指雙方的光之生命樹模板猶如鏡子一樣互相映照對方的靈魂。在這種情況下，你會發現雙方好像一模一樣，但同一時間雙方又會有互為相反的特質（因為鏡子映照出來的影像是左右翻轉的）。這，就是雙生火焰。

　　我們再一次以時鐘的例子為例。假如你是時鐘上的「12點」，那麼你就會跟在你對面的「6點」互為鏡像，互相映照。由於「12點」跟「6點」互為鏡像，因此當兩個個體相遇時，就會產生特別強烈的共振，即「雙生火焰」的共振。同一時間，如果你遇到的靈魂家族成員是1點、4點、8點，也會產生共振，但這種共振並不如遇到跟自己互為鏡像的「6點」強烈。

　　在靈魂碎形的過程中，在不同的層面你都可以找到跟你互為映照的個體。你會找到一個跟你的轉世人格互為映照的轉世人格；你會找到一個跟你的本靈互為映照的本靈；你會找到一個跟你的單子互為映照的單子；你會找到一個跟你的梵我互為映照的梵我；你會找到一個跟你的星靈互為映照的星靈，如此類推。

　　無論你們是在哪一個層面互為映照，由於你們之間不但共享同一個原始碼，而且雙方的光之生命樹更互為鏡像，於是就造就了一種被稱為「雙生火焰」的連結。換句話說，我們有不止一個雙生火焰。我

們的轉世人格有一個雙生火焰、我們的本靈有一個雙生火焰、我們的單子有一個雙生火焰、我們的梵我有一個雙生火焰，如此類推。至於這種雙生火焰的靈性鏡像關係究竟如何呈現在物質世界，這則取決於靈魂的抉擇。有很多人都以為雙生火焰一定會以情侶方式出現，但其實這並不是必然。你的雙生火焰有可能是你的父母、兄弟、摯友、生意夥伴；有時候，你的雙生火焰可能並沒有進入物質界，而是以指導靈的方式出現。也有可能，你的雙生火焰現在正在其他星球。

　　你可能會聽說過，認為我們必須跟雙生火焰相遇並結合雙方的能量才能揚升，或者只有我們在地球輪迴的最後一生才能與我們的雙生火焰相遇並結合。可是，這其實是一個錯誤的說法。我們跟雙生火焰的相遇，完全取決於我們靈魂的抉擇。我們並不需要我們的雙生火焰來使自己完滿。不過，這並不代表我們不會遇到自己的雙生火焰，這也不代表我們不應該與我們的雙生火焰結合。只不過，我們並沒有需要執著於跟雙生火焰結合；因為當我們準備好了以後，我們自然就會跟自己的雙生火焰相遇。

　　與其去想如何找到自己的雙生火焰以結合靈魂的陰陽能量，我認為我們更應該去平衡我們內在的陰陽能量。雖然我們的靈魂具有陰或陽的屬性，但我們的內心其實本身已經有陰和陽兩種能量。換句話說，我們內在本身就具有陰柔和陽剛兩種特質。然而，當我們內在的陰陽能量失衡時，我們的能量場就會變得不穩定，甚至做出傷害自己或他人的行為。例如：一個過於陰柔的人很容易會因為柔弱而被欺負；一個過於陽剛的人很容易會變得大男人，忽視別人的需要和感受。當然，這裏所說的只是一些可能性，我們並不能就這樣斷言過於陰柔或陽剛一定會這樣，因為每個人的情況都不一樣，這裏只是列舉一些例子而已。

　　其實，平衡內在的陰陽能量比找到雙生火焰更為重要。有很多人認為，與雙生火焰建立的伴侶關係能夠創造美好和幸福的戀愛關係甚至婚姻關係。然而，其實這並不一定是事實。首先，你跟你的雙生火

焰可能會有關係的課題需要一起學習（例如：如何去愛），當中可能涉及一些衝突和和解的過程；不過在這裏我們暫且不討論這個部分。其次就是，如果我們內心本身的陰陽能量沒有得到平衡，我們又如何能夠跟別人發展健康的關係呢？

打個比喻，一個過於陽剛的人，無法溫柔對待伴侶，或者經常忽視對方的感受，這樣能夠建立一段健康的關係嗎？一個過於柔弱的人，無法好好保護自己，甚至經常被伴侶傷害，這樣能夠建立一段健康的關係嗎？由於我們的能量會被完美地顯化出來；因此，如果我們攜帶著柔弱的能量，我們就會在關係中顯化自己作為弱勢的位置。如果我們要建立一段健康的關係，我們就要先平衡自己內在的陰陽；這就是建立健康關係的關鍵。

假雙生火焰

有些人會疑惑為何在認為自己遇到自己的雙生火焰後，卻會被自己的雙生火焰傷害呢？雙生火焰不是應該創造一段和諧的關係嗎？這很容易令人誤會雙生火焰的關係有可能會傷害自己。然而，其實這個情況出現的原因，是由於他們所遇到的是一個「假雙生火焰」。假雙生火焰，是你的靈魂安排來為你未來遇見自己的雙生火焰做準備的。我們之所以還未遇見我們的雙生火焰，其中一個原因可能是因為我們還未準備好。這可能是由於我們還未處理好自己的課題、不懂得如何去愛等等。而假雙生火焰的出現，就是為了幫助我們衝破這些課題，讓我們準備好自己去跟自己的雙生火焰連結。

假雙生火焰所造成的傷害，其實是要讓我們知道自己內在潛在的限制性信念和課題。在這裏我希望分享一個故事，大家就會明白假雙生火焰是怎麼一回事。

我曾經有一個朋友，他在網上結識到一個跟他非常投契的女生。他們很快就開始發展成戀人關係。我的朋友認為這個女生是他的雙生

火焰，因為他們的喜好、興趣和性格都符合「互為鏡像」的特質。可是，這個女生在他們交往半年後就跟他說分手，原因是她發現他們之間的火花開始減少了。我的朋友百思不解，為什麼會這樣。於是，他找我到量子場域了解一下發生了什麼事。

當我進入量子場域後，我發現他的感情問題其實源於他無法走出他母親的陰影。一直以來，他的母親在家中都處於強勢，他可以做的就是唯命是從。這導致他對於女性產生一種畏懼之心。他的前度之所以會發現火花逐漸減退，是因為她感受到我朋友內心的畏懼之心，在他們之間形成一道無形的隔膜；這就是為什麼他們的關係會出現問題的原因。因此，若要吸引一段幸福的愛情關係，必須要先處理這一方面的負能量。

於是，我們進行了一場靈魂療癒，告知他需要明白我們不應該對其他人有畏懼之心，我們應該帶著愛和尊重去對待每一個人。過了幾個月之後，他認識了另一位女生。有趣的是，這位女生跟他的前度非常相似，甚至連興趣、說話的口吻和語氣等都一模一樣。他一開始很害怕這個女生會不會像上一個一樣傷害他，因為兩個素不相識的人如此相似幾乎是不可能的。可是，這位女生對待他的態度跟他的前度並不一樣。他能夠在他新的女朋友身上感受到非常強烈的愛，令他釋除了這個疑慮。

在這個故事中，我朋友的前度其實是他的假雙生火焰。因為他內在對女性的畏懼還未徹底被解決，所以這位假雙生火焰就前來幫助他處理自己的課題。而這個過程其實是必須的。試想像一下，如果他攜帶著對女性的畏懼之心跟他的雙生火焰相遇，這豈不是會破壞他們兩人之間的連結嗎？因此，假雙生火焰便前來先幫助他了解他的課題，然後待他解決了課題之後，便可以攜帶著無條件的愛跟他的雙生火焰連結。

如何吸引與自己靈魂契合的「靈魂伴侶」？

　　每個人都希望能夠吸引自己的靈魂伴侶。可是，究竟有多少人真的準備好跟自己的靈魂伴侶相遇呢？如果你曾經想過希望遇見自己的靈魂伴侶，我想你現在仔細想一下：究竟你為何希望吸引一個靈魂伴侶呢？

　　我之所以這樣問，是由於有很多人對靈魂伴侶的憧憬其實並非基於愛，而是基於過去的感情或關係創傷。他們希望找一個人，可以彌補他們的感情或關係創傷，因此他們希望找到一個不會傷害自己的「靈魂伴侶」，可以成為他人生的感情寄託。然而，單單是這種心態，就無法讓我們吸引一個「靈魂伴侶」。正如前文所說，如果一個人未能處理好自己內在的問題，即使一個 100 分的好男人/女人出現在他面前，成為他的伴侶，他也不會開心、不會幸福。打個比喻，一個曾經被男友出軌的人，即使後來遇到一個專一好男人，她也可能會因為過去的創傷而經常擔心自己的現任男友出軌，因為她仍然活在過去創傷的陰影之下。而如果一個人仍然活在這個狀態下，只會糟蹋了一段完美的伴侶關係。因此，在這個情況下，宇宙並不會讓我們跟我們的完美伴侶相遇的。

　　唯有當我們準備好時，我們就會很自然跟我們的「靈魂伴侶」相遇。別誤會，這裏所說的「靈魂伴侶」與上一部分所說的「靈魂伴侶」並不一樣。上一部分所說的靈魂伴侶，是我們靈魂家族中的成員。然而，這裏所說的靈魂伴侶，是一種跟你有很深牽絆，能夠跟你的靈魂一起分享生命喜悅的伴侶。這個伴侶不一定是你的雙生火焰，也不一定是你靈魂家族中的成員（但也有機會是）。可能他跟你的靈魂家族沒有任何關係，但他卻能跟你一起創造最幸福、最完美的關係。

第二十九章
身體的療癒：
內在信念與身體症狀

最後，我們將會探討一下信念與身體的關係。大家有沒有想過，為什麼我們會生病？我們的身體本身就具有一個非常完美的免疫系統和排毒機制。可是，為什麼我們仍然會生病呢？這就要從我們身體細胞的能量說起。

我們的身體其實並不是單純的物理存在，而是一個綜合整個第一諧波宇宙的所有能量體的綜合體。讓我們來重溫一下，在行星維度矩陣中，第一諧波宇宙是由第一、二和三維度組成，這3個維度分別為以太層、情緒層和心智層。而我們的身體，就是這3個維度的光體的綜合體（其實還會包括其他維度，不過在這裏我們先處理這3個維度）。換句話說，我們的身體會受我們的心智、情緒和以太能量影響。而身體的不同部分則與不同的信念、情緒和能量有關。打個比喻，肩膀與責任感有關、脊椎底部跟安全感和財務狀況有關、腳與在生命中前進的動力有關、肝臟和憤怒與罪咎有關、腎臟與恐懼有關。身體的每一個部分都有其對應的情緒、信念。而當我們需要療癒身體的長期病患或狀況，我們需要做的就是轉化導致身體該部位出現症狀的信念。

當然，要這樣做，你首先就要修復導致這個信念出現的創傷所產生的靈魂碎片。這個信念可能來自這一生，也可能來自前世。但無論信念來自哪裏，你都只需要按著上幾個章節提及的靈魂療癒技巧去進行，只不過這次是以療癒身體為目的。在這裏我想分享一個故事。我有一位女性朋友她的性器官出現了發炎的症狀，即使透過藥物治療了

但仍不停復發。當然，陰道炎復發是非常常見的事。可是，由於她看似痛苦不堪，因此我便嘗試為她進行療癒。

在這一次療癒中，我引導她進入量子場域，並掃描性器官中的能量以找出問題的根源。後來我們發現，這與她對性的罪咎感有關。於是，我們運用星界科技把這些罪咎感釋放了。過了一個星期，她告訴我她的發炎症狀消失了。在這個案例中，我們可以看到有些生理症狀並不一定只是因為生理原因。有時候身體的疾病，其實是反映了一些內在的問題。可是，究竟這個內在問題是由什麼觸發的呢？

很多時，**這類涉及靈性原因的身體症狀都跟信念衝突有關。**「信念衝突」是指表面意識和潛意識之間的內在衝突。在宇宙法則的設定中，我們的外在實相是以潛意識的信念為基礎而創造的。可是，我們的表面意識有時候會抗拒／厭惡／不喜歡自己潛意識所創造的，就會導致身體症狀。以剛才的例子為例，那位朋友潛意識對性是接納的，但表面意識卻因為一些保守的觀念而抗拒，甚至對這件事存在罪咎感。在這種情況，潛意識和表面意識出現了衝突，導致性器官（與性相關的身體部分）出現症狀。

另一個我想在這裏分享的例子，是「眼睛」的例子。有一個朋友曾經向我求助，說她的眼睛 2 年前開始就不能清楚看見事物。她不知道原因是什麼，於是我便進入量子場域看個究竟。後來我發現，因為她曾經（這裏說的曾經，是指前世）對這個世界的一切非常抗拒，她不希望看見這個世界的一切不公義的事物。於是，這觸發她在這一生視力轉差。我甚至看見在她的另一個前世，她雙眼直接被挖了出來。我把所有這些靈魂碎片收回來，也把當下在她眼睛中的能量寄生物移除了。過了兩天後，她告訴我她的視力終於恢復正常。這足以證明，有一些生理症狀是可以透過靈性方式解決的。關鍵只在於你是否知道當中的原理。

　　我曾經有想過在這裏寫一個表，把所有身體部位背後可能反映的症狀和疾病都列出來。可是，後來我發現，其實我們並不能做到這麼一個表，這是由於每個人情況都不一樣。A君和B君視力模糊的原因可以完全不一樣。因此，與其每次遇到一個症狀後翻開書本查，倒不如直接進入量子場域，讓宇宙告訴你為什麼會這樣，這不是更簡單嗎？

　　在第五部分，我們詳細探討了各種不同的療癒方法。靈魂碎片、能量寄生物、以太木馬程式；而在這部分，我們探討了信念、財富、關係和身體的療癒。透過療癒我們的生命，我們才能放下我們靈性旅程中的包袱（即我們的創傷和負能量），從而獲得前進的力量。如果你能好好善用這些療癒技術，你的人生一定會出現戲劇性的轉變。

7

成為5D新人類

第三十章

5D 的生活方式： 一種充滿光和愛的生活

　　這本書並不是一本消遣用的書，而是一本幫助大家釋放靈性潛能、成為 5D 新人類的書。成為 5D 新人類，並不是指你將會成為超級撒亞人、或者突然獲得超能力。5D 新人類，其實是**指一種全新的生活方式**，一種將基督意識、合一意識融入日常中的生活方式。

　　我並不打算在這裏說明 5D 新人類的特徵，或者 5D 新人類的生活方式。我知道有很多人都會列出這種生活方式的特徵，作為指引讓人跟從。可是，我不會在這裏做這件事。這是由於，我認為每個人的 5D 新生活都是不一樣的，因為每個靈魂都是獨一無二的，而且每個人都正在以不同的方式體現神的不同面向。因此，沒有任何一個人是一樣的，我也不認為我們應該用劃一的標準去定義 5D 新人類。

　　在這本書中，我們探討了很多轉化和改變生命的方式。這本書中所寫的一切，都圍繞著一個主題：釋放潛藏的靈性潛能。我們並不只是一個物質世界的普通人，我們每一個人都是一個靈性的存在、是一個多次元的存在、是一個可以自由進入不同維度、在量子場域中進行療癒的神聖存在。然而，我們大部分人卻忘記了我們的原貌，以為自己只是一個 3 維的存在。這就是為什麼很多人經常說我們忘記了「我是誰」的原因，也是為什麼很多人會受世上的事物困擾的原因。實際上，我們比我們想像的強大得多，但我們卻不自知。當我們慢慢為自己進行療癒，療癒我們的創傷、療癒我們的靈魂碎片、療癒我們的關係、療癒我們的財運，我們就能毫無保留地一步步連結我們的本靈、單子、梵我、星靈，我們就能把我們在行星維度矩陣中分裂了的能量整合起來，從而超脫行星維度矩陣的限制，重新憶起「我是誰」，再

一次體驗來自神聖本源的光和愛，並帶著這種光和愛開始全新的生活方式。

在這部分，雖然我們並不會羅列出 5D 新人類的特徵，因為事實上每個人都是獨一無二的。不過，我們將會討論各種在談及揚升、靈性修行時所遇到的問題，幫助大家更了解靈性的世界。

第三十一章
超覺感官：
靈性感官的開發

　　超覺感官（Extra-Sensory Perception）是指一種超越人體五感的覺知能力。在日常生活中，我們多數都以視覺、聽覺、嗅覺、味覺和觸覺跟這個世界互動，接收來自外界的資訊，並透過大腦的詮釋理解這個世界。可是，超覺感官卻是一種內在的感官，能夠感知到五感不能感知的事物。你可能會說：我資質平庸，沒有任何超覺感官，無論我上多少課程、學多少能量系統，我都無法看到其他同學看到的東西。然而，你無法在課堂上看到其他同學看到的東西，是否就代表你沒有超覺感官呢？

　　你有沒有曾經在聽到別人說他的慘痛經歷時，感受到他的情緒？你有沒有試過當你接近一個人時，感覺他不好靠近，甚至直覺想遠離他？你有沒有試過在半夢半醒時聽到一些指引？或者發過一些能夠幫助你進行決定的夢？這些其實都是你的超覺感官在接收 3 維世界以外的訊息的表現。其實，每個人本身都具有超覺感官，只是每個人的超覺感官都不同而已。就像我在上一章所說的，每個人的 5D 生活方式都不一樣、每個人的超覺感官都不一樣。有些人可能比較擅長靈視，有些人則可能比較擅長用聽的，有些人可能比較擅長感受，有些人可能比較擅長純粹知曉。擅長用聽的可能不會看到畫面，擅長靈視的可能不會聽到聲音，擅長純粹知曉的可能不會有任何感受。如果我們硬性規定自己一定要「看」到，那麼我們最終只會導致自己無法開發我們的超覺感官。這種感覺就像乘坐公共交通工具一樣。如果你可以乘坐地鐵，但你總是堅持要乘坐巴士，那麼如果堵車你就會遲到了。

還有另一個情況，會令你無法使用你的超覺感官，就是在你氣場或脈輪中有堵塞。有時候，我們的眉心輪或者氣場中會有一些能量堵塞，甚至是以太木馬程式，令我們無法使用我們的內在感官。情況就像你有鼻敏感，你的嗅覺就會受到影響。如果你的超覺感官中存在堵塞，你的內在感官就會受到影響。很多時，這都是為什麼有些人無論如何都無法使用超覺感官的原因。如果你無論是用看、聽、感還是知，也無法接收來自靈性維度的訊息，那很大機會是因為超覺感官中有能量阻塞。如果你無法使用超覺感官的原因是能量阻塞，那麼只要我們轉化了這個堵塞，就能啟動你的超覺感官。

坦白說，在我最初踏上靈性旅途時，我的超覺感官也非常微弱。還記得我第一次接受前世回溯催眠時，我差點就無法進入前世。有一次，我在歐洲參加了一個靈性課程。在課程中，老師教導我們透過照片遙距接收有關照片中人的資訊。在這個練習中，我呆瞪著老師發給我們的照片，除了這張照片外，我什麼都看不見。可是，在分享環節中，我身邊的外國同學卻一個個地舉手，在他們的視覺中似乎看見了很多東西。他們看見了相中人的心理狀態、家居環境等等，彷彿他們認識那個人一樣；而同時間老師也表明他們看到的是事實。我當時大吃一驚，一來是沒有想過靈性感官可以如此準確，二來是非常好奇他們是如何做到的。

後來經過我跟同學的交流後，我才發現原來關鍵在於我們的腦電波狀態。每個人都有 5 種腦電波，γ（Gamma）、β（Beta）、α（Alpha）、θ（Theta）和 δ（Delta）。在日常生活中，我們的腦電波都處於 β 波狀態，腦電波頻率為 14-30Hz，而在興奮時我們會進入 γ 波狀態，頻率為 30Hz 以上。而當我們進入輕度冥想狀態時，我們會進入 α 波狀態，頻率為 9-13Hz；而在深度冥想狀態或淺層睡眠時，我們的腦電波會進入 θ 波狀態，腦電波頻率為 4-8Hz；而當我們進入深度睡眠或極深層冥想時，我們就會進入 δ 波狀態，腦電波頻率為 4Hz 或以下。而當我們進行靈視或使用其他超覺感官時，我們的腦電波頻率越低，我們的超覺感官就會越清晰。換句話說，如果我們在 γ

波狀態下嘗試使用超覺感官，所接收到的訊息會非常不清晰甚至無法接收任何訊息，在 β 波狀態也一樣。如果想接收更清晰的靈性訊息，我們至少要把腦電波降低至 α 波狀態。換句話說，我們需要至少進入輕度冥想狀態，才能提升使用超覺感官的能力。

　　然而，我並不推薦大家只有在使用超覺感官時才進入冥想狀態。我認為，最好的冥想狀態是時時刻刻都在冥想狀態中。冥想狀態，是一種讓自己完全從 3 維世界抽離的狀態，即一行禪師所說的「正念」。在這種狀態中，你將會能夠超越自己的物慾、超越自己的情緒、超越自己的念頭。這裏我們又回到第六章談及的各個啟蒙階段。而實現這些啟蒙階段的秘訣就在這裏：時時刻刻的冥想狀態。當你能夠長期處於冥想狀態中，你就能把自己從物慾、情緒和念頭中抽離出來，從而理性和客觀地看待自己的人生。進行靈性修行的人，腦電波大多數時間都是處於 β 波和 α 波之間，這也是為什麼有些人直覺會特別準，或者特別容易接收到靈性維度的資訊的原因，其關鍵就在我們的腦電波之中。

　　我自己曾經也是一個沒有任何超覺感官、沒有任何靈通能力的平凡人。甚至我在被催眠的狀態下，也差點無法進入自己的前世記憶；我也曾經在課堂上無法看到其他同學看到的事物。可是，我也能夠透過練習成為一位靈魂療癒師。**如果我都可以做到，現在正在看這本書的你也一定可以！**

　　有些人可能會覺得，開發超覺感官並不應該成為靈性修行的焦點。靈性修行是一個往內探索的過程，而這個過程並不應該聚焦在這類「超能力」上。然而，雖然我也非常認同我們不應該把修行的焦點放在超覺感官上，可是我也同一時間認為開發超覺感官是靈性修行不可或缺的元素。

　　首先，我想先討論一下靈性感官的核心：眉心輪。眉心輪被認為是我們的第三隻眼。有很多人一提到眉心輪，就會想起超覺感官。然而，其實眉心輪的意義遠超於超覺感官。眉心輪除了與我們的超覺感

官有關之外，同一時間也跟我們的五感有關。我們來看一看眉心輪附近的器官。眉心輪附近有視丘、下視丘、聽覺皮質、味覺皮質、嗅覺皮質等，全都位於眉心輪附近。眉心輪不但影響著我們的超覺感官，同一時間也影響著我們對這個3維實相的感知。換句話說，超覺感官和五感其實是環環相扣的。眉心輪不但影響著我們的超覺感官，同一時間也影響著我們的五感。有時候，眉心輪之所以會存在堵塞，其實是由於我們不願意接受一些現實世界的事實，甚至對這些事物存在偏見和批判，導致我們無法客觀地觀察事物。例如：本身對某些人、事、物存在批判和成見，令你不願意「看見」事情的另一面。療癒和開發我們的眉心輪，並不意味著我們執著於要擁有某種超能力，而是代表我們願意如實地看見和接受在物質世界和靈性世界中發生的一切。接受現實，才是眉心輪真正的課題。當你能夠放下你對世界的偏見、當你能夠放下你對世界的批判，你就能客觀地觀察這個世界。開發眉心輪，意味著我們願意「看見」物質世界和靈性世界的一切。因此，在開發超覺感官期間，其實我們並不只是在開發靈通能力；更重要的是，讓我們放下對世界的批判，從而為自己打開更多的可能性，以達致靈性提升。

另一個我認為開發超覺感官是靈性修行不可或缺的的原因，是由於超覺感官可以幫助我們對身邊的能量保持覺知。正如我在第二十四章提及的，當你開始踏上揚升的旅途，你就會像一盞突然亮起來的燈一樣，吸引不同的存有來在你身邊徘徊，甚至對你進行靈通攻擊。雖然我們分享了有關光體護盾等靈性保護的方法。可是，最好的保護永遠是你的覺知。當你有能力感受自己和所在環境的能量，你就能在情況不妥時立刻離開，或者在發現自己有不妥時及早處理或找專業人士處理。由此可見，超覺感官對我們的靈性修行而言非常重要。如果我們不能對自己和身邊的能量存在覺知，那麼我們便很容易會在不知情的情況下被負面存有影響，甚至進入偽揚升矩陣或其他負面矩陣而不自知。所以，我始終認為開發超覺感官是重要的，因為超覺感官能夠令你對自己和身邊環境的能量保持警覺。

開發超覺感官，並不是為了獲得超能力，或者為了貪玩，而是為了釋放自己的靈性潛能、學習臣服和接受宇宙的一切，以及增加自己對能量的敏感度。超覺感官並不是什麼超能力，而是在揚升路上幫助你的工具。希望這一章可以幫助大家認清超覺感官的意義，明白超覺感官為我們帶來的好處。

啟動松果體的方法

除了在心理上移除對世界的偏見和批判，我們還可以透過一些簡單的日常習慣和練習啟動松果體。我們的超覺感官之所以會退化，很大程度上是由於我們的松果體「鈣化」了。

所謂的鈣化，是指鈣鹽在松果體周圍沉積。雖然「鈣」對於我們的骨骼發展有著關鍵性的作用，可是吸收過多的鈣是會對松果體產生負面影響的。如果我們想啟動松果體，我們就需要為我們的松果體「脫鈣」。

脫鈣，其實並不是一件困難的事。只要你在日常生活中做出少許調整，就能為你的松果體脫鈣。

多吸收綠球藻、鎂和生物硫

綠球藻、鎂和生物硫都是能夠幫助松果體脫鈣的營養補充品。透過日常進食這 3 種補充品，不但可以幫助身體排毒和放鬆，也可以令松果體更健康。

減少氟化物的吸收

氟化物是其中一個導致松果體鈣化的元兇。我們的自來水、牙膏中都含有氟化物。因此，大家可以購買無氟化物牙膏，和購買能過濾

氟化物的濾水器。透過這些簡單的轉變，就可以減少氟化物的吸收，從而令松果體的鈣化情況不會惡化。

讓松果體多接觸陽光

在太陽光中，含有大量來自中央大日的光碼。當陽光照射著額頭／眉心時，這些光碼會進入我們的松果體，刺激和療癒松果體的能量堵塞。這可以幫助我們啟動松果體，讓我們能正常發揮我們的靈性感官。你並不需要張開眼睛進行這個練習，因為長時間直視陽光會有損眼睛健康。你可以合上雙眼，脫下帽子，讓陽光照射眉心、額頭和頂輪，讓松果體吸收陽光。

當你能夠把上述的習慣應用於日常，你的松果體就會慢慢被啟動。現在，我在這裏再跟大家分享另一個練習。這個練習被稱為「中脈呼吸」，是一個啟動松果體的呼吸練習。這個練習會運用在底輪的拙火能量刺激松果體，從而啟動它。這個練習最好每天可以做 13 組。至於要練習多久，則視乎松果體的鈣化程度而定。不過，當你有一天能夠打開你的超覺感官，你就會覺得這一切都是值得的！

在進行這個練習後，我會建議大家可以運用靈性修習 6 中的簡單練習啟動全視之眼。因為全視之眼是在梵化身光體中的重要能量中心，可以幫助我們放下對世界的主觀感受，更清楚、理性地看見靈性的維度。因此，在進行啟動靈性感官的中脈呼吸後，再啟動全視之眼，可以讓你的靈性感官運作得更好。

靈性修習 18
中脈呼吸

1. 閉上眼睛，深呼吸 3 下。

2. 收緊臀部肌肉和腹部肌肉。

3. 觀想大地母親中心有一個天藍色鑽石星狀四面體，正四面體順時針轉、倒四面體逆時針轉，倒四面體的旋轉速度比正四面體快一倍。

4. 在這個天藍色鑽石的星狀四面體中向上扯一道藍色 / 綠色的光出來，觀想這道光穿過地幔、地殼、到達你的 Omega 脈輪。

5. 觀想這道光進入你的 Omega 脈輪，穿過地球之星脈輪，進入你的底輪，並在你下盤囤積。

6. 大大力呼氣，把體內所有空氣都給呼出來。

7. 大大力吸氣，同時觀想下盤的光沿著脊椎向上移動，穿過延髓進入松果體，令松果體發亮。

8. 閉氣 13 秒，並看見在松果體的位置出現一個金色星狀四面體；正四面體順時針轉，倒四面體逆時針轉；倒四面體的轉動速度是正四面體的兩倍；同時下盤的光不斷湧入這個梅爾卡巴使其轉得越來越快。

9. 呼氣，但繼續收緊臀部和腹部肌肉。

10. 重複第六步至第九步 12 次。

11. 完成後放鬆臀部和腹部肌肉。

12. 啟動全視之眼（靈性修習 6）。

13. 深呼吸，然後慢慢張開雙眼。

第三十二章

健康飲食：
保養好你的物質身體

　　假若你希望開發你所有的靈性潛能，健康的飲食是不可或缺的一部分。雖然我不是一位營養學的專家，但我亦曾經花過一段時間探索這方面的知識。在這裏，我必須強調我並非一位註冊營養師或醫生，在這部分所說的一切亦都只是個人對健康飲食的心得分享。如果你希望尋求專業意見，請諮詢註冊營養師。

　　言歸正傳，為什麼健康飲食對靈魂揚升而言那麼重要呢？我們的身體是我們轉世人格的容器，它盛載著我們的轉世人格，容許我們的轉世人格與物質世界互動。可是，如果我們沒有一個健康的身體，我們又如何能夠健康地與物質世界互動呢？

　　在現代社會，有很多人都深受疾病的折磨。然而，為什麼身體會生病呢？我們的身體明明已經有一個非常完善的免疫系統和排毒系統，理應可以把病毒自然排出體外。可是，為什麼我們還會受感染，還會生病呢？原因就是，我們身體中的毒素過多，令我們的免疫系統和排毒系統無法正常運作，導致病毒留在我們的身體中，令我們「生病」。

　　我們的身體，可以說是神給我們最偉大的禮物。它容許我們在物質世界中生存。試想一下，如果你的身體有一個部分無法正常運作，你的生活就會變得非常不方便。如果你的呼吸系統無法正常運作，你就無法透過吸收氧氣生存；如果你的肝臟無法正常運作，你就無法把毒素分解；如果你的腸胃無法正常運作，你就無法吸收食物的營養和把毒素排出體外。你的身體是一個非常精密的設計。**你真的願意讓你一時的口慾快感破壞這個精密的機器、破壞這份偉大的禮物嗎？**

　　再者，我們的身體是一條管道，一條讓宇宙頻率流動的管道。無

論我們是在進行療癒、網格工作，還是其他光工作，我們的身體都是一條光的管道。如果我們的管道無法健康運作，那麼我們又如何能確保從我們身體所發出的能量純淨呢？因此，保養好我們的身體，確保我們的身體有足夠的營養，這是非常重要的。

當我們選擇食物時，我們應該選擇對我們的身體有好處的食物。我們需要知道自己的身體需要什麼。而每個人的身體需要什麼，只有我們自己才知道。有些人的身體可以吃素，但有些人的身體吃素會非常虛弱；有些人的身體可以吃糙米（一種低升糖指數的米，被認為比較健康），但有些人吃糙米卻會消化不良，故需要吃白飯。因此，我們無法告訴你什麼是對你最好的，只有你自己才知道什麼是對你而言最好的。

素食文化

在靈性修行路上最大的爭議就是素食文化。現代的素食文化源自佛教教義（這裏只牽涉現代素食文化，並不涉及耆那教和婆羅門教所提倡的素食主義）。因佛教認為食肉有違「不殺生」的戒律，而這種素食文化影響了很多身心靈修行者，致令新時代運動出現素食文化。

然而，佛陀提倡素食或限制僧侶不能吃肉的說法在學術界存在一定的爭議性。有說法認為，其實佛教素食戒律是由梁武帝所開始的，當時甚至有僧侶反對他禁止僧人食肉的政策，認為這沒有經典根據[31]。另一方面，有人認為佛教的素食文化是佛陀弟子提婆達多因不被佛陀承認其地位而自訂的戒律，其目的是加以限制僧團的活動令人討厭佛陀，方便自立門戶[32]。當然，這些說法孰真孰假我們無從考究。不過，我們可以看到**佛教的素食文化在是否屬於當年佛陀本人的教義的問題上具有一定爭議**。

---

[31] 聖嚴法師著：《律制生活》（北京：華夏出版社，2010 年），頁 169。

[32] 毘舍佉著，[唐] 義淨翻譯：《根本說一切有部毗奈耶破僧事》卷 10：「又沙門喬答摩聽食魚肉，我等從今更不應食。何緣由此？於諸眾生為斷命事。」（CBETA 2023.Q1, T24, no. 1450, p. 149b12-14）。

新時代運動對於素食文化持有另一種非常有趣的觀點。有說法認為，在禽畜被殺害以製成食物的那一刻，牠們內心對死亡的恐懼會流入牠們的神經系統，並且儲存在牠們的肉之中。當我們把這些肉吃進肚子裏時，我們就會連帶把這些恐懼吃進肚子裏。由於吃肉就等同於吃恐懼，所以吃肉會令我們的情緒不穩定，難以入定和維持在光和愛的狀態。這也是為什麼我們吃食物之前都需要先淨化食物。

對於是否應該奉行素食文化，我認為並沒有硬性規定，一切都需要聽從你身體的指示。如果你的身體認為你需要食肉，那麼食肉或許是比素食好的選擇。假如你的身體需要肉類蛋白，你真的希望為了一些規條而忽視身體的需要嗎？

糖

糖，是其中一種日常生活經常會接觸到的物質。然而，大家有沒有想過這種物質會為我們的修行帶來什麼？糖是一種會令人情緒大起大落的物質。雖然糖能夠令人快樂，但同一時間也會令人失落（因為當糖的作用消失後，就會相對地令人感到失落）。從身心靈的角度，維持情緒穩定是非常重要的。當我們的情緒不穩定時，我們的氣場也會變得不穩定，這時候能量寄生物就很容易可以影響我們的思緒，這對於正在揚升道路上的修行者而言並不是一件好事。

當我們進食時，我們可以特別留意食物的「升糖指數」。升糖指數，是指當食物被消化後，導致血糖變化的幅度。升糖指數越高，食物被消化後對血糖造成的變化則越大。而當我們的血糖不斷變動，會導致我們的氣場變得不穩定，因為我們的情緒會變得不穩定。因此，一切的關鍵都在於升糖指數。

然而，在討論升糖指數時，我們不能只查看在餐單中某一種食物的升糖指數。這是由於，當不同的食物配合一起食用時，其升糖指數都會有所改變。打個比喻，白飯本身是升糖指數偏高的食物。可是，如果白飯加上蔬菜一起食用，那麼食物被消化後對血糖的影響就會降低。因此，在考慮升糖指數時，我們需要考慮整張餐單的升糖指數。

　　從修行的角度來看，升糖指數越低，對你的心靈健康越有益。因此，有一些修行者在日常飲食時不會吃任何碳水化合物，只吃蔬果；甚至有些人會選擇生機素食。生機素食提倡除了少吃人工澱粉質（如：白飯）外，還建議我們不要把食物煮熟；因為在高溫烹調的過程會導致食物營養流失。當然，生機素食者有非常嚴謹的飲食指引，並不是任何食物都會生食的。不過，每個人都應該選擇適合自己身體的飲食方式；因此我們並不需要強迫自己選擇任何一種飲食方式。最重要的是：配合你身體的需要！這是至關重要的。

淨化你的食物和飲用水

　　最後一個我想分享的健康飲食貼士，就是淨化食物和飲用水。我們的食物和飲用水在來到我們面前之前，都經過了非常多重的包裝、烹調。途中有很多人接觸過這些食物，這些食物也接觸過很多不同的情緒、能量。如果當中蘊含著一些負面能量（例如：廚師烹調時的負面情緒），那麼我們就會把這些能量都吃進肚子裏。至於飲用水，飲用水被放置在某個地方一段時間，都會吸收那個地方的能量。因此，淨化食物和飲用水是其中一種幫助我們保護自己能量的方法。

　　在第四部分中，我們談及宇宙的神聖光射。神聖光射正正就是最好的淨化工具。當中的白色神聖光射是用來淨化食物的最佳工具。大家可以嘗試到廚房倒兩杯水，然後觀想白色神聖光射的光語曼陀羅出現在其中一杯水的下方，這個光語曼陀羅逆時針旋轉向上發出白色神聖光射淨化其中一杯水，然後另一杯水則不淨化，就這樣放置半小時。然後，嘗試品嚐這兩杯水的味道，看看有沒有分別。淨化食物和飲用水，可能只需要花上 5 分鐘的時間，但卻是一道非常重要的防線，來保護你自己的能量。

第三十三章
日常能量工作：
每一天都是修行

在身心靈修行中，有很多人都忽略了日常的能量工作，然而這卻是非常重要的元素。無論是修行者、療癒師，還是能量導師，日常的能量工作都是非常重要的，因為這是確保個人氣場穩定和能量純淨的途徑。

我們每一天都在跟不同的能量互動。每當你走出街，甚至與自己的家人互動時，我們都在跟不同的能量交流和互動。在過程中，我們的氣場都難免會沾染不同的能量。不過，這些能量不一定是負能量，你也有可能會感染到別人的正能量。話雖如此，我們也希望確保自己的能量純淨。我們最好確保自己氣場中的能量是屬於自己的能量，因為如果我們的氣場中夾雜了別人的能量，那就代表你有機會接收了別人的思想或情緒，這在揚升道路上會為我們帶來很大的負擔。

作為一位神聖的靈魂，我們應該為自己的思、言、行負責任。我們現在所體驗的，都是我們透過這 3 個層面所創造出來的。可是，如果你的思、言，甚至行都不是來自你自己的，而是來自別人的，那麼你還願意為這些不屬於自己的想法、言語和行為負責任嗎？容許別人的能量留在自己的氣場中，這樣只會為自己帶來負擔。

可是，我們每天都正在與不同的能量互動，我們每天都會接收別人的能量。若要維持健康的氣場狀態，就必須每天清洗你的氣場，並做好日常的能量保護。在這一章中，我會分享一個我日常會做的能量工作供大家參考。當然，還是那一句，每個人都應該有自己的日常能量工作，在這裏所分享的只是我自己的做法，如果你們本身已經有一套日常能量工作，你可以考慮把這裏分享的元素加進去。如果你本身

沒有進行日常能量工作的習慣，我也歡迎你試行這一章中的日常能量工作。

每天晚上的能量清洗

每天晚上，我都會為自己的光體進行能量清洗。能量清洗最主要的目的是把每天從其他人、事、物身上所沾染的能量都清洗掉。這是確保自己的能量純淨的最佳方法。不過，正如我在第二十四章所說的，透過虛擬光體進行療癒會比較方便。因此，我會透過淨化自己的虛擬光體來清洗身上不屬於自己的能量。

當你想要清洗自己的能量時，首先你需要找一個安全的地方。如果你想在家中進行，可以在進行能量清洗前用聖木淨化一下空間的磁場，然後再進行以下的步驟。你也可以選擇出體到你熟悉的療癒聖殿，在其中進行能量清洗。

當你找到一個安全的地方後，你就需要製造一個結界來保護你的虛擬光體。你可以使用在第二十四章提及過的閃靈鑽金字塔。要注意，你不需要把整個地方結界起來，你只需要創造一個足夠放置你的虛擬光體的結界就可以了。當你製造了一個安全的結界，你就可以在結界中拿出自己的虛擬光體。這樣，你就有一個安全的環境去清洗你的能量了。

在這時候，我會做的就是從不同的靈性空間把能量拉下來，倒進虛擬光體中。我自己通常會使用來自極光界的能量。極光界（Auroric Realm）是位於仙女星系上七重天的星際空間，是超越我們的宇宙的存在。這個空間充滿無條件的愛，那裏的能量非常溫柔；極光界存有現在與地球人類也有非常緊密的連繫和合作。

圖 33.1 極光界能量的光語曼陀羅

　　要使用極光界能量進行能量清洗，你可以直接分別把兩個極光界
的光語曼陀羅放在虛擬光體上方和下方，逆時針轉上方的光語曼陀
羅、順時針轉下方的光語曼陀羅。上方的光語曼陀羅會向下發出非常
強烈的光沖洗整個虛擬光體，而下方的光語曼陀羅則會接收被沖向下
的能量和光。這些能量就會沖洗你的虛擬光體，並把所有不屬於你的
能量和負能量沖走／轉化。這些不受歡迎的能量會從你光體中離開，
並被虛擬光體下的光語曼陀羅吸收／轉化。我會把我的虛擬光體放在
這個結界中一整個晚上。到第二天起床時，就解除虛擬光體、結界，
觀想光語曼陀羅消失於虛空之中。

靈性修習 19
運用極光界能量清洗虛擬光體

1. 找一個你認為安全的地方。

2. 觀想一個閃靈鑽金字塔在你面前出現。

3. 在閃靈鑽金字塔中創造一個虛擬光體。

4. 對著這個虛擬光體說 3 次：「你是 xxx（你身份證上的名字）的光體！」。

5. 在虛擬光體的上方和下方觀想極光界能量的光語曼陀羅出現。

6. 觀想在虛擬光體上方的光語曼陀羅逆時針轉、在虛擬光體下方的光語曼陀羅順時針轉。

7. 在虛擬光體上方的光語曼陀羅會向下發出粉紅色—藍—黃幻彩色的能量沖洗虛擬光體中的負能量，而虛擬光體下方的光語曼陀羅則會接收被向下沖的負能量和極光界能量。

8. 安心睡覺。

9. 在起床時，把虛擬光體移除，觀想閃靈鑽金字塔和光語曼陀羅消失。

　　結合剛剛這個修習，我在這本書中已經分享了 19 個靈性修習。在這裏，我想總結一下本書的靈性修習，分享一個日常靈性修習時間表，幫助大家更容易掌握揚升科學的修行節奏。

時間	靈性修習
每天早上	靈性修習 3：淨化中央光管道（頁 110）
	靈性修習 4：啟動光體護盾（頁 120-121）
	靈性修習 14：顯化宇宙訂單（頁 213）
	靈性修習 18：中脈呼吸（頁 255）
每天晚上	靈性修習 1：高我啟蒙儀式（頁 50）
	靈性修習 4：啟動光體護盾（頁 116）
	靈性修習 19：運用極光界能量清洗虛擬光體（頁 259）
每星期至少兩次	靈性修習 10：Oraphim 療癒之床（頁 185）
	靈性修習 12：移除能量寄生物（頁 200-201）
	靈性修習 13：拆除以太木馬程式（頁 209）
在有需要時進行	靈性修習 2：光體基督意識幾何啟動儀式（頁 100）
	靈性修習 9：修復靈魂碎片（頁 182）
	靈性修習 11：天琴星星界科技學校聖殿療癒（頁 189-190）
	靈性修習 15：改變限制性信念（頁 217）
	靈性修習 16：財富關係療癒（頁 224）
	靈性修習 17：關係能量調頻（頁 235）

表 33.1 日常的靈性修習時間表

　　如果你能夠根據以上的時間表進行修行，我很有信心你的人生將會有戲劇性的改變。問題是：你願意付出嗎？很多人看到這個修習時間表就已經卻步，感覺很麻煩。然而，靈性的提升是需要付出的。你真的希望你的揚升進程被你的懶惰拖垮嗎？由明天開始，付出一點時間來幫助自己提升靈性，釋放你潛藏的靈性潛能，成為一個 5D 新人類吧！

第三十四章
基督意識：
充滿光和愛的狀態

　　基督意識（Christ Consciousness）是一種源自天國的合一意識。基督意識是源自神聖本源的第一個場域，也是最接近神聖本源的空間。在這個實相中，我們還沒有分開，我們的意識仍然是渾然一體。而從合一的境界出發，去理解這個世界，覺知萬物皆為一體的實相，就是「基督意識」。

　　你可能會問，明明我們可以看到自己跟別人存在分別。「我」作為「我」，就是因為「我」跟「別人」有分別。我們在日常生活中，可以清楚看到我們跟別人的分別。我們跟我們的父母、兄弟、姊妹、伴侶都是兩個不同的人。我們怎可能是一體的呢？然而，這卻只是 3 維實相的幻覺，這只是我們的五感所感受到的一切。

　　如果我們從量子場域的角度看，其實一切都是由能量所組成的。我們根本沒有任何分別，我們全都是光、全都是能量。如果我們再往上一層推，其實一切萬有都是純粹的意念／意識，我們都是由「念」和「識」組成的。而在這個世界中，一切都是渾然一體。這就是一切萬有的實相，所有事物皆為一體。而所謂的「合一意識」，所指的就是洞悉萬物皆為一體後，放下分別心的狀態。我們之所以會跟人有衝突，我們之所以會妒忌、憤怒、傷心，都是因為我們不知道自己跟別人其實都是一體的。試想一下，為什麼一個小朋友會因為朋友拿著自己無法得到的玩具而生氣甚至妒忌呢？因為他認為「自己」沒有這個玩具。可是，假如他知道其實他跟他的朋友是一體的，那麼他不但不會因此而生氣，反而會因為別人可以玩這個玩具而替他開心。因為他知道，他的朋友就是他，兩者並沒有任何分別。那麼，他有玩具和他的朋友有玩具，有分別嗎？

我們又再談一下「憤怒」這種情緒。我們之所以會憤怒，是因為事情的發展沒有隨著我們預想的進行。打個比喻，當我們派遣下屬出差辦事時，你的下屬把整件差事都搞砸了，這時候我們就會開始憤怒。然而，如果我們洞悉其實我們的下屬跟自己是一體的，我們就會明白其實我們的下屬只是自己的一個面向，而他的行為只是在反映我們自己的內心。在這個情況下，我們就不會把焦點放在憤怒上，而是放在我們的內心為什麼會把事情搞砸上。

在這裏，其實我們還可以更深層地反思這件事。當我們從合一意識、基督意識去觀察這件事時，我們不但會把問題的重心放在自己身上，還會思考：為什麼宇宙會安排這件事被搞砸呢？當中是否有什麼特別的原因呢？有可能是因為這件事其實對你的公司 / 業務根本沒有任何好處；或者這件事搞砸了，是宇宙在保護你的一種表現。然而，只知事情的表面，而不解背後的因果，就是「苦」的來源。這也是為什麼意識擺脫情緒的操控是這麼重要的原因。如果你經常受情緒影響，就無法清楚看見事情背後的真相。這也是開發眉心輪的重點 —— 能夠客觀觀察實相，不會被偏見、個人情緒影響。

基督意識，是豐盛幸福生活的關鍵。當你明白一切為一、萬物毫無分別時，還有什麼好執著呢？嫉妒、憤怒、悲傷，全都是因為分別心所引起的。當我們能夠放下分別心，了悟萬物皆為一的真相，我們就能真正體驗神聖無條件的愛，也能真正明白如何去愛人、愛眾生、愛萬物。

總結

　　揚升科學是我們釋放我們潛藏的靈性潛能的鑰匙。你的靈魂來到這個世界，並不是為了迎合別人對你的期望、並不是為了做一個 3 維實相的奴隸、並不是為了被物質奴役。你來到這裏，是為了重新用另一個角度去認識神，認識這個宇宙；而更重要的是，重新認識你自己，讓你的靈魂在地球發光發亮。那麼，究竟你是誰呢？這個問題是人生其中一個最難解答的問題。有很多人聽到這個問題，第一時間就會回答身份證上的名字；然而，那只是你的名字，而不是你自己。有些人聽到這個問題，第一時間會回答自己的職業，例如：會計師、某店的經理；然而，那只是你的職業，而不是你自己。有些人聽到這個問題，則會回答：我是兩個孩子的爸爸；可是，那只是你的家庭地位，而不是自己。那麼，究竟你是誰呢？當我們不斷去透過外在的事物（名字、職業、家庭地位）去定義自己時，究竟我們是否真的清楚自己是誰呢？我們是否真正認識自己呢？

　　在揚升科學中，我們提供另一個角度去讓大家認識自己。你並不只是你的身體，你也不只是你的性格，你甚至不只是你的名字。你是一個多次元的存在。你的心智、情緒和身體，只是你整個存在的冰山一角。你，還有無限多的潛能可以被發掘。當然，即使我們深入地探索揚升科學，也未必可以直接回答「我是誰」的問題。不過，我們至少可以從一個更廣闊的視野去探索和認識自己、認識靈性的本質，尋回「內在自性」。

　　揚升科學，是一套解放靈性潛能的知識體系。人類的靈性潛能自從列木利亞和亞特蘭提斯時代就因意識的殞落而被遺忘。人類的意識其實擁有無限的潛能，並不只是一個單純用來思考的大腦。隨著地球踏入下一個揚升週期，意識的力量開始逐步被地球的靈魂憶起，各路星界上師也開始跟我們分享更多靈性智慧。我們正在進入一個新時

代，一個身心靈主導的時代。未來，將會有越來越多的揚升科學智慧被憶起，也會有越來越多人開始發現自己的靈性潛能。**各位孩子，是時候醒來了！**

在這本書中所分享的揚升科學，並不是唯一的揚升科學。揚升科學對於每個人而言，都是不一樣的。每個人都應該有一套自己的揚升科學。我只是在這本書分享一些基本、通用的揚升知識。然而，如何使用這些知識、如何善用這套知識體系來幫助自己找到自己的揚升之路，這則是由個人來決定。在這本書中被分享的內容，並不能被視作真理，因為這本書所說的並不是真理。真理，並不能在書中尋找，而是在心中悟得。每個人所能悟到的真理都不會一樣，因為每個靈魂都是獨一無二的，所以每個人對「真理」所作出的詮釋都不一樣。所以，你並不需要執著於找到真理，你只需要找到對你的靈魂成長最有幫助的真理。

在學習身心靈知識時，很多人都會執著於要學習最正宗、最接近真理的知識。這個情況也是可以理解的，因為身心靈界眾說紛紜，甚至會有些概念互為衝突，令人費解。正如上文所述，每個靈魂在看見真理時，都會出現不一樣的詮釋。因此，我們才會看見各種不同的說法。然而，我並不認為我們有找到最正確的真理的必要。最重要的，是找到對自己的靈魂成長最有幫助的資訊。如果我們從「人」的角度去了解靈性，真理其實是虛幻的，因為每個人所詮釋的真理都不一樣。可是，我們所學習的知識為我們所帶來的靈性成長，卻是真實的。因此，當我們接收／學習靈性知識時，與其去查證這個知識的真偽，倒不如思考一下這些知識能夠為你帶來何種的靈性成長。只要那種知識能夠為你的靈魂帶來成長，那就是你的「真理」。

這本書中分享的揚升科學，是一些基礎和通用的知識。當你把這些知識應用到你的揚升旅途上，你就正在發展出一套屬於你自己的「揚升科學」。要記住，在神聖的角度並沒有對與錯，只要你明白神聖科學的原理，**每個人都可以建立一套屬於自己的揚升科學！**

透過揚升科學，你將會展開一趟全新的靈性旅程、你將會完全釋放你的靈性潛能、你將會獲得大幅度的靈性成長。現在就是時候了，讓你的內在潛能被釋放出來吧！讓你的內在神聖被彰顯出來吧！讓你的靈魂在地球上發光發亮吧！

參考資料

大衛‧霍金斯著，蔡孟璇譯：《心靈能量：藏在身體裏的大智慧》（台北：方智出版社，2012 年），Google Play 圖書版本。

朵洛莉絲‧侃南著，張志華、林雨蒨譯：《三波志願者與新地球》（台北：宇宙花園出版社，2012 年）。

朗達‧拜恩著，謝明憲譯：《祕密》（台北：方智出版社，2007 年）。

江本勝著，長安靜美譯：《生命的答案，水知道》（台北：如何出版社，2022 年）。

羅伯特‧舒華茲著，張國儀譯：《靈魂的出生前計畫：你與生命最勇敢的約定》（台北：方智出版社，2013 年）。

毘舍佉著，[唐] 義淨翻譯：《根本說一切有部毗奈耶破僧事》（CBETA 2023.Q1, T24, no. 1450）。

喬‧迪斯本札著，謝宜暉譯：《未來預演：啟動你的量子改變》（台南：地平線文化，2016 年）。

德隆瓦洛‧默基瑟德，羅孝英譯：《生命之花的靈性法則》（台北：方智出版社，2012 年）。

聖嚴法師著：《律制生活》（北京：華夏出版社，2010 年）。

珍‧羅伯特著，王季慶譯：《個人實相的本質》（台北：賽斯文化，2010 年）。

Annie Besant, *The Ancient Wisdom: An Outline of Theosophical Teachings*, (Hollywood: Theosophical Publishing House, 1918).

Ashayana Deane, *Angelic Realities: The Survival Handbook*, (Carolina: Wild Flower Press, 2001).

Ashayana Deane, *The Kathara: Bio-Spiritual Healing System*, (Florida: Azurite Press, 1999).

Ashayana Deane, *Voyagers II: The Secret of Amenti*, (Caroline: Wild Flower Press, 2021).

Arek Popovich, *Keylontic Dictionary*, (Florida: Azurite Press, 2009).

Barbara Evans & Jenny Davis, *Rays of Creation: A Pathway to Wholeness Healing System*, (Florida: Crystal Wings Healing Art, 2020).

Barbara Marcinak, *Bringers of the Dawn: Teachings from the Pleiadians*, (Rochester: Bear & Company, 1992).

Helena Petrovna Blavatsky, *The Secret Doctrine (Complete)*, (Egypt: The Library of Alexandria, 2020).

Jerry Sargeant, *Activate Your Super-Human Potential: The Ultimate 5D Toolkit*, (Britain: Findhorn Press, 2023).

Joshua David Stone, *Golden Keys to Ascension and Healing: Revelations of Sai Baba and the Ascended Masters*, (Arizona: Light Technology Publishing, 1998), Google Play Books ed..

Joshua David Stone, *Soul Psychology: Keys to Ascension*, (Arizona: Light Technology Publishing, 1994), Google Play Books ed..

Janet McClure, *Scopes of Dimensions*, (Arizona: Light Technology Publishing, 1989).

Kathara Team Members, *Exploring God World*, (Florida: Azurite Press, 2008)

Lisa Renee, "Ascension Plan B", Energetic Synthesis, 2009. https://energeticsynthesis.com/index.php/resource-tools/blog-timeline-shift/2207-ascension-plan-b.

Natalie Sian Glasson, *The Twelve Rays of Light: A Guide to the Rays of Light and the Spiritual Hierarchy*, (United Kingdom: Derwen Publishing, 2010).

Simone Matthews, "Merkabah Activation & the Number 13", Universal Life Tools, Jul, 2013. https://www.universallifetools.com/2013/07/article-6-merkabah-activation-13/.

Urantia Foundation, *The Urantia Book: Revealing the Mysteries of God, the Universe, World History, Jesus, and Ourselves*, (Chicago: Urantia Foundation, 2008).

Voyagers, "Fall of Metatron", YouTube, Feb 6, 2021. https://www.youtube.com/watch?v=HsM-APvvdF8.

附錄一：讀者 Q&A

　　在本書第一版出版後，收到很多讀者的回饋希望筆者可以再詳細一點解說書中所提及的各種概念。因此筆者收集了各位讀者的問題，特意在這一次推出第二版時加入這個「讀者 Q&A」部分，解答大家的問題。

1．為什麼我們要揚升？揚升的意義是什麼？

　　在本書的第三章，提及揚升的意義是離開行星維度矩陣，或是讓意識脫離行星維度矩陣的限制。然而，脫離行星維度矩陣的限制其實還蘊含著一個非常重要的意義，就是回憶起自己最真實的一面。

　　何謂回憶起自己最真實的一面呢？難道現在的自己很不真實嗎？我並不是說現在的自己很不真實，但正如我在總結所提及的，我們很多時都會用外在的事物來決定我們是誰，然而我們的「身分」卻不止於此。在更高的維度，我們有著更多的「靈魂面向」，這些面向中也存在著強大的力量，可以幫助我們跨越課題、創造療癒。然而，即使我們不修行，忽略這些更高維度的「靈魂面向」，這並不代表這些更高維度的「能量」不會影響我們。即使我們不知道有更高維度意識的存在，我們仍然會受到更高維度的能量（例如：能量寄生物、靈魂創傷等）影響。因此，了解及連結更高維度的自己（即：揚升）對於正在走上身心靈道路的修行者而言，是非常重要的。

2．為什麼我們要連結更高維度的力量（高我）呢？

　　於我個人而言，我認為連結更高維度的力量，其實對我們創造幸福、快樂、豐盛的人生非常有幫助。很多時，我們之所以會進入一種被稱為「苦」的狀態，是由於我們缺乏與更高維度的力量（即：愛的力量）的連結。更高維度的力量除了可以被善用來進行能量治療（或靈魂療癒），還能被善用來幫助我們創造豐盛的人生。當我們的意識只聚焦在三維的物質實相中時，我們會很自然地看待這一切為我們的

全部；我們的事業、我們的金錢、我們的財產。然而，當我們認知到我們並不止這些的時候，我們就能放下對這些事物的執著，從而脫離「苦」的狀態。再者，正如我在第二十六章所說的，當我們真正放下對現世的執著，不再讓外在實相的一切「定義」創造我們是誰，我們就能真正做回一切的「創造者」，從而創造我們理想中的人生。換句話說，與更高維度的力量連結，能讓我們放下對三維實相的執念，憶起我們作為創造者的本質，從而創造理想中的人生。這就是為什麼我們要連結更高維度力量的原因了。

3．我搞不懂梵我、單子、本靈、轉世人格和高我是什麼？這些名字是怎麼來的？

梵我、單子、本靈和轉世人格，所指的是我們的靈魂在其他維度的面向。這些稱呼其實只是其名相而已，為的是方便表達。梵我是我們的第十二維度面向、單子是我們的第八維度面向、本靈是我們的第五維度面向，而轉世人格則是我們的第四維度面向。而當一個靈魂被創造出來時，其實是由上而下地創造，即由梵我創造出單子、單子創造出本靈、本靈創造出轉世人格，轉世人格再進入三維的身體體驗生命。而每個梵我會創造 12 個單子，每個單子創造 12 個本靈，每個本靈創造 12 個轉世人格。這就是圖 2.3 所希望表達的概念。

4．梵化身光體具體來說對我們有什麼用？我們知道這方面的資訊對我們而言有什麼實際幫助？

梵化身光體，是我們下載能量時光流過的管道。然而，這個光體就像我們的物質身體一樣。如果我們希望我們的物質身體健康，我們就需要注意飲食、鍛鍊體能、訓練肌肉；如果我們希望我們的光體健康，能夠讓高維度的能量進入我們的光體，我們也需要注意我們下載的是什麼能量，並恆常訓練它。下載能量到光體中就像把食物放進物質身體裏一樣；而在這裏，所謂的「下載能量」所指的就是我們用來修練的神聖幾何。而對光體的訓練，就是指我們日常的靈性練習和療癒。當我們恆常地進行療癒（無論是幫助自己還是他人），我們都在

鍛鍊我們的光體適應各種不同的高維度能量。而梵化身光體之所以重要的原因，是由於它影響著我們所下載的光的能量的強度。你可以想像這個光體中有一個消化系統。如果這個消化系統並不健康，無論你吃多健康的食物，都無法吸收當中的營養。換句話說，即使我們不斷下載宇宙能量，但如果梵化身光體並沒有被激活，或者沒有恆常的鍛鍊，或者我們使用了不適合的神聖幾何進行修練，我們就無法吸收這些光的能量以轉化爲養分，幫助我們修行。

5. 對於第九章所提及的幾何作為逆向編程，能讓人有反思和學習的機會；但我們又如何得知「基督意識幾何」的能量能連結「真」的神聖本源呢？

在研究神聖幾何學時，很多時我們都會以「數字」作為了解神聖幾何的基礎。假如這個世界是一棟建築物，神聖幾何中的數字、公式就是支撐整棟建築物的不同數字。如果一棟建築物的建築圖則中的數字出現偏差，整棟建築物被建築出來後都會因數字出現誤差而塌陷。換句話說，在神聖幾何中的每一個角度、每一個細節都需要非常精準地反映「神的數學」，才能作為修練的工具。

在第十一章中，我們所談及的基督意識幾何，是由 Ashayana Deane 透過與星門守護者聯盟進行通靈傳訊而獲得。這些幾何代表的是世界最原始的受造模板。而在這些創造模板中，我們可以看到它們的「數理公式」保持了它們與神聖源頭的連結，就例如：光之生命樹、基督意識螺旋天國種子均攜帶 45° 的角度；天國種子的「三波結構」體現了二元意識如何得到整合和超越成為合一意識；基督意識螺旋的數理公式體現了如何在擴展意識的同時保留與神聖本源的連結等等。這些都是我們可以從「數學」上看到的證據。

6. 在第五部分所提及的各種療法非常特別。可是，如果有些人本身的靈通能力 / 靈性感官並不敏銳，如果看不到畫面，或收不到訊息，那應該如何使用這些療法呢？

在第五部分所提及的療法，例如：修復靈魂碎片、移除能量寄生

物等等，或許都需要一定程度的靈性感知能力才能進行。對於初期的靈性修行者而言，這些練習做起來可能會有點吃力。然而，我仍然決定把這些練習放在這本書中，因為我希望大家可以更進一步了解原來療癒的藝術並不止於靈氣治療、能量治療；當我們可以進入量子場域，再結合對宇宙能量、神聖幾何和星界科技的認知，我們的療癒就可以有更多變化。換句話說，在面對不同的問題時，我們可以更針對性地以不同的方式處理。

然而，如果讀者們希望能夠提升靈性感官，可以參考第三十一章啟動松果體的文章。在那一章裏，我們深入探討了如何開發和訓練我們的靈性感官。另外，星際種子學院的星際綜合能量療法系列課程中，亦有一系列有關啟動松果體和開發靈性感官的訓練，而且這套訓練方式的成功率亦很高。大部分接受這一系列訓練的同修都能夠培養進行第五部分所提及的療法的能力。

7. **在書中，你提倡我們透過不同的方式（例如：全視之眼、中脈呼吸等）啟動松果體。可是，我也同時聽說有些人建議在靈性修行時不應追求開發靈性感官，因為這只是對靈通能力的執迷，而不是真正的修行。請問作者對這個觀點的看法為何？**

事實上，我也非常同意在靈性修行期間追求靈通能力並不是一種健康的修行方式，因為過於追求靈通能力而缺乏心法上的修行很容易會令人誤用靈通能力。然而，正如我在第三十一章所述的，靈性感官和松果體的修練同時也是修行不可或缺的元素，因為相關的修練影響著我們能否客觀、如實地看見世界的實相，也同時影響著我們是否能夠對在我們身邊的各種能量（例如：能量寄生物等）存在覺知。

我們需要明白，即使我們並不知道這些能量的存在，我們的意識仍然有機會會受到他們影響。有很多人都認為只要我們心中保持著光和愛，就不會吸引這類存有接近。在某程度上這是對的。然而，同一時間，如果我們選擇只面向光和愛，而忽略這些被我們標籤為「負能量」的存有的存在，也不代表這些負面存有並不存在，或者他們不會

影響我們的心智；因為有些時候，我們也有可能正在被他們影響而不自知（例如：在第二十四章提及能量寄生物有可能會投射負面念頭到我們的意識中，如果我們不覺知這些念頭並不屬於自己的，我們可能會因誤會這些念頭是自己的念頭而嘗試不斷找方法療癒、更甚者甚至會受到困擾而患上情緒問題）。我們真正需要做的，是接納這些存有的存在，學習相關的知識，了解在不同的情況該如何處理，這才是修行的智慧。

啟動松果體，並不是因為要追求靈通能力，而是讓我們對在我們周遭發生的事有更深入的了解，提高我們的「覺知」，讓我們可以帶著「覺知」修行，以達至更高的靈性提升。

附錄二：特別鳴謝

　　這本書之所以能夠面世，全賴多年來眾人的支持。在這裏希望逐一感謝每一位支持過我的貴人，感激你們的幫助和支持。

　　感謝 Louis Chan 的悉心教導，啟發我積極學習，最終成就這一本書；也感謝你擔任此書的出版顧問和新書發佈會的開幕致辭嘉賓。

　　感謝 Raymond Sir 的悉心教導，啟發我追尋靈性的道路，分享靈性智慧，啟發我探索靈性的世界；也感謝你擔任新書發佈會的演講嘉賓，讓新書發佈會生色不少。

　　感謝 Elizabeth 的支持和幫忙，也感謝你擔任新書發佈會的演講嘉賓，能夠邀請你在新書發佈會演講是我們的榮幸。

　　感謝 Max Sir 的教導和支持，感謝你在生涯規劃上給予的意見，也感謝你出席擔任新書發佈會的演講嘉賓，你的分享對我們而言非常重要。

　　感謝 Pimii Avia 一直以來的支持，感謝你出席擔任新書發佈會的演講嘉賓，為這個新書發佈會增添更多色彩。

　　感謝 Joshua 和 Sharon 一直以來的支持，也為籌備新書發佈會和本書出版出了不少力。

　　感謝 Dimensart 的 Andy 為這本書繪製封面和光語曼陀羅。

　　感謝 Hugo Lai 和 Loretta Chu 為此書進行校對。

　　感　謝 Kit、Shirley、Fiona、Ivy、Jenny、Ronald、Maggie、Bing、Amy、Odey、Winnifer、Dorothy、Teri、Samantha、Veronica、Rosana、Kate、Cass、Helen、Valerie、Vinsy、Mandy 過去無條件的支持和幫忙，感激你們在我出版書籍的過程中遇到困難時伸出援手，沒有你們這本書不可能面世。

感謝 Sophie Lau 幫忙為書籍再版排版。

感謝紅出版的幫助，讓這本書得以出版、發行、面世。

感謝 Serci Fu 和 Tarson Fung 一直以來無條件的支持和陪伴，願我們繼續一起學習成長，互相學習和啟發。

感謝 Sonia Luk 一直以來的支持和鼓勵，推動我完成這本書。

感謝每一位支持我的學生和同修，你們的支持和信任是我前進的最大動力，願我們一起把揚升科學在華人身心靈界推廣開去，讓這門學問可以在華人身心靈界幫助更多人。

最後，當然要感謝我的父母，沒有他們的對我的養育這本書就不可能出現，因此必須在這本書的最後感謝他們的養育之恩！多謝！多謝！多謝！

這本書能夠面世，有賴我身邊多年來支持我、陪伴我、鼓勵我和幫助我的良師益友。沒有您們，這本書不可能面世。在這裏，我衷心感激每一位的支持和幫助；每一位都是我生命中的貴人。多謝！多謝！多謝！

附錄三：學院及課程簡介

　　星際種子學院（Galactic Starseed Academy）是由 Xylas 創立的靈性教育機構，致力於向大眾分享來自星際的靈性智慧。學院的核心理念，是希望「喚醒每個人心中的星際種子」。Xylas 深信，每一個來到地球的靈魂，都曾經在更高維度的空間生活過；因此每個人的靈魂深處都攜帶著來自其他維度／空間的智慧。Xylas 希望可以透過揚升科學，幫助更多人憶起／喚醒他們攜帶的智慧，讓每個人的靈魂尋回與神聖本源的連結，帶著光和愛在這個世界發光發亮！

　　Xylas 天生與一般人無異，他並不是天生的通靈管道。然而，在學習靈性的過程中，他透過修練和療癒慢慢開始憶起內在的靈性；他深深感受到重新與宇宙大愛連結的感動。他希望把他走過的路、學習過的修練方式分享出去，讓更多希望走上身心靈道路的朋友也可以學習到這些靈性智慧。因此，他創立了星際綜合能量療法系列課程，希望透過分享來自星際／星界的療癒方式，喚醒每個人心中的「靈性智慧」。這個課程的重點，除了分享療癒的知識外，更重要的是分享如何透過療癒，讓我們憶起／喚醒我們內心的「星際種子」！

　　星際綜合能量療法分為三個階段：初階、進階和高階。在課程中，Xylas 會分享如何把揚升科學的知識和技術應用到療癒之中，其中 Xylas 亦會帶領大家一起進行一系列的啟蒙儀式，激活光體、連結更高維度意識、喚醒靈魂的星際記憶等等，幫助大家掌握和應用星際綜合能量療法的療癒技術。在初階課程中，我們會分享一些基礎的療癒技術，先讓大家感受一下星際的能量，以及如何運用星際能量進行簡單的療癒；在進階課程中，我們會進一步分享如何運用揚升科學和星際療法進行較深入和複雜的療癒，例如：療癒靈魂碎片、移除能量寄生物、釋放家族業力、處理冤親債主等等；在高階課程中，我們會分享有關高階靈性療癒的技術和方法，例如：處理降頭和各種靈通攻擊、修復受損的光體基因、帶領星界出體冥想等等。雖然課程以分享療癒技術為主，但最終目的是希望每個人都可以喚醒內心的靈性智慧，尋回內在自性，願每個人的靈魂都可以在地球發光發亮！

5D 揚升科學（第二版）

作者：	馮雋永 Xylas
出版顧問：	Louis Chan
設計：	4res
封面圖：	DimensArt
插圖：	馮雋永 Xylas
光語曼陀羅：	DimensArt
編輯：	青森文化編輯組

出版：	紅出版（青森文化）
地址：	香港灣仔道133號卓凌中心11樓
出版計劃查詢電話：	(852) 2540 7517
電郵：	editor@red-publish.com
網址：	http://www.red-publish.com

香港總經銷：	聯合新零售（香港）有限公司
台灣總經銷：	貿騰發賣股份有限公司
	地址：新北市中和區立德街136號6樓
	電話：(886) 2-8227-5988
	網址：http://www.namode.com

初版一刷：	2023年11月
二版一刷：	2024年2月
ISBN：	978-988-8822-65-2
上架建議：	心靈勵志／新時代運動／宗教哲學／心理
定價：	港幣180元正／新台幣720圓正